Intuitions

Didier Derlich

Intuitions

Éditions J'ai lu

A un ami disparu

SOMMAIRE

INTRODUCTION

Depuis des années, je pratique quotidiennement la voyance. Peu à peu, je me suis rendu compte que les gens qui venaient me consulter n'avaient pas seulement besoin d'une prédiction. Il leur fallait aussi un supplément pour les aider à assimiler ces prévisions. Or, ce « plus » qui va leur permettre de mieux appliquer les prédictions dans leur vie, d'appréhender plus pleinement toutes les valeurs qui les entourent, de l'amour à la mort, du travail au chômage, de la maladie aux enfants, de l'argent à la passion, ce « plus » s'appelle *l'intuition*.

Si tant de gens ont besoin d'être guidés, c'est qu'ils ont du mal à se repérer. Ils ont besoin d'une boussole supplémentaire. Ils en ont une qu'ils méconnaissent, c'est l'intuition. J'espère que ce livre sera un révélateur pour tous ceux qui manquent de clairvoyance, dans cette société où le culte de la personnalité est de moins en moins mis en valeur, et dans laquelle tout se robotise et s'informatise, l'homme doit retrouver son instinct pour personnaliser les actes de sa vie quotidienne ou reprendre conscience de ses atouts et du vrai sens de son destin.

Je ne prétends pas amener les gens au bonheur mais plutôt à se remettre en question et créer en eux un électrochoc qui les poussera à développer plus efficacement leur sensibilité et leur intuition.

Ce sont d'abord des actes simples qui m'ont poussé à parler de ce sujet ; la réaction de certains consultants qui détiennent en eux *l'intuition* sans en avoir conscience et qui ignorent l'apport qu'elle pourrait constituer dans leur vie.

Je voudrais que ce livre aide ces personnes à libérer leurs pulsions. Cela nécessite un acte volontaire de la part de ceux qui ont envie de mettre en pratique leur intuition.

En sept ans de consultation, j'ai rencontré beaucoup de gens qui étaient dans l'épreuve et freinés dans leur vie. J'estime que mon rôle est de leur dire où sont les fatalités et les opportunités dans leur destinée et de les conseiller en leur livrant du bon sens et en leur faisant prendre conscience de leur intuition.

Je dis d'abord au consultant ce que je ressens sur son passé, je constate ensuite le présent, je fais des prédictions et, ensemble, nous pratiquons alors un travail sur le futur.

Je motive mes consultants en leur disant : foncez, agissez vite ! La voyance n'est plus là pour prendre les gens en charge ou pour les materner, mais pour leur donner des clefs qui les aideront à se débrouiller seuls en cultivant leur libre arbitre. Reprendre conscience de son libre arbitre, c'est sortir de la masse en retrouvant sa personnalité, ses valeurs, son identité, c'est sortir aussi du milieu et des rails sur lesquels on vous a placé dès la naissance.

L'intuition, c'est se dire qu'en cours de route on peut changer de direction sans dérailler. L'intuition, c'est vivre les choses plus pleinement, c'est développer un état d'émotion, donc une sensation de bien-être, c'est réagir et véhiculer une énergie positive en soi et faire fonctionner un mécanisme intellectuel.

Même si l'on dit que l'intuition est un sentiment irréfléchi, ce n'est pas pour autant un phénomène qui ne fait pas appel à l'intelligence. L'intelligence instinctive est efficace et rapide.

Écouter son intuition, c'est mettre en place un nouvel état dans sa vie, mieux évoluer, respecter certains objectifs, trouver le vrai rôle que l'on va jouer sur cette terre, sortir de ces fixations pathologiques dans lesquelles on a pu s'enfermer depuis des années, régler des problèmes de frustration. Cet état va nous amener à mieux communiquer avec les gens et à avoir un meilleur rapport avec des valeurs de la vie que l'on a parfois du mal à approcher : comme l'administration, la mort, l'argent. En cultivant notre intuition, on va trouver une nouvelle stratégie pour aborder ces domaines difficiles. Il ne faut pas oublier que l'intuition est une valeur que chacun vit à son propre rythme. Et elle ne s'acquiert pas en quarante-huit heures !

Tout le monde n'a pas la même intuition et ne pourra pas la cultiver à la même fréquence tout au long de son destin. Certains auront affaire à l'intuition dans les grands carrefours de leur vie, d'autres en feront une pratique plus quotidienne en s'imposant le moteur intuition comme on se livre à la pensée positive. Et puis il y a ceux, plus nombreux, qui dans l'épreuve, après mille et une réflexions sur le pourquoi et le comment des choses, se rendant compte qu'ils se compliquent et s'alourdissent la vie au lieu d'aller de l'avant, se diront spontanément : « Débloquons la situation, cela suffit ! » C'est l'instinct de survie. Il existe des clefs qui vont alors conduire les gens vers la bonne solution.

Ce n'est cependant pas parce que je parle de l'intuition comme d'un moteur important à redécouvrir, que tout le monde va réussir à l'appliquer.

Cette démarche peut amener une notion de tranquillité et d'apaisement dans notre vie quotidienne, parce qu'elle nous fait reprendre confiance en nous. Quand une de nos intuitions a porté ses fruits, on est récompensé et satisfait. L'intuition nous pousse vers un état de mieux-être.

Il y a des étapes clefs dans lesquelles les gens se rendent compte qu'ils doivent passer à l'acte. C'est souvent dans des situations de choc et de non-retour que l'on se dit à chaud qu'il faut trouver une solution rapide. D'un seul coup, on prend conscience que l'on doit changer quelque chose dans sa vie. Il existe des lois naturelles qui font que certaines gens, en fonction de leur caractérologie, de leur lieu de naissance, de leur passé, vont saisir des opportunités tout au long de leur destin, qui les rendront « favorisés ». Je pense que, même si l'on n'est pas très « gâté par la vie », notre moteur intuition peut nous donner une impulsion.

L'intuition ne va pas révolutionner notre vie, mais déjà elle peut nous aider à mieux vivre. Je ne pense pas que l'intuition soit la clef du bonheur. La clef du bonheur existe mais chacun la trouve en soi grâce à la fougue, la foi, l'émotion, la volonté, la motivation, l'envie de vivre...

Il faut savoir qu'il y a au fond de chacun de nous une force nommée intuition et qui peut arriver à nous faire reprendre conscience des vraies valeurs de notre destin. Réfléchir sur son nombril est stérile, à moins d'être spécialement avisé et de parvenir à une analyse précise de ce que l'on est ou pas. Vu l'état de la société actuelle où tout va très vite, il faut impérativement nous adapter à ce rythme. L'intuition peut nous aider à aborder rapidement certains carrefours de notre vie. Si, grâce à elle, on arrive à une meilleure approche des autres et une connaissance de soi-même plus profonde, tant mieux !

La réussite et les actes intuitifs de certaines personnalités m'ont également impressionné. Les artistes, par exemple, sont de grands instinctifs. J'ai vu aussi des hommes d'affaires redresser des sociétés à l'instinct. J'ai vu des producteurs, des chasseurs de têtes, trouver au feeling le bon personnage ou la bonne affaire avec laquelle ils ont prospéré et des grands publicitaires, qui sont des hommes d'idées. Or l'idée n'est-elle pas le fruit de l'instinct ? Ces gens-là ont tous une structure de travail autour d'eux mais, au départ, ils ont eu une idée, un sentiment, un désir, une envie, une pulsion, et cela... c'est une intuition.

Ce qui m'a aussi amené à vouloir parler de l'intuition, c'est le constat de ces 7 années de consultation pendant lesquelles je m'en suis constamment servi. Tous les voyants et les médiums qui pratiquent cette activité de façon quotidienne ont à la base une intuition et une sensibilité plus développées que les autres, qui leur permettent de percevoir ce que vivent les gens et de leur donner une perspective dans l'avenir. L'intuition est mon deuxième outil de travail, après le tarot, mon support principal pour structurer mes sensations.

D'autre part, l'astrologie m'amène à développer mon intuition dans ma propre vie. Elle me donne des tendances et une « météo » positive ou négative sur le présent et l'avenir. D'après ces indications, je me forge un comportement ou une attitude pour affronter les périodes difficiles. Lorsque je lis un thème astral, je fais jouer mon instinct pour affiner certains critères sur lesquels l'astrologie manque de précision.

Un astrologue sans intuition est quelqu'un à qui il manque 40 % dans la qualité de son travail et de ses résultats. L'intuition est omniprésente dans ma vie pour la simple raison que tout ce que j'ai vécu sur un plan personnel ou professionnel s'est toujours produit par des rencontres dans lesquelles mon instinct a joué un rôle prédominant. Il m'a aidé à saisir les opportunités à certaines époques clefs, par exemple entre le bac et ma première insertion dans la vie active, un passage crucial. Jamais je n'ai rédigé de *curriculum vitae* ni postulé à une ANPE ; j'en suis ravi. Tout s'est fait au feeling, au coup de cœur, par une accumulation d'instinct.

Tout le monde a plus ou moins ce type de vie construite autour d'une série de contacts et de rebondissements.

L'intuition est en train de s'adapter à l'offre et à la demande de la société et de l'être humain. Il y a un état de bascule : l'homme a besoin, en cette fin de siècle, de redévelopper sa sensibilité face au nouveau millénaire qui approche, comme s'il voulait réactiver tous ses sens pour se préparer au changement.

I

DÉFINITION DE L'INTUITION

L'intuition est la parcelle de voyance que chacun possède en soi. C'est l'approche magique, irrationnelle, des choses, des matières, des couleurs, des situations et des gens qui sont autour de nous. De là découle une observation inconsciente qui fait que l'on aime ou non, que l'on a envie de toucher ou pas, et de cette somme de sensations naît l'intuition.

L'intuition, c'est cette sensibilité qui émane de notre peau, de l'énergie que l'on a en soi. Nos sens déterminent une impression, bonne ou mauvaise, qui est le résumé de ce que nous percevons.

Ce qui différencie l'intuition masculine et féminine, c'est que la femme a une sensibilité plus exacerbée par sa manière d'être, d'agir et par le rôle que l'Histoire et la société lui ont donné, que ça lui plaise ou non.

L'évolution a été telle qu'à un moment la femme s'est retrouvée en position de recul. Elle a alors développé instinctivement sa faculté d'observation et de pressentiment. La femme, au départ, est plus dans un monde d'amour et de sentiments. L'intuition découle du moteur cœur et c'est peut-être pour cela que l'on parle toujours d'intuition féminine, de ce sixième sens que l'homme oublie de par son caractère plus rustre, plus carré, plus évident et plus stéréotypé.

Établir une généralité comme celle-là est un peu effrayant, parce que tout être est unique et qu'il existe des hommes parfois beaucoup plus sensibles que certaines paysannes du Berry ou que certaines ouvrières d'usine qui, malheureusement, n'ont pas le temps de se rapporter à ce phénomène de l'instinct. Je crois malgré tout que la femme a une intuition plus palpable, ne serait-ce que dans sa gestuelle et dans sa façon d'approcher les choses. Tandis que l'homme a plus de mal, à travers cette empreinte machiste, à faire ressortir son intuition, comme s'il avait peur qu'elle lui enlève sa carapace, son empreinte solide et forte.

La différence fondamentale, c'est que la femme possède une intuition spontanée, tandis que l'homme va être obligé de la découvrir.

Autrefois, on se servait énormément de l'intuition, parce que les choses étaient moins construites autour de nous et que l'on devait approcher tous les éléments de la société avec un maximum de spontanéité. Les nouvelles structures de notre société font que nous avons acquis des automatismes qui ont amoindri nos perceptions. L'homme d'aujourd'hui n'a plus jamais le temps de profiter de la nature parce que, d'un seul coup, il est entré dans un système de société urbaine, artificielle, et dans une structure de vie très architecturée. Au niveau même des sentiments, des liens familiaux, l'on voit de plus en plus le noyau familial éclaté, les hommes et les femmes déracinés, à cause des impératifs de travail dus à une montée économique qui développe un esprit de compétition. Il faut à tout prix gagner, être le leader en tout. Et, de ce fait, on finit par oublier ses motivations profondes et certaines capacités telles que l'intuition. Le vrai problème, maintenant, est de redécouvrir qui l'on est. Reprendre d'abord conscience de ses capacités intérieures et se demander grâce à son intuition : Qui suis-je ? Qu'est-ce que je veux ? Où en suis-je ? Il faut cesser de se poser mille et une questions avant d'agir, surmonter la réflexion, ne pas rester les bras liés au corps durant l'essentiel de sa vie, ne pas rater son destin en ne sachant quoi faire. Je pense que la chance n'existe pas. On se la fabrique soi-même et c'est avec l'intuition que l'on peut arriver à mieux appréhender la vie, à mieux saisir les opportunités qui se présentent à nous, sans quoi les occasions disparaissent.

L'intuition vient de notre cœur, de notre plexus, de nos envies, de nos désirs. C'est une émotion qui jaillit de nous : « J'aime ceci, je n'ai pas envie de parler à celui-là, ce job me plaît... » L'intuition est plus forte qu'une impression, c'est quelque chose d'incontrôlable qui nous vient de l'intérieur. Elle se déclenche ou ne se déclenche pas et sera confirmée par les événements ultérieurs. En se laissant guider par son intuition, on constate ensuite si elle était d'un bon apport. Il ne suffit pas d'avoir une intuition, il faut ensuite l'appliquer à notre vie et la construire dans le sens de nos envies pour qu'elle ait un rayonnement bénéfique.

C'est une sorte de radiographie de nos désirs, comme un moteur magique qui fait que l'on aime ou non certaines choses de la vie. Nous avons tous de l'intuition. Elle est souvent enfouie en nous parce que l'on a rajouté par-dessus une morale, une société carrée, matérielle, des structures de vie, des habitudes, des rythmes qui sont un passage obligé. L'intuition a été cassée. Le tout est de la faire revivre.

L'homme, en arrivant sur cette terre, était purement instinctif. L'homme préhistorique a avancé au flair. Il a commencé à découvrir le feu, à se créer des armes, à se faire une tribu, à voir qui étaient ses amis et ses ennemis, à distinguer le positif du négatif. L'intuition était son premier moteur. De la même façon, en arrivant au monde, les bébés se positionnent dans la vie. Ils sont la preuve vivante que chacun possède ce moteur intuitif au départ. Ce n'est que plus tard, en fonction de notre milieu ou de notre évolution de vie, qu'on l'anéantit, le perd ou le développe. Le fait est que seuls les créatifs, les vrais sensitifs, ont tendance à se rapporter à leurs intuitions parce qu'ils ont des supports artistiques sur lesquels ils peuvent développer leur instinct, tandis qu'un ouvrier travaillant toute la journée à la chaîne aura son intuition gommée, cassée ; parce qu'il n'aura ni le temps ni l'énergie de la cultiver et que ses conditions de vie vont le dépersonnaliser. Plus on va développer son intuition, plus on va pouvoir multiplier les choix dans sa vie.

L'intuition n'est pas la clef du bonheur mais, si l'on sait s'en servir, elle est à un moment donné la condition de notre épanouissement intérieur. Il faut penser que l'on a tous un rôle à jouer sur cette terre : pour éviter de passer à côté, on doit rester réceptif. C'est en écoutant bien son intuition que l'on peut suivre son destin sans le contrarier. L'intuition aide à mieux affronter et gérer les opportunités et la fatalité. Si demain votre patron vous dit : « Vous êtes licencié » (fatalité !), il faut réagir, arriver à comprendre pourquoi et voir comment on ressent cet événement.

L'intuition aide à savoir comment se sortir de cette situation, sans se plonger dans des réflexions sans fin qui risquent de vous faire perdre beaucoup de temps et de vous enfoncer dans un état négatif. L'intuition est donc aussi un gain de temps. Il ne faut pas non plus, du jour au lendemain, se dire : « Je ne me pose plus de questions et j'avance au feeling ! » On ne peut pas déclarer d'un seul coup : « J'ai de l'intuition », il faut essayer de la tester petit à petit. Il y a un déroulement logique à suivre. L'intuition s'affine avec le temps, l'expérience, et se travaille à travers les différentes étapes de la vie. Les intuitions nous ont donné des apports de base et il faut ensuite faire le point en analysant. L'intuition est un moteur continu. C'est une sensation immédiate qui nous anime dans toutes les situations de notre vie. Écouter son intuition, c'est arriver à se laisser enfin aller.

Il y a des tempéraments instinctifs et d'autres plus carrés et logiques, qui auront besoin du moteur de la réflexion. Mais ces derniers iront-ils spontanément vers une extériorisation de leur personnalité, de leurs désirs ?

L'instinctif est quelqu'un qui réagit et vit, en prenant des paris et en relevant des défis. Car l'intuition contient aussi la notion de risque et c'est ce qui fait le piment de cette vie. L'intuition est un pari quotidien vis-à-vis de soi-même. Cet instinct, c'est le mélange de connaissances, de stratégies, d'impulsions du moment. Il y a toujours un lien entre notre intuition et notre vécu. En cas de rencontre amoureuse, il faut laisser aller spontanément son intuition et la mettre en rapport avec un schéma ou une approche que l'on a déjà vécus, c'est un bon moyen pour communiquer. La société ne nous met pas vraiment en valeur, nous sommes stéréotypés par une classe sociale, par une profession, par un sexe. Nous sommes dans des cases où personne n'est vraiment lui-même. Je crois que l'on a perdu l'intuition parce que l'on a tout matérialisé. Les transformations successives de la société n'ont pas eu que des conséquences bénéfiques. Il n'y a pas eu, à ma connaissance, dans notre siècle, de fabuleux messages d'amour. On a plutôt tout transformé en faisant du dur et du matériel.

Exception faite des grands artistes, je ne vois pas qui a su exprimer son intuition en constante. L'homme utilise rarement son instinct comme un outil de bien-être, et c'est ainsi qu'il le perd. Il faut qu'il retrouve une vraie relation avec les éléments pour approcher plus spontanément les opportunités, hors des schémas et des sentiers battus.

L'intuition, c'est aussi se boucher les oreilles, oublier ce que l'on nous dit, les messages, les ordres, les stéréotypes, les idées préconçues, les stratégies toutes faites, et prendre conscience de ses capacités pour ne pas vivre à côté de soi et faire n'importe quoi.

Il faut arriver à se détacher des modèles que l'on nous donne, réussir à personnaliser son chemin et à s'extraire du système du troupeau. C'est peut-être une utopie mais, si chacun arrive à faire un peu de ce parcours, tout ira mieux. On aura moins l'air de moutons qui se déplacent aveuglément de l'école maternelle à la faculté.

Je sens tellement que les gens sont perdus et s'attachent souvent à donner de mauvaises réponses à leurs problèmes... Mon métier est d'entrer dans le destin des gens, sans arrêt, et d'observer ce qu'ils sont, par-delà leur carapace. C'est dommage et dangereux de rater sa vie. On n'a qu'une vie et je trouve trop bête de voir tous ces gens sans envie, sans désir, sans réflexe, ces gens fades qui subissent, écoutent en assimilant tout de travers.

L'intuition est une sorte de révélateur, de système d'alarme, qui permet de se dire parfois : « Là, tu t'es trompé, attends, réagis ! » Ce constat ne se fait pas sans mal car c'est aller au-devant de confrontations et d'oppositions avec son milieu.

La première intuition est de savoir écouter ses désirs et de les communiquer aux autres.

1. Mode d'emploi pour l'intuition

Écouter son intuition est un travail progressif, de longue haleine. Il faut essayer de faire évoluer sa vie en fonction des circonstances.

Pour être plus intuitif, on doit tenter par tous les moyens de se renvoyer sa propre image pour retrouver sa personnalité. Mettre en relief son intuition, c'est d'abord oublier tout et faire le vide en soi. Et il est important de faire cette démarche seul.

Au départ, il faut estimer si l'on a suffisamment de motivations qui nous conduisent à écouter notre intuition. Ensuite vient la redécouverte des tendances de notre caractère. On doit chasser les doutes et les craintes que l'on a en soi. En parallèle, il faut continuer à développer ses capacités et trouver des gens appropriés pour nous y aider. L'astrologie peut être un soutien grâce à l'étude complète de votre thème astral.

La voyance peut aussi être un révélateur de l'état de votre vie. Pour les cas plus complexes, la psychothérapie sera un travail en profondeur nécessaire grâce à une écoute spécifique qui vous aidera à reconstruire votre personnalité.

A ce moment-là vous pourrez plus facilement mettre en relief les grandes ambitions de votre vie. Vous serez davantage à l'écoute de vos intuitions et vous pourrez alors entretenir une meilleure harmonie avec ce qui vous entoure. Vous serez aussi plus réceptif aux rencontres émotionnelles, avec des gens « croisés » au fil de la vie. Ces rencontres déclencheront en vous une intuition.

2. L'instinct de survie

Pour mieux comprendre ce qu'est l'intuition il faut avant tout reprendre conscience des instincts primaires dont chacun est porteur dès la naissance.

Nous avons des instincts de comportement, des automatismes qui sont la base de notre moteur intuition : l'instinct de protection quand on nous attaque... l'instinct de joie quand on nous annonce une bonne nouvelle... Toutes ces attitudes automatiques sont innées. Ce sont des réflexes intuitifs de base sur lesquels on va pouvoir ensuite greffer notre émotion. L'instinct de survie est important surtout en cas d'épreuve et de dépression. Lorsque l'on est enseveli dans ses problèmes, il y a d'un seul coup quelque chose qui peut nous libérer : c'est cet instinct de survie. Une base d'espoir va renaître en nous, automatiquement, comme un moteur de secours qui se déclenche au pire moment.

Quand on se trouve déprimé, il faut réagir vite, tenter à nouveau de faire décoller son destin, grâce à lui. L'existence de ces enfants sauvages retrouvés vivant dans la nature, élevés par des animaux, est bien la preuve de cet instinct, même si c'est une thèse extrême. Quand on se retrouve, dans notre vie, en proie à de sombres états d'âme, il faut se dire que l'on possède en soi cet instinct de survie, comme une arme pour affronter nos moments de déprime futurs. C'est la preuve presque mathématique que l'intuition est présente en nous, que ce moteur est à développer tout au long de notre destin.

3. L'instinct sexuel

L'instinct sexuel fait partie de ces instincts primaires communs à tout le monde. Il définit la base de notre personnalité, parce qu'il est le reflet de nos pulsions, de nos envies et de nos cicatrices.

La base de l'instinct sexuel, c'est la découverte de l'autre : tous nos sens sont en éveil face à un éventuel partenaire. D'un seul coup on a une approche instinctive de ce que dégage l'autre, son regard, son look... D'une impression, d'une image naît une intuition liée au désir. On ressent une pulsion (un mécanisme sensoriel) envers une personne dont on se sent complémentaire.

L'instinct sexuel redéfinit qui l'on est, car dans l'approche d'une autre personne il y a toujours une émotion commune, une première unité dans l'envie. On se reconnaît dans l'éventuel partenaire d'une façon plus ou moins avouée. C'est aussi le besoin du rapport sexuel. Il fait partie de notre équilibre, de notre fonctionnement interne. Dans l'acte sexuel, notre instinct joue à fond : avec l'approche du corps, le regard, le toucher, on a une manière instinctive et fragile de se donner complètement.

Lorsque nous ressentons l'envie de poursuivre une relation avec une personne, notre désir peut aussi bien être éveillé par un détail, une atmosphère, une attitude, une façon de parler ou une circonstance. C'est sur ces petits points de départ que l'intuition va se développer, provoquant le désir. Je vois tellement de gens qui se gâchent la vie à cause de leurs pulsions sexuelles mal vécues... Ils deviennent hystériques, irascibles, invivables en société. Combien de femmes ou d'hommes rencontrés en consultation sont perdus, usés, énervés, excités, parce qu'ils n'ont plus de rapports sexuels ; cette pulsion qui leur permettrait de s'extérioriser !

La religion et la morale n'ont pas favorisé la possibilité d'extérioriser nos envies sexuelles. Combien de gens, homosexuels, ou ambivalents, sont frustrés et ont un destin qui tourne mal parce qu'ils ne peuvent pas bien vivre leur différence !

On doit absolument libérer cet instinct sexuel qui est l'instinct vital, cette pulsion qui est une intuition du corps. Notre équilibre entier en dépend. En général, les gens négligent trop cette partie de leur vie ou tombent dans l'excès inverse, comme ces soixante-huitards attardés et libérés qui font l'amour à l'emporte-pièce. Il y a un juste milieu à trouver pour vivre sa pulsion sexuelle : en se débarrassant des tabous, des idées préconçues et de la morale, ce qui libère les mauvaises pulsions qui pourrissent en nous et pourraient devenir des frustrations.

L'instinct sexuel, c'est l'épanouissement, grâce à l'écoute de l'envie de son corps dans la rencontre avec le bon partenaire. Le désir est une grande intuition. Il ne faut pas brimer son instinct sexuel sous prétexte que l'on a eu un échec ; au contraire ! Si vous avez eu de mauvais rapports au moment de l'adolescence, ou si vous êtes tombé sur un maniaque ou un détraqué, il faut en tirer un enseignement pour affiner votre intuition et non pas couper vos désirs.

Je rencontre un jour en consultation une femme qui a un problème avec son mari : elle a 50 ans, est dynamique et n'a pas de réels poids psychologiques dans sa vie. Mais son mari travaille beaucoup, il boit et mange tellement lors de ses déjeuners d'affaires qu'il est devenu énorme. Elle a toujours envie de son mari parce qu'elle l'aime, mais son instinct corporel est anéanti depuis quelque temps. Il ne faut pas que cette femme se force *à coucher* avec son mari. Il va falloir qu'elle libère son instinct. Doit-elle le tromper, ou doit-elle outrepasser son nouvel aspect physique ? Grâce à l'astrologie, on peut déjà savoir dans quelle direction elle va évoluer. Si son mari ne change pas, il est évident qu'elle ira ailleurs. Son besoin sexuel lui a fait prendre conscience des problèmes de son couple. Ses instincts primaires vont être les révélateurs d'autres choses. Elle va se demander pourquoi et comment son mari en est arrivé là, ouvrir les yeux sur leur relation. Elle va trouver des solutions grâce à une pensée positive. Elle va peut-être comprendre qu'avec son mari l'histoire est finie et qu'elle doit passer à autre chose.

Je crois que dans un rapport physique on a besoin d'un minimum de réciprocité. Quand une fille de 30 ans va avec un homme de 70 ans, c'est qu'elle a un problème. J'ai eu, à la radio, le cas d'une fille de 33 ans qui était précisément avec un homme de 70 ans, son voisin. Cette fille n'avait jamais quitté ses parents. Elle est tombée complètement sous l'influence de ce vieil homme. J'ai dit à ses parents qui l'ont toujours couvée qu'elle avait bien plus besoin d'un psychologue que d'un voyant.

Une mère m'a appelé l'autre jour pour me dire que son fils de 19 ans avait un comportement agressif et qu'elle avait découvert peu à peu qu'il avait des tendances homosexuelles. Elle a eu le bon réflexe de dire simplement à son fils : « Protège-toi ». Je trouve cette réaction très saine. Plutôt que de juger et de condamner son fils, elle le pousse instinctivement à se protéger parce qu'elle a réussi à admettre son désir.

L'instinct sexuel doit être bien vécu car notre rayonnement sur les autres en dépend. C'est un peu le baromètre de notre équilibre intérieur.

II

MA PREMIÈRE GRANDE INTUITION

Ma première grande intuition est liée au hasard.

Quand j'avais dix-huit ans, j'ai gardé pendant deux mois la carte d'une astrologue dans ma poche. Et puis, un jour, je me suis décidé à aller la voir. Pour moi, cette rencontre fut déterminante puisque cette femme m'a aidé très rapidement à structurer la capacité de voyance que j'avais depuis longtemps en moi. Pourquoi ai-je décidé un jour de la rencontrer ? Car, à cette époque, je venais de passer le bac et, pendant l'été, je faisais un stage au ministère de l'Intérieur, ce qui *a priori* ne me passionnait pas. En parallèle, j'étais allé m'inscrire en fac de psychologie à Jussieu, mais je ne savais pas vraiment vers où me diriger. Les jours passaient et je comprenais de moins en moins le sens de mon destin.

Je décidai alors de rencontrer cette astrologue dont je venais de retrouver la carte; ce fut ma première intuition vraiment déterminante: face à cette femme qui détenait une réelle connaissance de l'astrologie, je me suis senti attiré par un nouveau domaine qui allait m'aider à structurer cette sensibilité et cette clairvoyance que je possédais à l'état brut.

Avec elle, j'ai commencé à travailler l'astrologie sur le terrain. En assistant à quelques consultations, j'ai commencé à apprendre les bases de l'astrologie, à me structurer l'esprit et à me protéger du négatif que peuvent dégager certaines consultations.

A partir de là, peu à peu, j'ai commencé à consulter en voyance professionnellement, tout en continuant en parallèle mon apprentissage de l'astrologie. Cette rencontre initiatique fut tellement importante que, sept ans plus tard, je continue à communiquer avec elle et à m'intéresser aux différentes recherches qu'elle réalise dans le domaine du paranormal à travers le monde.

Depuis, je me sers beaucoup de mon intuition, et tout spécialement l'année dernière : un événement m'a alors énormément transformé.

C'était le 29 mars 1989. J'étais à RTL où, chaque matin depuis six mois, j'assurais une demi-heure d'émission en direct pour répondre aux questions d'auditeurs. Les bulletins de participation étaient tirés au sort régulièrement. Ce jour-là, j'ai eu un appel « urgent » transmis par mon équipe. Aussitôt, je me suis retrouvé écoutant une femme qui me demandait si je pouvais l'aider à retrouver son fils qui avait disparu depuis quarante-huit heures. Elle m'a donné quatre nombres entre 1 et 22 et, à l'aide du tarot, j'ai commencé à la guider. J'ai d'abord ressenti un endroit caverneux, avec de l'eau, et puis j'ai senti que son fils n'était peut-être plus là. Comme il était hors de question que je le lui annonce à l'antenne, j'ai dit à cette femme : « Madame, nous allons tout faire pour retrouver votre fils vivant. » Et, chose qu'il ne fallait pas faire, j'ai lancé un avis de recherche, sans en référer à mes supérieurs. J'avais senti la mort de l'enfant, mais sait-on jamais ? Il faut toujours espérer le mieux. Comment aurais-je pu annoncer la mort, alors même que certains médecins ne s'autorisent pas à faire un tel diagnostic face à des cas désespérés ? Je suis un voyant du vivant !

Lorsque les gens passent de l'autre côté de la barrière de la vie, ma perception s'arrête et nous entrons dans un autre domaine beaucoup plus proche de la communication avec les morts. En voulant redonner espoir à cette femme à l'antenne, je ne savais pas que l'information suivait de près cette affaire. Lorsqu'on a annoncé, quelques heures plus tard, au flash d'informations, que l'enfant avait été retrouvé noyé, le scandale a éclaté. On a aussitôt suspendu mon émission. A ce moment-là, mon intuition m'a fait comprendre que je n'avais pas le droit à l'erreur : je devais être à l'antenne un dieu vivant ou un soutien pour appel du cœur ! Je venais de comprendre les limites de mon émission.

Je suis parti alors dans toute la France pour présenter mon livre (*Didier Derlich : Un médium avec vous*), tandis que les médias se déchaînaient sur cette histoire et se détournaient de moi. Il y a eu un décalage entre ce que pensait le public, compréhensif, et la peur que cela avait déclenchée dans le milieu de la presse. J'ai dû assumer la responsabilité de cette histoire. C'était très lourd. Je me sentais perdu car mon inexpérience de ce milieu de requins était grande.

C'est mon intuition qui m'a poussé, à ce moment-là, à me canaliser sur du concret en partant à la rencontre de mon public en province. J'ai malgré tout « craqué » moralement et je me suis réellement demandé si cela valait la peine de continuer mon travail sur les ondes. Mon intuition m'a alors poussé à faire le tri des gens qui m'entouraient, en prenant conscience que, dans ce métier, on n'a pas vraiment d'amis, seulement des personnes qui portent un intérêt matériel sur vous tant que vous ne présentez pas l'ombre d'une faille. J'étais comme une prise multiple que l'on a débranchée dès qu'on a vu que je n'allais plus dans le courant souhaité.

Après être parti six semaines aux Antilles pour faire le point, j'ai décidé de reprendre la radio. J'avais eu entre-temps des propositions d'autres stations mais, ayant retrouvé un terrain d'entente avec RTL, j'ai recommencé une émission plus longue l'après-midi, avec des cas analysés de façon plus posée. J'ai donc pris le parti (et le pari) de revenir sur les ondes, mais j'ai recommencé un peu crispé, avec un rapport de déception immense. Quelque chose avait changé dans ma tête, surtout au lendemain de l'événement médiatique monté autour de moi quelque temps après l'histoire. J'ai été l'invité de « Star à la barre », qui ouvrait un dossier sur la voyance et l'astrologie. Poussé par mon éditeur, j'ai accepté d'y participer.

J'y suis allé surtout parce que mon intuition me soufflait, que pour faire cesser ces attaques constantes, il fallait que j'y sois. J'ai eu l'intuition de ne pas entrer dans le piège de l'exhibitionnisme, comme j'avais eu cette intuition du cœur de ne pas révéler à l'antenne à cette auditrice que son enfant était mort.

Durant une heure et demie d'émission, je me suis retrouvé face à des gens que je ne connaissais pas et qui m'ont reproché tout ce qu'il était en leur pouvoir de critiquer : mon âge avant tout, mon livre, mon métier... Mon intuition m'a guidé : je suis resté indifférent, parfois surpris, je me suis demandé sur quelle planète j'étais et je me suis défendu avec toute ma sincérité. Ce fut un débat sans fond et sans fin, imbécile. Cela ressemblait à un règlement de comptes de vieux aigris, pétris de jalousie face à un jeune nouveau venu. J'ai découvert une face de ce métier pas très réjouissante : un monde hostile qui, depuis, me saute aux yeux. Au fond, c'était la simple expression d'un conflit de générations entre gens du même métier. Ma jeunesse les dérangeait et ils avaient peur aussi de ce domaine plus abstrait qui ne ressemble pas à ceux qu'ils ont l'habitude d'aborder. Cette histoire a été pour moi l'occasion de faire le point, de savoir qui était qui, et de devenir plus lucide en prenant conscience que, quand il vous arrive quelque chose, le vide se fait très vite autour de vous. Cela m'a aidé à revenir sur terre en découvrant la nature de ceux qui m'entouraient, la sauvagerie des médias. L'affaire avait été tellement montée en épingle que j'ai eu peur de perdre à un moment l'envie de me battre face à une agressivité aussi gratuite. Ma passion a résisté. Cette histoire a d'ailleurs finalement renforcé mon lien avec le public.

Je pense que cela a été une leçon probablement nécessaire à mon cheminement. Le destin me donnait, depuis quelque temps, de très belles choses qui m'ont été retirées en moins de vingt-quatre heures ! Ensuite, mon intuition m'a aidé à savoir comment je devais progressivement reprendre confiance à l'antenne. Je sais que l'on m'attend désormais chaque jour au tournant, mais j'aime prendre ce risque quotidien, même s'il y a des jours où je suis moins réceptif que d'autres.

Mon intuition m'aide à me mettre en condition tous les jours pour rencontrer les cinq ou six personnes qui vont me raconter leur vie intime et auxquelles je vais livrer le fruit de mon travail. Mon intuition me pousse aussi à faire le vide en moi et à me changer le plus possible les idées entre deux émissions. Je dois me dégager des cas entendus à la radio, ne pas les emmagasiner dans ma tête, oublier, passer à autre chose, sans quoi je deviendrais fou. Je ne dois pas vivre uniquement dans ce processus. Et c'est pour cela que je diversifie mes activités. C'est une façon de m'occuper l'esprit. J'ai un besoin très vif d'avoir une surcharge d'activités, de rencontrer aussi des gens qui n'ont rien à voir avec tout cela. Je n'ai pas d'amis voyants et j'ai réussi peu à peu à faire le tri entre les gens qui me disent : « Viens dîner ce soir à la maison et n'oublie pas ton jeu de tarots... » et les vrais de vrais, les amis, les proches qui me demandent si je vais bien ! Rares sont les gens qui ont le souci de savoir comment je vais, car, pour la majorité, je dois toujours aller bien et c'est quelque chose qui ne me fait pas forcément sourire...

III

MES INTUITIONS À L'ANTENNE : DES RENCONTRES ÉTONNANTES

Je n'ai pas toujours rêvé, comme tant d'autres, de faire de la radio. Je ne m'en suis approché que par un concours de circonstances et des contacts que j'ai flairés, à l'époque, grâce à mon intuition.

J'avais 17 ans et je commençais à recevoir en consultation quand je rencontrai un agent d'art qui me présenta à un industriel. Celui-ci avait acheté pour s'amuser un restaurant et l'une de ces radios FM qui proliféraient alors.

Un soir, cet homme m'a proposé de m'interviewer sur ses ondes à propos de l'astrologie. Pendant l'émission il m'appela pour me dire : « Je vous engage pour que vous fassiez l'horoscope sur l'antenne. » Le lendemain, je commençais à découvrir ce monde sauvage et mal structuré des radios FM. J'ai ainsi eu un premier contact avec l'auditeur : c'est curieux, quelqu'un qui vous parle de façon intime parce qu'il vous écoute tous les matins ! Progressivement, je suis passé de l'horoscope au dialogue avec les auditeurs. Je gérais très librement mes consultations de voyance à travers les tarots. Je n'avais alors pas d'impératifs de publicité ou de sujets imposés, tout était à dire et à faire. C'était la libre expression dans toute sa splendeur. J'étais désinvolte, je me permettais plus de folie que maintenant mais j'étais moins rassurant, du fait de mon manque d'expérience. C'était l'ébauche de ce que je fais à RTL. Cela m'a permis d'approcher le micro et de me livrer à l'auditeur, mais pas de façon très professionnelle.

Au bout de deux ans de FM, la lassitude vint : ce n'était pas un média à perspective très motivante. J'avais du mal à gérer en même temps mes activités à la radio et mon cabinet de consultation, qui commençait à marcher. Au fond je me suis testé pendant ces deux ans, pour voir si le message passait. J'ai arrêté quand j'ai eu l'impression d'en avoir démonté les mécanismes. Pendant un an je n'ai plus fait de radio, afin de me laisser le temps de constater si j'en avais encore besoin ou non.

Il se trouva qu'un attaché de presse m'avait entendu dans sa voiture. Il pensait que ce que j'avais fait pourrait marcher sur une radio plus populaire. Il m'a emmené à RTL. Là, mon âge (21 ans) et ma profession les ont un peu étonnés et laissés sceptiques. Ils m'ont fait faire un test dans une émission de variétés, *Studio 22*, le samedi : des chanteurs venaient présenter leur actualité et je devais leur faire cinq minutes de voyance. C'était un peu rapide et, dans l'émission, cela venait comme un cheveu sur la soupe. Je ne pouvais évidemment rien apporter de précis à ces personnalités en aussi peu de temps, mais c'était un bon test, une bonne approche des professionnels de la radio.

L'expérience fut brève. Peu après, une de mes consultantes ayant été nommée directrice des variétés sur M6, elle me fit démarrer sur cette chaîne. C'est à ce moment que RTL me rappela pour passer en direct dans l'émission d'Anne-Marie Peysson.

J'ai eu heureusement un bon premier contact avec les auditeurs qui avaient de graves problèmes. Parler sans filet, sur une antenne de large audience, était une sensation neuve et étonnante : j'avais du mal à réaliser que je travaillais avec Anne-Marie Peysson, celle que j'écoutais déjà quand j'étais petit.

L'émission a commencé à marcher, à raison d'une fois par mois. Le nombre d'auditeurs étant de plus en plus important, l'équipe de RTL décida de la présenter une fois par semaine et puis, l'année dernière, on a franchi un nouveau cap : l'émission est devenue quotidienne, une demi-heure tous les matins, entre Sabatier et Fabrice. Le principe en est que les gens découpent un bon de participation dans *Télé-Poche* et l'envoient à RTL. Chaque jour, le réalisateur de l'émission en tire au sort cinq ou six en essayant de faire en sorte que toutes les régions de France et de Belgique aient la même chance. Dès que j'ai l'auditeur en ligne, je lui demande quatre nombres entre 1 et 22, parce que j'ai les vingt-deux cartes principales du tarot de Marseille, face cachée, devant moi. L'auditeur les choisit en m'indiquant ses quatre nombres. Il m'expose alors son problème. Grâce à mes quatre cartes, je me lance dans le passé de l'auditeur, dans son présent, et dans des prédictions. La voix de mon interlocuteur m'aide à me rapprocher de sa sensibilité et de son état d'âme du moment. Ce qui est magique, c'est le contact direct qui s'établit avec tous ces gens que je ne connais pas. J'entre dans leur intimité et je peux aller très loin. Certains cas m'ont particulièrement marqué à l'époque.

Par exemple, cette femme retraitée de 63 ans qui m'appelait pour savoir comment sortir de sa solitude et améliorer sa santé. Je suis entré dans les cartes et j'ai senti dans son jeu des zones d'ombre énormes. J'ai vu qu'elle avait un vrai problème avec ses yeux... Cette femme m'a effectivement dit qu'elle perdait la vue. Et, brusquement, elle a cessé de me parler pour me réciter un poème exprimant toutes les couleurs et les images qu'elle ne reverrait plus ! Ces mots criés sans violence ont été mon premier choc à l'antenne. Cette femme m'a surpris par sa spontanéité et son naturel. Et ce qui m'a frappé, c'est que cette dame se soit retrouvée au moment de sa retraite dans une effroyable solitude après avoir subi de nombreuses épreuves tout au long de sa vie. Elle espérait retrouver un peu de sérénité en prenant sa retraite, lorsque cette fatalité lui est tombée dessus... Mon rôle était alors de l'aider à retrouver des motivations nouvelles, et de la tirer de cet étouffant destin.

Je me souviens aussi d'une autre qui me demandait simplement si elle allait déménager. Je lui ai répondu : « Oui, mais cela va être à ras de terre, parce que vous ne pouvez pas faire autrement. » Cette femme m'a dit qu'effectivement elle était dans un fauteuil roulant... Ce qui m'a déstabilisé, chez elle, c'est la simplicité avec laquelle elle m'a avoué sa condition.

Il y a eu aussi cette autre auditrice qui, sortant de prison, se retrouvait à la fois enceinte et séropositive. Elle m'avait demandé si son enfant serait séropositif : ce qui m'a posé un grave problème de conscience ! Fallait-il lui dire ? Je lui ai d'abord décrit son avenir : il y avait une telle espérance de vie dans son jeu que je lui ai déclaré qu'il y avait beaucoup de chances pour que son bébé soit indemne. Le plus merveilleux, c'est qu'elle a témoigné deux mois plus tard : son bébé était né en pleine forme ! Ce qui m'a surpris, dans ce cas, c'est la solidarité des auditeurs qui, suite à cet appel, se sont manifestés pour lui proposer des layettes, des jouets, ou même de l'argent pour son futur bébé ! J'ai aussi été étonné par le cran de cette fille qui, sortant juste de prison, a assumé parfaitement sa grossesse. Face à des gens aussi grands, on se sent soudain petit...

L'année dernière, une femme m'appelle pour me parler de ses problèmes de relations intimes avec son mari. Elle était enceinte de quatre mois et son mari était très agressif avec elle depuis deux ans. J'ai essayé de creuser la personnalité de son mari et j'ai vu une ambivalence au niveau de sa sexualité et de ses désirs. J'ai senti un homme plein de frustrations : il me paraissait homosexuel, voire pédophile. J'ai tenté d'exprimer tout cela à l'antenne, en direct... de façon nuancée. J'ai vu ensuite qu'il s'intéressait à quelqu'un de son entourage et cette auditrice m'a alors avoué que son mari lui avait déclaré que si elle avait une fille, il la tuerait... et qu'il avait un rapport trouble avec le fils d'un voisin.

Ce qui m'a le plus surpris, dans cette histoire, c'est la responsabilité que je prenais ! Je craignais qu'en annonçant de telles choses à l'auditrice, elle ne réagisse violemment à l'antenne.

Un autre jour, un Vendéen m'appelle pour me demander si je pouvais l'aider à retrouver un trésor dans sa propriété ! Question peu banale... Je sens effectivement la présence de quelque chose à travers le tarot, et je vois du bleu ainsi que deux objets séparés près d'un mur contournant la propriété. L'homme me dit qu'il avait déjà entrepris des recherches en bibliothèque et qu'il avait découvert qu'effectivement les « bleus », à l'époque des guerres de Vendée, avaient laissé des trésors de guerre. L'étrange, c'est que j'avais bien ressenti le bleu, mais comme une couleur et non pas en relation avec l'époque de la Révolution ! Il a d'ailleurs fini par retrouver le trésor en question. C'était très intéressant de mener à l'antenne une investigation qui sortait ainsi de l'ordinaire !

Insolite aussi le cas de cette femme qui m'appelle pour me dire que le téléphone sonnait sans arrêt chez elle, même quand elle le débranchait. Elle avait fini par enterrer le téléphone dans son jardin mais il continuait malgré tout à sonner dans sa maison ! Elle voulait savoir qui lui faisait cela. Ce cas, bien sûr, n'était pas du ressort de la voyance. Je lui ai parlé de sa solitude, de sa vie sociale, de son passé affectif pour trouver plutôt les causes qui avaient créé en elle cet état de déséquilibre.

Il y a eu aussi le cas d'une étonnante quinquagénaire. Sa fille, alors en prison, avait quatre enfants à la DDASS. Une histoire à la Zola. Face au cri de cette grand-mère qui essayait de récupérer ses petits-enfants, j'ai essayé d'être le plus précis possible pour lui donner le juste conseil, l'écouter et voir si elle aboutirait dans sa démarche. Il ne faut surtout pas rester pris de cours face à ce genre de personnes désespérées.

Une divorcée m'avait aussi appelé parce que son fils de 16 ans la rouait de coups. Elle était déprimée depuis que son mari l'avait quittée, la laissant sans soutien affectif ni travail. Ce triste état de choses révélait les manques de son fils, lequel essayait de se donner des repères au travers de crises d'autorité se manifestant par des actes violents à l'encontre de sa mère. Il ne supportait pas qu'elle émette la moindre réflexion personnelle. Dans ces cas-là, d'un seul coup, il y a à l'antenne une émotion violente que je dois maîtriser sans exhibitionnisme ni voyeurisme. Je lui ai d'abord apporté une prédiction, puisque c'est ce qu'elle attendait, mais j'ai essayé surtout de lui expliquer comment son fils en était arrivé là et ce qu'il pensait vraiment d'elle. Pour qu'ils puissent, chacun de leur côté, revenir à un meilleur sentiment mutuel. Le fait marquant de cette consultation était que cette mère vienne se confier à moi, qui avais alors peu de différence d'âge avec son fils ! Elle avait l'âge de ma propre mère, ce qui ne l'a pas empêchée de m'écouter et de recevoir mes conseils !

Dans mes consultations à la radio, quel que soit l'état d'âme de l'auditeur quand il m'appelle, je cherche à dépasser sa question.

Si un auditeur me dit : « Ma femme m'a quitté ; que va-t-il se passer ? », je sais que son vrai problème n'est pas là et je cherche à déboucher avec lui sur la véritable question en le ramenant à son état d'âme primordial, celui qu'il cache inconsciemment de peur de l'affronter.

Je réponds à sa question en lui faisant d'abord prendre conscience que l'essentiel de son problème est ailleurs, enfoui, paralysant l'intuition qui lui permettra de mieux évoluer.

Depuis un an, j'anime une émission "nouvelle formule", l'après-midi : « Vibrations ». Elle part du même principe, naturellement, mais j'ai essayé de passer de la formule de simple prédiction, c'est-à-dire de voyance pour la voyance, à une émission faite aussi de psychologie, de bon sens et d'intuition. J'essaie de faire prendre conscience aux gens de leurs atouts et de leurs manques pour ne pas les abandonner en fin de consultation avec une simple prédiction. Je tente aussi d'amener l'auditeur à se raconter. En six minutes, bien sûr, je ne peux pas tout savoir de lui. Je dresse un bref constat de son passé, je m'arrête sur le présent et je sens le problème numéro un. Je lui demande alors de m'éclairer pour rebondir ensuite sur d'autres intervenants que je ressens. Il se produit alors une vraie communion avec l'auditeur : il reçoit une prédiction, un conseil. En se livrant, il exorcise ses problèmes.

Voici quelques-uns des grands cas que j'ai rencontrés dans « Vibrations », au cours de cette saison 89-90.

Le cas qui m'a le plus ému cette année est sans doute celui de cette femme en direct sur RTL.

Germaine a perdu son fils de 17 ans, le 20 janvier 88. Il s'est fait sauter la cervelle avec un pistolet à gaz dans son appartement. Cette femme m'explique, la voix brisée par l'émotion, que son fils lui avait dit trois mois avant : « Si un jour je meurs avant toi — et cela peut arriver —, s'il te plaît, continue à vivre, parce que tout ce que tu feras dans l'avenir, tu le feras pour moi. »

Depuis la mort de son fils cette femme sans amis et sans travail s'est complètement repliée sur elle-même et vit perdue dans la pensée de son fils. Elle n'a plus aucun contact avec le monde extérieur et se raccroche à la seule pensée de son fils mort. Je lui dis avant tout qu'elle doit tenter de dépassionner les choses petit à petit et essayer de comprendre les raisons qui ont poussé son fils à mettre fin à ses jours. Je sens que, dans les derniers mois de sa vie, ce garçon avait été violemment partagé entre son immense amour pour sa mère et une nouvelle affection qui marquait les débuts de sa vie d'homme. Il était tellement mal à l'aise, ne sachant comment canaliser ses amours, tellement déséquilibre qu'il s'est supprimé. J'ai essayé de montrer à cette femme qu'elle devait aller maintenant vers le concret pour se ressaisir. Que le fait de retravailler allait la rassurer. J'ai vu que, dès l automne, si elle entreprenait des démarches, elle retrouverait du travail. Petit à petit, j'ai senti la voix cassée de cette femme retrouver une note d'espoir. Je lui ai expliqué qu'ainsi elle retrouverait le goût de vivre et que c'est alors, seulement, qu'elle pourrait se sortir d'elle-même et de son chagrin. Elle garderait alors un souvenir positif de son fils. Car elle vivait à côté de sa vie de femme depuis beaucoup trop longtemps.

C'est un cas qui m'a déstabilisé à l'antenne car cette femme n'avait plus rien, elle était au bord du précipice et ne savait plus vers quoi s'orienter. Ce n'était pas une tâche facile de lui expliquer que sa vie de femme, ratée, était en partie la cause du décès de son fils. Elle avait tout mélangé pendant des années. Son fils était devenu à la fois l'homme de la maison et son meilleur ami. Elle se raccrochait à lui pour effacer son désespoir, mais cette situation a fini par étouffer ce garçon. Il se sentait alors incapable de suivre ses propres pulsions à l'extérieur : pour lui, c'était abandonner sa mère. Il a préféré lui donner une chance de s'en sortir au prix de sa vie.

J'ai aussi découvert à l'antenne le monde des femmes battues. Un jour, une auditrice m'appelle parce que, depuis vingt-huit ans, son mari la bat. Il la retient financièrement, s'étant emparé de tous ses biens. Cette femme de 50 ans, sans possibilités financières, est soumise à un véritable calvaire : son mari va jusqu'à la menacer avec un couteau. Et personne ne l'aide dans son village. A cette femme démunie, je fais une prédiction : j'ai vu, en effet, une libération dans son destin car son mari alcoolique ne va plus pouvoir assurer son statut social ! Je lui annonce qu'elle retrouvera sa liberté mais qu'elle devra assumer sa solitude et ses problèmes quotidiens, financiers entre autres...

Dans des cas comme celui-ci, on prend les auditeurs hors antenne après la consultation pour leur donner des adresses d'assistantes sociales ou d'associations de leur région qui pourront leur venir en aide. Dans ces occasions, j'ai l'impression de fournir un service complet à l'auditeur. C'est ce vers quoi j'aimerais me diriger de plus en plus à l'avenir, car je sens que j'aide ainsi concrètement l'auditeur dans sa vie de tous les jours.

Une grand-mère de 68 ans m'appelle un jour : sa fille est en prison pour avoir tué son fils de deux ans. Elle voulait savoir comment sa fille allait s'en sortir. C'est vrai que l'on a du mal à comprendre un tel comportement. Par quelle crise de folie cette jeune femme a-t-elle été emportée pour en arriver à étouffer son enfant ? J'ai conseillé à cette dame d'emmener sa fille, manifestement en proie à des traumatismes de l'enfance, consulter un thérapeute qui pourrait la prendre en main. J'ai simplement essayé de voir comment elle s'en sortirait dans l'avenir, quand elle serait libérée. Je ne dois dans ces cas-là ni juger, ni condamner. Ce n'est pas mon rôle.

J'ai rencontré aussi des situations moins tragiques : par exemple, ce couple dont la vie calme était perturbée chaque jour par des actes de vandalisme accomplis autour de leur maison, arbres déracinés, ordures répandues dans le jardin, portail défoncé... Bien sûr, je n'allais pas leur livrer le nom du coupable, mais je leur ai expliqué que, du fait de la situation privilégiée de leur maison dans le lotissement, quelqu'un leur en voulait. Je voyais un type d'homme bien précis dont j'ai tenté de décrire la vie dans leur voisinage. Plus j'entrais dans les détails, plus la femme me disait qu'elle voyait qui était le coupable. Ceci est un autre type de service que l'émission peut rendre tout en sachant qu'une fois l'investigation accomplie à l'antenne, il ne faut surtout pas que l'auditeur se laisse aller à un sentiment de vengeance !

Une autre femme m'a étonné. Son mari travaillait dans une usine. Ils vivaient non loin de son lieu de travail. Un soir, son mari ne rentre pas. On l'a prévenue tard dans la nuit qu'il était mort. Dans une cuve d'acide ! Ce qui est incroyable, c'est de voir la déchéance de cette femme à qui non seulement on annonce la mort de son mari, mais aussi qu'elle va devoir rapidement déménager, et sans indemnité parce que son mari est mort pour cause de faute professionnelle ! C'est pour cette femme un carrefour brutal de sa vie. Ce genre de cas de figure me laisse pantois ! On dirait que la vie humaine est robotisée ! J'ai fait avec elle tout un travail de compréhension, de réconfort pour voir comment, professionnellement et sentimentalement, elle allait pouvoir s'en sortir, et pour l'aider à exorciser ce choc en utilisant ses atouts et son intuition de sorte qu'elle retrouve une vision plus sereine de la vie.

Un autre cas fréquent dans les familles : celui de la belle-mère envahissante ! Une jeune femme de 28 ans était plutôt heureuse avec son mari, mais sa vie était régentée par sa belle-mère de façon aussi machiavélique qu'agressive. Elle n'en pouvait plus ! Elle en était presque à vouloir baisser les bras et ne savait plus si c'était elle ou sa belle-mère qui était importante pour son mari. Je lui ai expliqué les points sur lesquels elle pouvait renouer le dialogue avec lui, des clefs de comportement très simples qui l'ont aidée à se blinder contre sa belle-mère. Ainsi, nous avons tenté ensemble une offensive de rébellion !

C'est le style de problèmes dans lesquels beaucoup de femmes se retrouvent et qui peuvent les empêcher de poursuivre leur évolution dans de bonnes conditions : elles sont freinées au départ par un problème mineur qui peut tout détruire si elles ne réagissent pas à temps.

Il y a eu aussi un cas intéressant d'homosexualité : une femme m'appelle pour me dire que sa fille de 22 ans avait une sexualité bizarre. Effectivement, j'ai constaté dans mes cartes que cette fille éprouvait un amour pour une femme liée à ses études. J'ai décrit celle que je voyais : la mère a acquiescé et m'a passé sa fille qui était à ses côtés. Je l'ai fait parler de son homosexualité pour savoir comment elle l'expliquait et pourquoi elle n'avait pas encore eu de rapports avec des hommes, ni d'ailleurs avec cette femme. A l'antenne, je lui ai fait dire qu'elle avait envie de franchir le cap avec elle. Comme sa mère était restée à ses côtés, pour toutes deux c'était la première occasion d'en parler. Il y avait tout d'un coup à l'antenne une confession rare. Je laisse toujours son libre arbitre à l'auditeur pour qu'il se forge une attitude avec les éléments de l'avenir que je lui livre. Je ne l'entraîne pas par la main, je lui fais plutôt prendre conscience des valeurs, bonnes ou mauvaises, de son destin. Je pense que cette confession a pu aider d'autres jeunes qui nous écoutaient et qui se trouvaient dans ce même genre de situation, ou peut-être d'autres parents ayant découvert chez leur enfant une déviation sexuelle ou une ambivalence... La façon dont cette fille a témoigné devant sa mère m'a profondément touché. Même si le thème de l'homosexualité choque encore certaines personnes, je pense que cela fait partie de la vie, comme le reste. Si, en 1990, on cache encore cela, quand pourrons-nous alors vraiment parler de tolérance ?

Une femme aussi m'avait passablement étonné : son mari couchait avec sa nièce et elle se retrouvait repoussée par toute sa famille qui approuvait cette situation ! La mère de la nièce, sa belle-sœur, avait monté l'affaire et téléguidait toute l'histoire. C'était l'accomplissement d'une vengeance qui remontait à des années ! Cette auditrice se sentait perdue car toute sa morale, catholique, s'effondrait. Il a fallu que je lui redonne toute une nouvelle échelle de valeurs pour qu'elle puisse un jour retrouver un cœur neuf et ainsi approcher un autre partenaire.

Un autre cas insensé : une jeune femme de 26 ans, dont l'ami était en prison, m'appelle un jour pour savoir ce qu'elle devait faire. Il avait toujours été un voyou. Mais, grâce à elle, son ami s'était rendu à la police sans violence. Elle me raconte qu'il était en train de changer, de tirer des leçons de tout cela et m'explique que, s'il avait fait tous ces casses c'était par amour pour elle. « Bonnie and Clyde », version 1990 ! C'était en fait très touchant, car cet homme volait, pillait pour qu'ils mènent tous les deux une vie idyllique ! Bien entendu cette femme comprenait que son mari doive payer ses fautes mais, pour ma part, je trouve qu'il aurait été singulièrement intéressant de savoir ce qui se passait dans la tête de cet homme quand il agissait ainsi !

C'est assez souvent que je reçois des témoignages, des lettres de gens incarcérés. L'émission leur ouvre des perspectives et l'occasion de se projeter dans l'avenir parce qu'ils ont l'impression pendant quelques minutes de se trouver en prise directe avec cette vie quotidienne dont ils sont exclus.

Sur l'antenne, j'essaie toujours d'être là pour faire prendre conscience aux gens qu'il faut qu'ils réagissent. Ils ont tellement baigné dans un mouvement latent qu'ils se demandent pourquoi cesserait leur mauvaise situation. Souvent, ils ont perdu toute notion de la barrière entre le bien et le mal.

Je l'avoue, à la fin de la journée, après tous ces malheurs passés en revue à l'antenne, je dois souvent me répéter que la vie n'est pas toujours aussi dure et que mon travail est un travail d'urgence.

Je dois relativiser tous ces phénomènes entendus dans l'émission : j'essaie de me recharger en positif sur le négatif des autres. En donnant, en expliquant, en sentant l'émotion de celui qui est en face de moi, en pratiquant la voyance, j'arrive à me recharger en positif. J'ai l'impression que, plus je travaille sur les failles de la vie de tous les jours, chez les gens, plus je grandis à l'intérieur : je comprends les leçons de la vie.

D'où viennent, par exemple, des phénomènes comme la toxicomanie et l'alcoolisme ? J'arrive à faire de véritables petites analyses aux gens en constatant l'état de leur situation présente : les déviations et les débordements d'aujourd'hui en fonction de tout ce qu'ils ont vécu. Tout en leur résumant la situation, je fais des prédictions pour la projeter dans l'avenir et voir comment elle va évoluer. J'entoure cela de conseils et de réconforts et j'essaie de prendre du recul par rapport à tous ces cas pour éviter de tomber à mon tour dans la déprime. La radio est vraiment une expérience fabuleuse, une aventure nouvelle tous les jours. Je pénètre de plain-pied dans des destins rares et étonnants, loin de ce que je vis. Mais j'essaie d'avoir une vie en parallèle, composée de gens qui ne me racontent pas trop leurs problèmes.

Parfois je suis frustré parce que j'ai l'impression que les auditeurs n'ont pas compris ce que je voulais leur dire. Il est vrai que, les jours où j'ai des problèmes dans ma tête ou dans ma vie, je suis moins sensible et intuitif. Alors je me sers davantage du tarot comme support, en m'intéressant plutôt aux grandes lignes de la vie de l'auditeur.

IV

LA PENSÉE POSITIVE ET L'INTUITION DANS LE RÊVE

La pensée positive

Nous devons prendre conscience de la valeur de la pensée positive dans un moment éprouvant, lorsque nos réactions n'ont pas été les bonnes. On doit d'abord tenter de dédramatiser la situation en réalisant qu'il faut avoir une nouvelle vision des comportements que l'on souhaite. La pensée positive est un état lié à l'intuition : il s'agit de trouver la valeur de ses capacités, de ses défauts, de ses manques, de ses atouts, de ses goûts et de ses envies. On sera obligé de faire le point pour dédramatiser parce que nos actes ne portent pas aussi loin qu'on le souhaitait. On constate que l'on a fait fausse route. Il faut trouver au fond de soi des énergies et des forces que l'on avait gommées ou bloquées avec des stratégies, trop d'idées reçues, ou à cause d'un sentiment de facilité par lequel on s'est laissé tenter. Toutes ces valeurs sont venues abîmer notre véritable énergie positive. On a oublié le spontané, le naturel, l'optimisme, pour se fondre dans un moule. En entrant dans un stéréotype ou une stratégie, on s'est interdit d'aller vers un épanouissement et notre problème a décuplé. Lorsque l'on va rencontrer une opportunité sur le terrain, il faudra grâce à la pensée positive se poser les données du problème, et de ce fait moins s'angoisser. Il faudra lutter contre les mauvais aspects de son caractère pour faire ressortir un sentiment optimiste et volontaire. On va sentir alors un autre rayonnement autour de nous, une vraie éclaircie dans son travail ou sa vie affective. Notre moral en hausse aura un retentissement bénéfique sur notre physiologie. Avec une pensée positive les choses se déclenchent plus facilement. La pensée positive, c'est de l'automotivation. On l'alimente en se donnant des perspectives. Entre ses repères, il faut se créer une stratégie.

Après un divorce, certaines femmes restent bloquées affectivement. Elles viennent me voir pour me demander pourquoi elles ne rencontrent personne. Des hommes, après la liquidation de leur entreprise, me disent : « Je n'y crois plus ! » Beaucoup de jeunes aussi, après une enfance très difficile entre des parents plus ou moins déséquilibrés, viennent m'expliquer : « La vie, pour moi, c'est une étendue fade, triste et morne. »

La pensée positive fait appel à certains atouts que chacun possède, l'ambition et la motivation ! Par exemple, en reprenant conscience de qui elle est, de son charme, de sa séduction, une divorcée pourra essayer de tourner la page. Dégagée de cette situation pénible, elle pourra se débarrasser de ses problèmes passés pour avancer, retrouver un psychisme positif, l'envie d'aller de l'avant, rayonner et donc attirer d'autres sensibilités.

Une des étapes pour retrouver la pensée positive réside dans l'intuition : on dédramatise, on reprend conscience de ses valeurs et, là, on agit au feeling. C'est un vrai coup de fouet qu'il faut se donner ; et un rude travail intérieur. En revanche, je ne crois pas aux gens qui cultivent perpétuellement la pensée positive car, quel que soit notre destin, nous avons tous des étapes néfastes à traverser et nos états d'âme ne peuvent être toujours tournés vers le positif. La pensée positive doit essentiellement intervenir quand on est dans un état négatif.

Elle peut aussi s'alimenter à plusieurs : on peut choisir un ami, un complice, quelqu'un avec qui on s'entraidera, se serrera les coudes pour avancer et marquer des points. C'est un stimulant, un sentiment de générosité et de confiance en soi : il faut croire que le destin n'est pas composé que de fatalités et ne pas oublier que le négatif implique généralement le positif.

Dès que l'on accepte ces principes et que l'on essaie de les mettre en pratique dans la vie quotidienne, on avance.

Si, dans mon travail, je ne tentais pas de rester positif, face à ces sceptiques qui me disent : « Vous faites n'importe quoi, c'est bidon », je serais en dépression 24 heures sur 24. Tandis que si je dis à ces gens : « Mais, bien sûr, je comprends votre attitude, je ne fais pas ce métier pour vous convaincre, je le fais parce que j'y crois ! », j'instaure un autre rapport, en dialoguant pour essayer de comprendre pourquoi ils ont ce point de vue, et sans les agresser, en tentant de garder un sentiment positif envers eux. On trouve toujours un terrain positif. Bien sûr, certains sont irrécupérables. On ne peut pas être en accord avec tout le monde !

La pensée positive, c'est aussi tirer un enseignement des situations que l'on a traversées, arriver à « repositiver ». C'est une vraie gymnastique intellectuelle.

Mais certaines gens ont une telle pensée positive qu'on les prend pour des illuminés. Il ne faut pas non plus tomber dans l'excès, dans une béatitude de la vie, en dénaturant sa personnalité, en oubliant ses goûts, et en dépassant les limites de ses désirs. Il faut aussi respecter ce que l'on aime. La pensée positive n'est pas la clef du bonheur, mais la clef d'un mieux-être. Elle consiste également à prendre des paris et des risques comme on ne l'aurait pas fait en temps normal.

Si une personne en difficulté dans son travail prend conscience de la situation, la dédramatise, tourne la page et qu'à l'intuition elle essaie de créer un sentiment positif avec ses collègues et ses supérieurs hiérarchiques, cette personne sera apte à risquer des paris, des challenges qu'elle n'aurait jamais pris auparavant. Cela va nous amener à un dépassement de nous-mêmes et des limites traditionnelles que l'on s'était données. C'est alors un véritable décollage de notre destin nous poussant au développement de nos capacités. La trame idéale de la pensée positive consiste à parvenir à un épanouissement de sa personnalité. On part d'un point néant ou négatif et, à travers toute une stratégie rapide, on passe à la vitesse supérieure pour rayonner plus intensément en se mettant vraiment en avant... Certains peuvent ainsi changer du tout au tout !

La pensée positive se rapproche de la démarche de la psychanalyse ou de la psychothérapie parce qu'elle trace un nouveau chemin de vie et nous permet de faire table rase du passé en repartant avec un meilleur sentiment.

La pensée positive, appliquée à soi-même, peut

souvent être déclenchée par d'autres. Un ami, un parent, un patron et pourquoi pas un astrologue. Il est bon d'avoir un accompagnateur, un guide, un observateur qui vous renvoie la balle, en vous réfléchissant votre image, parce que l'on n'est jamais assez lucide sur soi-même.

La pensée positive, enfin, est un principe spontané qui existe depuis la nuit des temps, et que l'on a un peu oublié. C'est une démarche plus sereine et équilibrée que celle d'être béatement et aveuglément optimiste.

Bref, la pensée positive est une manière de vivre plus qu'une philosophie de vie.

Le rêve

Les rêves sont des outils supplémentaires qui peuvent nous aider à structurer notre évolution et notre comportement et donc notre intuition.

Il faut faire d'abord la distinction entre l'imaginaire et la prémonition dans le sommeil. Tout le monde rêve environ 90 minutes par nuit mais il y a très peu de songes prémonitoires.

En rêvant, l'on achève des événements du passé et l'on affronte en même temps ceux que l'on va vivre dans l'avenir. Le corps n'est plus au même rythme, le mental et l'inconscient prennent le dessus : des pulsions, des envies se libèrent en mélangeant ce que l'on est à ce que l'on a vécu.

Il faut se méfier de l'interprétation des rêves. Je ne pense pas qu'ils symbolisent la même chose pour tout le monde et l'on débite trop de généralités sur eux. On dit qu'il est bon d'écrire ses rêves le matin et de les relire le soir pour les poursuivre pendant la nuit. Cette vieille recette de grand-mère me laisse sceptique. Mais le fait est que le rêve peut nous donner des éclaircissements, des révélations. Par exemple, vous avez divorcé et vous vous mettez à rêver de celui (ou celle) qui vous a quitté : ce rêve peut alors vous servir à l'exorciser et vous aider à vous donner des repères sur son caractère. En cultivant une nouvelle intuition, vous pourrez vous libérer de ce passé.

Le rêve nous aide à combler des manques et donne des bases à nos instincts futurs. Pour les gens qui traversent des épreuves, le rêve peut provoquer une action entrevue dans l'état de sommeil. La prémonition est importante dans le sens où elle peut nous donner des clefs pour l'intuition. Par exemple, si vous êtes dans un projet professionnel important et que, dans votre rêve, vous sentez qu'un personnage peut vous amener un soutien, ce signe vous aidera peut-être le lendemain à mieux appréhender cette personne pour avancer dans votre projet. Mais il ne faut pas prendre le rêve comme un télégramme que l'on va décrypter tous les matins avec son dictionnaire !

Je vois plutôt le rêve comme une thérapie automatique, une phase de décompression avant de revenir à l'état d'éveil. Je pense que, pendant la nuit, il se passe mille choses en nous qui dépassent la notion de rêve. C'est en dormant que l'on devient enfin soi-même pendant que notre corps se ressource en état d'hibernation. Le mental a un deuxième fonctionnement qui protège notre identité et analyse les pulsions que l'on a reçues dans la journée.

Je ne pense pas que les rêves prémonitoires soient aussi précis que les voyances. Ils peuvent aider les gens mais, en aucun cas, on ne doit régler sa vie sur ses rêves.

Exemple

Quand j'avais 17 ans, j'ai travaillé avec une astrologue sur un projet de parfum astrologique. J'étais en pleine démarche pour tenter de commercialiser l'idée et le produit, et je rêvais sans cesse d'un lac au pied d'une immense montagne, derrière lui. Aucune de nos démarches n'a abouti, à cause de la concurrence infernale des grandes marques de parfum. J'ai compris après coup que ce rêve avait été, par la symbolique de son image, une prémonition.

V

LES GRANDES ÉTAPES DE NOTRE VIE

1. Les premières intuitions

Les carrefours de la vie, ce sont les émotions et les espaces-temps que nous sommes tous amenés à traverser, qui que l'on soit et quelles que soient nos racines sociales, notre personnalité et notre caractère. Ce sont les fatalités et les opportunités qui se présentent de façon plus ou moins dense selon notre *karma*. (Car je crois à ce phénomène des vies antérieures). Je pars du principe que chacun garde, dans ces grands moments de la vie, un libre arbitre : c'est donc là que notre intuition doit être la plus vive. Si les médiums et les voyants arrivent à ressentir ce que nous avons vécu et ce que nous allons vivre, c'est qu'il existe un destin, un programme de vie déjà conçu pour chacun de nous en arrivant sur cette terre. En parallèle, il existe des tendances de caractérologie qui nous sont données en fonction de nos lieu et heure de naissance.

Si l'on croit à l'existence des vies antérieures, il faut admettre aussi que chacun possède un *karma* qui est l'héritage de ce que nous avons vécu de bien ou de mal. Si, dans nos vies antérieures, on a traversé des événements positifs, on aura un bon *karma*. L'ensemble de ces tendances nous donne une trame composée d'opportunités et de fatalités. L'intuition peut nous permettre de progresser entre les étapes de la vie. Mais c'est grâce à son libre arbitre que l'homme peut obtenir un juste équilibre entre tous ces éléments. Pour mieux vivre ces grands carrefours de notre vie, il faut faire jouer au maximum notre sensibilité.

Le destin est notre fil conducteur. Chacun, quelles que soient ses idées et le milieu dont il est issu, a un destin plus ou moins tracé, une intensité bonne ou mauvaise des grands moments de sa vie.

Les gens qui viennent me consulter sont souvent proches d'un de ces grands carrefours. Ils se sentent à la croisée des chemins, et je ne suis qu'une boussole qui les aidera à se repérer. Ensuite, ils devront faire leur route seuls. Je leur donne des clefs, mais je ne peux pas agir à leur place. Mon propre destin n'est pas de les prendre en charge.

D'autres viennent me consulter parce qu'ils traversent de grandes périodes creuses de leur vie. La monotonie les amène à se demander comment réagir face à ce vide. Ce sont eux qui vont alors se créer un nouveau carrefour de vie, pour se sortir de leur marécage.

Il y a ceux, enfin, qui possèdent un destin positif. Ils ont un bon rythme de vie et viennent me voir pour avoir des confirmations. Je les aide alors à faire une sorte de spéculation sur leur destin en vérifiant les motivations qui les animent.

C'est en redécouvrant son intuition que chacun va pouvoir affronter à sa façon les grands carrefours de sa vie, de la naissance à la mort en passant par tous les lieux communs dans lesquels on se retrouve forcément tôt ou tard : de l'amour au travail, en passant par la maladie.

Quand les gens viennent me voir et me disent : « J'en ai marre, il faut que cela change », c'est qu'à un moment donné ils ont une prise de conscience instinctive et je vais essayer de leur donner des clefs pour éviter cette overdose.

Si aujourd'hui nous voulons reprendre conscience de notre intuition, l'idéal serait de commencer ce travail dès l'enfance. Car au départ tout être, quel qu'il soit, n'est jamais marqué d'un destin complètement négatif. Personne n'est destiné à rater sa vie. Les parents, en ayant une meilleure approche de leur enfant grâce à leur intuition, pourront mieux cerner son caractère, ses atouts et ses manques, dès les premiers mois de sa vie. Ils multiplieront ainsi les chances de leur enfant et favoriseront son destin. En imaginant des stratégies et des solutions grâce à notre instinct, nous pouvons lutter contre les manques de l'enfant et exploiter ses atouts. C'est ainsi qu'il pourra atteindre plus facilement un équilibre.

L'intuition doit aussi aider les parents à trouver un meilleur rapport avec leur enfant et le pousser vers une découverte plus sensible du monde qui l'entoure. Car l'enfant découvre la vie à l'instinct. Si ses parents l'amènent à sentir les formes, les couleurs, les sons, il aura une meilleure approche du milieu naturel. Si les parents sont conscients que, dès son arrivée, il faut pousser l'enfant à développer sa sensibilité et son instinct, ils auront un bébé beaucoup plus épanoui. Le premier contact avec le monde est sensoriel. Il faut donc lui donner au départ un maximum d'éléments positifs. C'est un geste d'amour à l'égard de son bébé. Trop de parents s'imaginent que jusqu'à l'âge de 10 ans leur enfant ne comprend rien, et le coincent dans des schémas types. Par exemple, certains enfants n'aiment pas la collectivité et le fait d'aller à la crèche pourra les bloquer. Je sais qu'il existe des contraintes matérielles et que son espace n'est pas facile à aménager mais il faut tenter de donner le plus possible de chances à son enfant en sachant que les quatre premières années de sa vie sont cruciales ; c'est la période pendant laquelle il va capter le maximum de capacités à développer dans son avenir, il va saisir les bases de sa personnalité. Pendant cette période, les chocs seront difficiles à effacer. Il faut donc être très prévenant pour lui donner un maximum de chances. Moi, par exemple, je suis né à une époque où mes parents étaient heureux, avec tout ce que cela comporte de positif. Mon frère est arrivé trois ans plus tard, en pleine débâcle. Il a subi le divorce de mes parents dans les quatre premières années de sa vie. Depuis il a éprouvé des difficultés à chaque étape de son destin.

L'enfance

Au départ chacun possède le même potentiel d'instinct et d'intuition, pour la bonne et simple raison que dès que l'on sort du corps de sa mère, que l'on soit garçon ou fille, on a déjà une approche sensorielle de l'atmosphère, des matières, des couleurs, des têtes monstrueuses qui vont se pencher sur son berceau. D'un seul coup, on a naturellement ces notions de bon, de pas bon, de chaud, de froid... Ce bébé que l'on met subitement dans l'eau et qui sait aussitôt nager est la preuve que l'on a des premiers instincts naturels, comme les animaux.

L'instinct est alors le premier baromètre qui va permettre au bébé de se positionner dans cet environnement où il vient d'être parachuté. Ensuite, au cours des premières années de la vie, cet instinct va s'affiner en fonction de la caractérologie qui se définit progressivement en lui, de l'éducation et des attitudes de ses parents. Il va être réceptif à la bonne ou mauvaise ambiance familiale et commencer à créer ses premiers liens privilégiés avec père, mère, nourrice, ou avec une personne extérieure. L'idéal serait que, dès la naissance, les parents fassent faire la carte du ciel de leur enfant. (Pour cela il faudrait que l'on arrive enfin à connaître l'heure exacte des naissances, étant donné qu'à dix minutes près, l'échafaudage d'un thème astral peut basculer d'un état à l'autre.) Cette carte du ciel permettra aux parents de savoir quels sont les atouts de leur enfant, mais aussi ses manques et ses carences. Grâce à cette carte, et en fonction du rapport des parents avec ce bout de chair de 70 centimètres, ils pourront essayer de se positionner, et arriver à se forger une attitude pour être complètement réceptifs à leur enfant, et ainsi lui offrir des activités qui développeront ce qu'il y a de bien chez lui et gommeront ses manques. Si, par exemple, un enfant possède une bonne approche des couleurs et du rythme, on pourra baliser son quotidien avec de la musique, des couleurs et des formes pour développer tous ses sens. En revanche, si l'enfant n'a pas envie de parler ni de communiquer, on n'aura peut-être pas intérêt à l'emmener tous les soirs au milieu de mille personnes. Ce serait aller à contre-instinct et faire de cet enfant une espèce de coquille qui se referme progressivement et qui, vers 15 ans, risque de porter des boulets et des plaies dont il ne pourra se défaire dans l'avenir. Il faut donc prendre bien conscience dès le départ du caractère de son enfant et du premier instinct que l'on va avoir vis-à-vis de lui. La relation que l'on aura avec son bébé dépendra aussi des conditions dans lesquelles il est venu (amour ou violence). On va ainsi obtenir une liste d'atouts et de manques permettant de savoir comment améliorer l'environnement de son enfant pour éveiller ses sens.

Les quatre premières années de la vie sont primordiales, car l'enfant a une grande mémoire affective envers son milieu. Les grands chocs éprouvés au cours de cette période peuvent vraiment déterminer un caractère, une trajectoire. Il faut être très inventif avec son bébé, ne pas se poser trop de questions, se laisser aller et surtout ne pas entrer dans des stéréotypes. Au départ, il n'y a pas d'intérêt à appliquer des stratégies et des modèles. Inutile d'acheter des magazines spécialisés ni d'appliquer tous les conseils au pied de la lettre. Il ne faut pas non plus déterminer la trajectoire de son enfant en fonction des modes actuelles. Il faut essayer de se détacher de toutes ces images préconçues, pour faire évoluer son enfant de la façon la plus « vraie » possible. Et si cela crée au départ des débordements de caractère, si l'enfant va trop loin dans ses gestes et ses réactions, tant mieux ! Il est nécessaire de lui laisser un espace vide dans lequel il pourra créer son propre univers. Cela demande pour les parents beaucoup plus de temps, d'attention, de présence, et une vraie prise de conscience avant l'arrivée de l'enfant. Une fois qu'il est né, il sera trop tard pour se poser des questions. Il faut vivre en osmose avec lui. Si l'on développe ses sens dès le début, on peut penser que l'enfant vivra dans un état d'équilibre, même s'il est fragile, ou s'il n'a pas forcément un destin facile. Nous devons observer notre enfant dans la vie de tous les jours : la première fois qu'il marche dans la rue, la première fois qu'il se retrouve, à deux ans, dans une réunion de famille, la première fois qu'il cherche à parler. Toutes ces étapes doivent être décryptées. Ce sont de premiers indices pour découvrir sa vraie nature, sa sensibilité.

Quand l'enfant est tout jeune, c'est un récepteur. Si un bébé devient agressif ou pleure toutes les nuits, il faudra commencer à s'interroger sur nous-mêmes et notre potentiel d'angoisse à son égard. Est-ce qu'il n'y a pas un problème dans le couple ou dans l'environnement, qui crée chez lui cette réaction ? L'enfant, de 4 à 5 ans, est dans un monde où il commence à établir ses repères. C'est comme s'il mettait les compteurs à zéro, comme s'il avait essayé de comprendre, de 0 à 4 ans, ce qu'il y avait autour de lui et qu'à partir de 4 ans il crée une échelle de valeurs dans la hiérarchie des gens qui sont autour de lui. C'est le moment où il va vraiment voir qui est qui, qui il aime, qui fait quoi autour de lui. Ensuite, on arrive à la période de l'âge de raison, une époque importante où il va falloir commencer à corriger, améliorer, et guider son enfant dans les premières étapes de son destin.

L'âge de raison

C'est entre 6 et 11 ans que la nature et la personnalité de l'enfant, garçon ou fille, vont s'imposer vraiment. A cette époque, les différences apparaissent entre les deux sexes. Le garçon aura une stratégie plus lourde, sera plus engoncé, moins intéressant qu'une fille qui reste dans un monde d'affection dont elle va saisir plus de choses. Elle sera plus chipie, plus affectueuse, plus tendre, et aura de ce fait plus de maturité. Le garçon, lui, ira beaucoup plus vers des données concrètes, matérielles : il fera beaucoup plus d'exercices physiques, oubliant son instinct ou se mettant simplement en rapport avec la matière.

L'idéal serait de rééquilibrer ces deux mondes de valeur entre le garçon, petit kamikaze cherchant à prouver son empreinte de mâle, et la fille qui reste dans une relation privilégiée avec son père de façon plus sensible, plus affective. L'on devrait pouvoir arriver à donner plus de sensibilité, plus de calme au garçon, essayer de lui faire découvrir le monde de la sensibilité, et tenter de faire sortir la fille de son monde de fragilité.

L'instinct des parents, au cours de ces années, c'est donc d'essayer de ne pas faire uniquement de son garçon un garnement à qui on laisse tout faire ; il faut le structurer, lui apprendre à ne pas être seulement le petit mec qui se jette contre les murs en vélo, ou qui saute par les fenêtres, et ne pas faire de sa fille uniquement une adepte de la danse classique. Il y a tellement d'enfants qui dans ces moments-là ont vraiment envie de faire autre chose... Des garçons qui veulent peut-être jouer à la poupée... Il faut arriver à rééquilibrer ces deux aspects.

L'instinct des parents dans cette période, c'est aussi de découvrir son enfant au milieu des autres. C'est l'occasion de voir si l'on a un enfant qui se comporte bien, qui joue autant avec les petits mecs qu'avec les petites nanas, sans se créer de frontières, s'il a une sorte de liberté de mouvement. Si votre enfant est un petit dur qui ne parle pas, cela veut déjà dire qu'on lui a enlevé des atouts, et que certaines de ses capacités sont éteintes dès le départ.

De 6 à 10 ans, l'enfant commence à éveiller sa matière grise. Il est apte à apprendre beaucoup plus vite que les adultes. Il faut le blinder et mettre en avant tout ce qu'il y a en lui, en laissant libre cours à ses envies quelles qu'elles soient.

Il faudrait que les parents se mettent bien dans la tête que c'est au cours de ces années-là qu'ils vont influencer le caractère et la vie de leur enfant. A 11 ans, un enfant qui voit chez lui, tous les soirs, sa mère se laisser frapper par un homme qui n'est pas son père, c'est lourd !

Si la mère est incapable d'aller parler à l'instituteur par peur du qu'en-dira-t-on, c'est qu'elle n'a pas dû prendre conscience du problème de son enfant. Qu'elle accepte cette situation de femme battue, c'est son problème, sans doute, mais que l'enfant y participe et en subisse les conséquences, c'est monstrueux ! C'est gâcher sa vie. Dans ces cas-là, la mère devrait tenter de dialoguer avec son enfant pour comprendre de quelle manière il ressent la situation et aller voir l'instituteur ou envoyer l'enfant chez un psychologue qui aura un regard objectif et neutre. Il vaut mieux aller chercher une aide extérieure que de rester les bras ballants en se disant : « Ça va passer avec le temps. » C'est un état proche de l'inconscience. Ce serait ne pas avoir d'intuition ou, en tout cas, en avoir une mauvaise.

La pré-adolescence

La troisième phase d'éveil : l'enfant de 11-12 ans.

C'est à cette époque que l'enfant commence à aimer, à détester, à passer à l'acte et à se forger des repères. C'est la pré-adolescence. Son caractère et sa personnalité dépendent déjà des années, bonnes ou mauvaises, qu'il vient de traverser. C'est l'occasion pour les parents d'établir un premier bilan : de voir si leur intuition et leur attitude ont été bonnes ou non. L'enfant commence à vouloir son indépendance, il a besoin d'un espace à lui, il veut mettre le pied en dehors de la cellule familiale.

A l'école, existe déjà une hiérarchie entre les bons et les mauvais, il y a le monde des petits frimeurs, et la découverte de l'argent, et des sentiments.

Le fait est que, dans cette phase, les filles sont plus avancées. Leur mentalité et leur désir d'affection sont plus précis. Elles ont déjà compris certains mécanismes parce qu'elles restent dans ce monde sensible qu'elles développent depuis la tendre enfance. En revanche, très peu de garçons de 11-12 ans possèdent ce côté romantique. Peut-être parce que la femme a besoin de plus de séduction, ne serait-ce qu'à cause de son apparence, de son physique. Elle a une fragilité, une gestuelle qui commencent déjà à se dessiner.

Le garçon reste dans des données plus réalistes. Il ressent le besoin de prouver son empreinte physique par des combats de rivalité, de force, ce qui s'explique par sa constitution physique et son besoin de développer son énergie.

Pour les parents, il ne suffit plus seulement de rester à l'écoute, il faut aussi capter ce que l'enfant leur transmet. Il commence à se poser des questions, à avoir des angoisses existentielles, il a besoin de toute une matière et d'une disponibilité pour comprendre ce qui lui échappe. Il sent qu'il quitte le monde de l'enfance, que certaines envies se déterminent en lui, que son corps mue et se transforme.

La première intuition des parents est alors de se montrer rassurants, présents, à l'écoute, avec des réponses pour les guider en fonction de leurs examens. Face à son enfant, il est nécessaire d'utiliser toutes ses ressources et de jouer cartes sur table. On doit commencer à penser avec lui à une carrière et à un chemin de vie correspondant à sa personnalité : par exemple, si l'on a un enfant extraverti, très nerveux, qui ne fait rien, il faut savoir pourquoi il en est arrivé là, et sentir ce qu'il y a en lui de concret à exploiter pour son chemin de vie. Il ne faut surtout pas se dire : « Il est jeune, il va se calmer avec l'âge. » Ce n'est pas vrai ! Toute attitude un peu en dehors de l'équilibre au cours de ces années-là doit être considérée comme un signal d'alarme pour demain. Après, le destin s'accélère, et les fissures ne pardonnent plus.

Un double effort doit être fait par les parents face à cette personnalité qui s'impose et qui n'est pas toujours en accord avec ce qu'ils aiment. Ils doivent rester compréhensifs pour mettre en valeur le meilleur de leur enfant et tenter d'admettre ce qui composera son épanouissement. 50 % des cas que j'aborde à la radio concernent des femmes qui me posent des problèmes relatifs à leurs enfants, parce qu'elles ont eu, à un moment donné, de tels impératifs de vie ou financiers qu'elles ont dû aller au plus pressé en oubliant leurs mômes.

Les parents doivent vraiment réfléchir à leur situation au moment où ils conçoivent l'enfant. Il faut alors seulement être instinctif. Si on a bien posé sa réflexion au départ, il doit en découler une intuition que l'on va cultiver dans l'éducation quotidienne de son enfant.

Pour mieux comprendre cette étape de l'enfance, étudions les tendances de chaque signe.

Un conseil, n'oubliez pas de faire la synthèse des indications de votre signe solaire et de votre ascendant, vous serez alors plus proche de votre vrai rôle.

Bélier : c'est un enfant fougueux, drôle, joueur, fonceur et malicieux. Le Bélier enfant n'a peur de rien. Ses coups de tête sont redoutables. Il aime imposer sa volonté à la maison comme à l'extérieur. Il dépense beaucoup d'énergie, il est perpétuellement en action, ce qui demande une vigilance et une surveillance permanentes de ses faits et gestes car il est généralement turbulent. Cela dit, c'est un enfant très attachant qui aime la vie. Plutôt d'une bonne nature, il a envie d'apprendre vite et de comprendre ce qui l'entoure.

Taureau : plutôt calme et réservé, l'enfant Taureau est assez timide en société. Il recherche la confiance et une ambiance intime où il pourra se livrer et devenir un petit bavard qui vous livrera, d'un seul coup, le fruit de tout ce qu'il aura observé et volé des yeux.

Il est indépendant, ce qui lui permet de créer ses propres loisirs, ses occupations dans son monde à lui. Il n'aime pas trop l'exercice ni le sport. Il préfère s'agiter quand il en a envie et seulement s'il est motivé ou attiré par les autres. Il préfère évoluer calmement au rythme de ses bonnes habitudes. C'est un enfant qu'il faut faire parler car il « rumine » très tôt et tente d'analyser les choses par lui-même et pas toujours dans le bon sens. Il faut instaurer le dialogue avec lui.

Gémeaux : Très vivant, l'enfant Gémeaux est très agréable à côtoyer. Il ne sait que faire pour rendre service ou faire plaisir. Il a une bonne nature. Souriant et particulièrement adaptable, il communique de bonne heure, ce qui lui permet de se constituer un bon groupe de camarades. Sinon il n'a pas peur d'improviser et de faire des rencontres au fil de ses activités. Cependant il faut se méfier de ses changements d'humeur et de ses caprices redoutables qu'il sait mener avec malice. Armez-vous de patience !

Cancer : calme et sérieux, l'enfant Cancer est responsable dès son plus jeune âge. Il prend vite conscience du bien et du mal et des limites qui l'entourent. Il observe, écoute. Plutôt silencieux, il ne se livrera que par moments. Il est très attaché à la maison, sa chambre, son espace, ses affaires. C'est un « petit nerveux » généralement inquiet et qui a sans cesse besoin d'être rassuré. Il est craintif et a du mal à se détacher de la cellule familiale car, en plus, c'est un hypersensible qui gardera ancrés à jamais en lui les liens de son enfance.

Lion : franc, entier, impulsif, dynamique et nerveux, l'enfant Lion a bien souvent un sacré caractère. Plutôt têtu, il aime contredire et lutter face à ce qu'on lui dit ou à ce qu'on lui impose. Il aime prouver sa force et son courage, à la limite de l'inconscience. Son orgueil peut l'amener à sortir de ses gonds.

Très attachant, il aime plaire et séduire. Il est assez instable avec ses camarades. Il change vite d'avis ou d'idée. Pour lui, il faut que ça bouge. Les parents ont intérêt à avoir de la santé !

Vierge : agréable, sensible, réservé, nerveux, pointilleux, précis et volontaire, l'enfant Vierge est difficile à cerner et à comprendre, dès son plus jeune âge. Il n'a pas toujours envie de dire ce qu'il pense. Il juge rapidement les situations qu'il traverse et tente de se faire un avis sur tout. Plutôt têtu et même contestataire, il surprendra par ses prises de position ou les commentaires qui lui viendront à l'esprit dans la vie de tous les jours. Tenace et sérieux, lorsqu'il s'impliquera dans une activité, il la mènera jusqu'à terme avec un grand sens du devoir et du détail.

Balance : renfermé, tranquille, sage, imaginatif et rêveur, l'enfant Balance a plus d'un tour dans son sac. Sous son air jovial et sympathique se cache une grande malice. Il aime surprendre et étonner par ses actes ou ses choix. Son imagination est importante dès le plus jeune âge. Il aime contempler, admirer tout ce qui est autour de lui et, lorsqu'il rêve, il a horreur que l'on vienne le déranger et que l'on tente de le ramener à l'ordre.

Il faut s'armer de courage pour lui faire respecter les impératifs de la vie. Cela dit, sa sensibilité le rend très chaleureux.

Scorpion : sûr de lui, nerveux, intrépide, têtu et râleur, sensible et attachant, l'enfant Scorpion est dynamique, généralement difficile à suivre dans tout ce qu'il entreprend. Sa matière grise est en ébullition, très tôt ses idées défilent à toute vitesse. Il aime découvrir, décider, projeter. C'est un enfant passionnant, éveillé et gentil.

Par ailleurs, il n'aime pas qu'on le conseille ou qu'on lui explique les choses. Il veut montrer avant les autres qu'il sait. Il faut donc lui imposer son autorité et lui donner rapidement des repères, sinon son comportement sera dur à supporter.

Sagittaire : c'est une bonne nature, entier, franc, généreux, rapide et courtois. L'enfant Sagittaire est très affectueux, il a besoin d'être rassuré sur les sentiments que ses proches éprouvent pour lui, ensuite il évolue vite. Il n'aime pas s'arrêter sur les détails. Il fonce contre vents et marées. Instinctif mais réaliste, il ne domine pas toujours ses pulsions. Ses coups de tête et son impulsivité sont légendaires. On devra se méfier des relations affectives que l'on entretient avec lui car sa possessivité peut le déstabiliser très vite. Il faut l'habituer à partager, tolérer et prendre du recul.

Capricorne : réservé, mystérieux, calme et sérieux, l'enfant Capricorne est un être agréable avec lequel on ne rencontre guère de problèmes. Au départ il est volontaire, appliqué, concentré dans tout ce qu'il fait, il se plie facilement à une bonne discipline de vie. Indépendant, il est très sélectif dans ses amis ou ses relations. C'est un enfant qui a besoin d'être fasciné et d'admirer un modèle, d'où, pour lui plus que tout autre, le besoin de ressentir des parents unis.

Verseau : rêveur, souriant, attirant, charmeur et de bonne composition, l'enfant Verseau aime se rendre utile auprès de ses proches, ce qui ne l'empêche pas de se replier par moments sur lui-même pour s'évader tranquillement dans son monde imaginaire qu'il construit au fur et à mesure de ce qu'il vit. Il aime se projeter dans le futur. Ses idées et ses remarques étonnent, car il est attiré par tout ce qui est moderne, d'avant-garde.

Son intuition le guide dans ses rencontres et ses relations avec l'extérieur. Sensible et très affectueux, il est très démonstratif dans ses sentiments.

Poissons : Hypersensible et observateur, l'enfant Poissons n'est pas simple à comprendre. Il garde une grande part de mystère dans ce qu'il vit et dans ses réactions à la maison. C'est un enfant qu'il faut mettre en confiance petit à petit. Il a besoin de se sentir utile. Il aime l'action mais à son rythme. Il prend vite des habitudes, de peur de prendre des risques et de tenter sa chance. Il est nécessaire de le motiver et de le guider dans ses envies et ses idées.

Le rêve est à la fois son point faible et sa force car il oublie tout et se détend sur commande, mais les étourderies et l'approche légère de certaines situations peuvent le desservir.

L'adolescent de 13 à 16 ans

Nous arrivons alors dans une époque de véritable maturité où l'enfant commence à se poser des problèmes de choix de vie. Ce n'est plus une écoute mais un vrai dialogue qui doit s'instaurer entre parents et enfant. Ce dernier a besoin de quelqu'un qui l'épaule, qui le réconforte, qui le soutienne en lui disant : « Tu vas y arriver, tu vas t'en sortir. »

Là, d'un seul coup, le père et la mère deviennent des « coaches ». Pour aider leur enfant dans son orientation professionnelle, il faut que les parents se disent : « Je ne veux pas que mon enfant rate sa vie », et qu'ils cherchent son parcours à travers les filières inévitables de l'Éducation nationale. Ils doivent réévaluer ses qualités et ses atouts, et surtout ne pas opérer de transfert, ne pas faire faire n'importe quoi à son enfant et, par exemple, le mettre dans une école parallèle sous prétexte que l'on a soi-même été brimé en pension toute sa jeunesse. Il faudra découvrir la scolarité qui lui convient, outrepasser la réflexion et les idées des orientateurs : ce ne sont certainement pas eux qui connaissent le mieux votre enfant. (Si j'avais écouté un certain conseiller d'orientation, j'aurais dû faire un bac G1 dactylo.)

J'estime aussi que, lorsqu'on est enseignant et que de ce fait on doit communiquer quelque chose à ses élèves, on devrait avoir un minimum de charisme. Or il y a tout un lot de professeurs complètement coincés, caparaçonnés et dépassionnés qui s'avèrent des catastrophes pour les adolescents car c'est encore eux qui déterminent aussi à leur façon le parcours d'un élève. Je pense que l'on devrait faire prendre des cours de communication aux professeurs, comme on le fait dans les radios et les agences de publicité.

Un enfant de 13 ans a besoin de se créer des modèles. S'il rencontre à l'école des êtres insipides qui lui racontent n'importe quoi, c'est dramatique. A moins que l'adolescent n'ait la chance, poussé par son intuition, de rencontrer par ailleurs des gens qui seront des détonateurs, lesquels lui permettront de passer à un autre niveau.

Les parents doivent encourager leur enfant à aller vers ses envies premières et faire en sorte qu'il se crée lui-même ses modèles sans lui inculquer les leurs, leur morale et leurs idées sur la vie, à un moment où il commence à avoir ses propres vues sur le monde. Il convient de l'encadrer pour qu'il parvienne à s'épanouir dans un domaine correspondant à sa sensibilité, et si votre enfant est doué manuellement, pourquoi s'entêter à lui faire faire des études supérieures ? Parallèlement, il convient de blinder son enfant par rapport au système : contre la mode, contre les médias vis-à-vis desquels il risque d'être trop sensible et crédule. Il faut lui donner une marge de recul en lui montrant que tout cela n'est pas forcément le reflet de la réalité. Il doit forger progressivement sa propre éthique, sa morale et ne pas prendre tout pour argent comptant. Souvent, les adolescents adoptent des comportements excessifs dans le but de provoquer leurs parents. S'ils s'habillent en rockers, en rappers ou en skins, c'est un signal d'alarme à prendre en considération : l'enfant exprime à sa façon un potentiel que les parents ont oublié. Il faut alors réagir en réalisant que quelque chose bout à l'intérieur de l'enfant. Les parents doivent essayer de comprendre ses motivations. C'est généralement une des facettes de l'adolescent qui demande à sortir parce que les parents n'ont pas pressenti ce qui n'allait pas en lui.

A cet âge, les angoisses existentielles sont grandes, on se demande ce que l'on représente sur cette terre. Les parents ne doivent-ils pas sentir cela aussi, et tenter d'y répondre ?

Cependant, les parents doivent se garder de brûler les étapes et plutôt tenter d'avancer à l'instinct, en sortant progressivement l'enfant de l'étau des questions sur les grands thèmes de la vie. C'est l'époque des vraies amitiés et de l'amour. On découvre sa sexualité, lors des premiers ébats amoureux, du premier flirt, de la première rencontre. Il est intéressant de voir comment l'enfant vit cette étape et quelles sont ses réactions vis-à-vis des autres. Généralement, ce passage est en rapport direct avec l'image de l'amour qui a été véhiculée autour de lui.

Les parents se doivent également de prévenir leur fille qu'à un moment donné elle aura ses règles et qu'elle doit prendre certaines précautions (contraception). Il faut aussi que les adolescents prennent conscience de la notion de vie ou de mort qu'engendrent les problèmes du sida ou des maladies sexuellement transmissibles, pour éviter qu'à 21 ans ils se retrouvent séropositifs. On doit les avertir de ce qu'est la sexualité et les prévenir de ce qu'ils peuvent en faire et ne pas en faire. Après, ils se débrouillent. Là aussi, il existe un libre arbitre. Ce que les parents doivent favoriser, c'est cette première étape déterminante pour l'attitude que l'homme aura vis-à-vis des femmes, et *vice versa*. Les parents doivent nécessairement laisser tomber les masques, les tabous, et leurs pudeurs. Ceux qui apparaîtront avec une armure le matin, en sortant de la salle de bains, ne favoriseront pas le débat. Nous sommes en 1990 : que tout soit cool et clair ! A l'époque où les gens vivaient dans une salle commune, il n'y avait pas de dialogue mais il devait exister des codes instinctifs qui déterminaient bien les choses. Il ne faudrait pas que l'on se recrée des barrières parce que notre époque connaît un habitat nouveau où chaque enfant de 15-16 ans possède sa propre chambre où il reste à se demander ce qui lui arrive sexuellement. On doit provoquer le débat. Il y a des indices pour cela. Quand le père et la mère vont sentir que l'adolescent commence à sortir, ils devront alors attraper le destin au vol, saisir l'occasion de dialoguer au bon moment et s'y accrocher.

C'est une époque d'ambivalence où les garçons, comme les filles, peuvent avoir des pulsions homosexuelles, des envies et des indécisions sur l'accomplissement de leur sexualité. La morale entre alors en ligne de compte : faut-il condamner son enfant en lui disant : « Tu es anormal » ? Faut-il dialoguer avec lui ? Non ! Il faut laisser faire le temps. Si sa première envie est d'avoir un rapport avec un garçon, ça ne veut pas forcément dire qu'il sera homosexuel toute sa vie. Il a peut-être simplement besoin de se rassurer auprès d'un camarade avec qui il aura un premier ébat qui donnera ensuite lieu à une sexualité tout à fait normale. Cette envie de réciprocité, c'est le mythe de Narcisse. A un moment donné, tout le monde éprouve le besoin de se renvoyer son image, histoire de se rassurer. Je crois que tout le monde éprouve cette sorte de pulsion homosexuelle plus ou moins bien digérée ensuite. Quand un adolescent ressent ce style d'envie, ses parents doivent comprendre qu'il ne faut surtout pas faire à ce moment de réponse tiède, fade, ou définitive. Il faut essayer de comprendre à distance et laisser passer. Si cela devient un problème pour l'adolescent, alors on doit en parler avec lui.

Quand un enfant devient homosexuel, je ne pense pas que ce soit génétique. Cela vient soit d'un divorce mal vécu, soit d'une potentialité féminine, d'une androgynie latente qui se développe en lui dès la période des 6-8 ans.

L'âge de la majorité

C'est le départ : le départ de chez les parents, le départ vers la vie adulte, le début de l'indépendance.

L'adolescent coupe le lien avec ses parents. Il a envie de bouger, il entre à l'université, il veut sortir le soir, fuir le milieu familial, la maison. Il existe une réelle démarcation dans ses goûts, sa tenue vestimentaire...

Le premier instinct des parents, face à ce désir d'autonomie, est de se dire que « c'est normal ».

Il est évident qu'à un moment donné il faudra couper le cordon ombilical et les parents ne doivent pas alors penser à eux égoïstement en cherchant à retenir leur enfant, en lui faisant du chantage, en l'achetant, en lui payant des études. Il importe de donner à l'adolescent un maximum de liberté face à son destin. C'est une époque où on doit le laisser aller au bout de ses idées, le regarder vivre, en lui faisant prendre conscience de ses responsabilités et de son droit à l'erreur. Mais il faut lui donner des principes pour qu'il avance tout seul et qu'il décuple ses potentialités de réussite et ses ambitions.

La période de 16 à 20 ans est une phase d'expression : chez l'adolescent, tout est embrouillé. Il faut le structurer, l'inciter à écouter son intuition. Le père et la mère doivent lui passer le relais pour qu'il puisse mettre en valeur le meilleur de lui-même.

A lui de jouer et de se montrer réceptif.

C'est aussi l'époque de la majorité : un cap difficile à passer. En général, c'est aussi la période des grands voyages. Chacun a ressenti cette envie du départ. Les parents doivent, là encore, se montrer présents, comme des bornes de secours.

Entre 16 et 20 ans, je pense que l'homme devient plus étonnant que la femme. Il prend une sorte de responsabilité face à sa carrière, et à ses études. Là, l'instinct de l'homme est plus présent. Il est plus battant, plus responsable ; il « joue à l'homme » en commençant à assumer ses responsabilités, entre dans le moule en prenant un peu sa suprématie sur la femme, plus lente en cette période.

C'est aussi le moment du service militaire : cette sorte d'incarcération dans cette période de la vie où l'on vient juste d'investir sa liberté est aberrante ! Il est difficile de comprendre pourquoi le système nous impose cette immobilité en réel décalage avec nos ambitions. On se trouve sur une ligne de départ quand cette grosse galère lourde vous tombe sur le dos. C'est une des premières épreuves à affronter en tant qu'homme. Avec un peu d'intuition et de malice on peut se faire réformer !

Je ne vois pas l'impact que le service militaire peut avoir sur notre devenir. Cela me paraît être une complication pour rien, une immense plage de temps perdu.

2. Les premières étapes

Premier travail

A vingt ans, l'on tourne une page sur tous les cycles que l'on vient de parcourir. Il se produit une vraie cassure avec le monde de l'adolescence. On devient adulte en entrant dans la vie active. La présence des parents est alors beaucoup moins forte et opprimante. Et puis se présentent deux carrefours essentiels de la vie : le premier travail et le premier amour.

• Comment se servir de son intuition lors de sa première activité professionnelle ?

Comment se positionner vis-à-vis des gens qui travaillent avec vous, arriver à bien sentir l'homme ou la femme qui va vous faire passer votre premier entretien ? Comment essayer de créer sa propre position dans ce nouveau rythme ? S'insérer dans l'équipe ?

Cette première approche, cette première prise de position vont être déterminantes pour l'ambiance future sur le lieu de travail.

Le premier emploi, ce peut être également

quelqu'un qui va travailler pour son propre compte ; en *free lance*. Comment va-t-il apprendre à gérer son temps de travail, trouver un rythme, sans avoir forcément une hiérarchie et une structure ?

Le premier emploi, que l'on soit homme ou femme et quels que soient notre ambition, nos désirs et le niveau du travail pour lequel on se présente, est toujours une émotion : pour la première fois, on va gagner sa vie, créer une échelle de valeurs entre son temps, ses capacités et l'argent. Il faut aller au premier rendez-vous en état d'écoute et d'observation de l'univers dans lequel on débarque. Si le postulant se présente avec timidité, bloqué, fermé et introverti, il est bien évident qu'il échouera à un moment donné. Il ne faut pas essayer de jouer un rôle, mais être soi-même au maximum, même si l'on n'a pas grande confiance en soi. Inutile de se travestir, d'avoir *Libé* sous le bras pour se créer un look. En revanche, il faut savoir être rapide, posséder une impulsion et analyser instinctivement les intervenants, les avantages et les manques de l'activité proposée et projeter les atouts de ce travail dans l'avenir pour envisager toutes les perspectives. En arrivant dans le travail avec cette pensée positive déclenchée par l'intuition, l'on apparaîtra déjà comme quelqu'un qui « en veut ». On doit faire aussi table rase de ses problèmes personnels, de ses tensions, de ses galères passées afin de garder un psychisme positif qui va déterminer l'image qu'on laissera à l'interlocuteur rencontré pour la première fois.

Par exemple, une heure avant d'aller se présenter, faisons le vide en nous-même, cherchons si nous avons vraiment envie de cet emploi. Si l'on n'est pas motivé, mieux vaut rester chez soi, sinon la relation sera faussée.

Il faut ensuite se focaliser sur le but de sa démarche et, une fois sur place, jouer le jeu à fond, s'investir avec toute son intuition. Si l'on sent que l'on a affaire à une personne austère, administrative, carrée, précise, on devra s'adapter, rester calme et concentré, observer l'intervenant : une fois la situation maîtrisée, au bout de quelques minutes on pourra se livrer davantage.

Il faut essayer de faire rayonner physiquement et intellectuellement ce qu'il y a de meilleur en nous. Il ne doit pas y avoir un trop grand décalage entre notre apparence et notre niveau intellectuel.

Une fois passé ce premier cap du test, nous voici au milieu de collaborateurs, qui ont des habitudes et un rythme de travail. L'on doit alors sentir la sensibilité de la hiérarchie qui vous dirige, et trouver rapidement sa place dans un système déjà en marche, vis-à-vis d'un collègue un peu grincheux, ou jaloux, qui n'a pas forcément envie de partager son travail. Cela demande beaucoup d'énergie mais c'est un effort nécessaire au départ pour être tranquille par la suite et bien s'insérer dans ce nouveau milieu. Il ne sert à rien d'arriver buté dans un travail, en disant : « Je suis ainsi, je travaille comme cela et je sais tout. » Il faut au contraire avoir envie d'observer, de comprendre, d'apprendre et d'être intégré le plus vite possible. L'on constatera rapidement si l'on est fait pour ce job. Si ce premier travail ne nous convient pas, on comprendra pourquoi en analysant ce qui nous manque. Et l'on en déduira plus facilement ce qui alors nous convient.

L'amour, qu'en sait-on à vingt ans ? On en a une connaissance théorique à travers notre culture, les films et les livres. L'on croit alors que l'amour c'est beau, c'est rose, c'est romantique, flashant, étonnant ! Lente descente aux enfers ! Désillusions ! Lorsque l'on éprouve pour la première fois un attachement envers quelqu'un, cette attirance sera-t-elle aussi magique qu'on l'imaginait ?

Il faut pourtant se dire que l'amour, c'est bien, car cette attirance incontrôlable, cette envie physique nous alimentent un peu tous les jours ; mais l'amour est aussi un monde de concessions. Il faut énormément d'efforts d'adaptation pour arriver à partager, comprendre, dire, et analyser les choses à deux. Ce qui demande beaucoup de générosité et d'ouverture. Il faudrait cesser de berner les gens en leur disant que l'amour est un coup de foudre qui rend heureux et rempli de bonheur du matin au soir. Beaucoup se disent : « Je ne rencontrerai jamais l'amour », parce que leur culture et leur connaissance de l'amour leur ont donné une fausse image de rêve. Concrètement, chacun est contraint à mille concessions, et à fabriquer l'amour.

Lors de notre rencontre avec quelqu'un, il faut se donner à lui petit à petit, et surtout prendre son temps. Cependant, si on a une pulsion pour un être, il ne faut pas réfléchir et se laisser aller les premiers jours, laisser décanter les envies. Chacun va donner un peu de soi-même. On va voir, quand le rythme des rencontres se met en place, s'il existe une véritable intensité, qui s'entretient et évolue à chaque fois. C'est là que l'on doit être intuitif. Si le sentiment n'est pas réciproque, il ne faut pas insister ni faire une fixation en s'acharnant. Quand l'histoire commence à prendre, au bout de quelques mois, un rythme de croisière, on sort de cet état de passion pour entrer dans un rythme plus quotidien. Encore un cap difficile à franchir. Passer d'un état beau, joyeux, lumineux, à une vie plus terre à terre. D'un seul coup on démythifie son amour et tout ce que l'on avait imaginé et fondé sur l'autre. On commence à se demander ce que l'on mangera ce soir, où l'on va le week-end prochain... Mille contingences viennent ternir ce sentiment magique. Il faut alors voir ce qu'il reste de l'amour et de nos sentiments, et si l'on tient le coup face à l'autre. On doit essayer de gratter le vernis pour découvrir son partenaire, découvrir ce que l'on a en commun et quel type de projets on peut partager.

En aucun cas il ne faut précipiter les choses. On doit oublier la légende, le mythe du ringard et du romanesque, qui ne collent pas à la réalité et qui font du mal aux naïfs ayant tendance à attendre l'homme ou la femme de leur vie... Je ne suis pas sûr qu'« il » ou « elle » existe. Je suis plutôt convaincu que l'on rencontre des êtres avec qui on vit des choses plus fortes qu'avec d'autres. Nos relations amoureuses dépendent donc de la position que l'on a vis-à-vis de l'amour et des efforts que l'on est prêt à fournir pour y parvenir. En général, les insatisfaits de l'amour sont ceux qui ont été bloqués à une époque, parce qu'ils ont eu une cassure dans leur enfance ou plus tard et qu'ils attendent que « ça vienne », de manière un peu résignée. Ils pratiquent la politique de l'autruche sur le plan sentimental et s'étonnent que rien ne leur arrive. Dans la vie il ne faut pas attendre, il faut provoquer. Il faut être dans un état de réelle spontanéité pour avoir la chance de rencontrer quelqu'un.

Je crois aussi beaucoup au mythe de Narcisse, je suis persuadé que l'on attire les personnes qui nous ressemblent : quand on va bien, on attire des gens positifs, quand on va mal, on va au-devant des galères.

Il ne faut pas se programmer et se dire : « Je vais rencontrer l'homme de ma vie. » C'est plutôt une histoire de choix ; le libre arbitre intervient dans ce domaine.

L'amour est une énergie essentielle. Aimer quelqu'un est le résultat de beaucoup d'intuition. On avance au feeling plus que jamais dans l'approche d'un corps, d'une sensibilité. On doit laisser libre cours à toutes ses pulsions, toutes ses envies, sans les réfréner et sans réfléchir. C'est le règne de l'intuition du début à la fin.

Méfions-nous aussi des conseils de nos amis ou de nos proches qui sont souvent là pour faire échouer les intrigues, par jalousie ou par bêtise. Un amour est trop intime pour que les autres puissent tout percevoir de l'extérieur. Il faut se méfier des observateurs qui s'immiscent dans nos aventures sentimentales. Une histoire d'amour doit être évolutive. Si elle rétrograde, c'est que quelque chose ne va pas. On doit donc donner sa confiance à l'autre et faire table rase de son passé car chaque histoire est unique, chaque partenaire est nouveau. Il ne faut surtout pas essayer de retranscrire ce que l'on a déjà vécu auparavant. Certains tentent cependant de reproduire éternellement le même cas de figure, avec toujours le même type de femme ou d'homme. Il faut qu'ils prennent vite conscience de ce processus et qu'ils se remettent en question pour savoir pourquoi cela s'est déclenché, quitte à s'aider d'un astrologue, ou d'un psychologue qui pourra peser objectivement le pour et le contre et découvrir pourquoi on s'est enfermé dans ce schéma : car il existe toujours des raisons explicites.

Pour mieux estimer la part de séduction qui est en nous, analysons les réactions de chaque signe du Zodiaque.

Bélier : lorsqu'il est séducteur, le Bélier n'a pas toujours les formes ni la finesse nécessaires pour faire passer le message. Plutôt passionné, il est capable de se lancer dans de longues conversations, il deviendra même parfois extravagant ; quand le Bélier a un objectif ou une proie en tête, il s'accroche. Il fera tout son possible pour approcher celui ou celle qui occupe ses pensées. Il veut se faire remarquer ; si vous lui tenez tête et que vous refusez ses avances, il sera impulsif et très nerveux. Pour lui, un affront est la pire des choses, vu l'orgueil qui est en lui.

En général, la séduction du Bélier n'est pas discrète mais il sait se rattraper grâce à son sens de l'humour.

Taureau : gouverné par Vénus, la planète de l'amour, le Taureau est un grand séducteur. Tout d'abord, il aime la vie et tous les plaisirs qu'elle propose. Charmeur, c'est un être raffiné qui aura la bonne idée de vous surprendre pour créer chez vous une émotion en retour. Méfiez-vous, le Taureau est un être malin, intuitif, calme dans sa démarche, mais n'oubliez pas qu'il rumine et qu'il prépare ses plans pour vous attirer dans son repaire. Ce qu'il déteste, surtout, c'est que l'on vienne séduire ses proches et qu'on ne le remarque pas. C'est un possessif.

Le Taureau est un être facile à séduire, sa bonne humeur et sa joie de vivre en font un être communicatif, agréable à fréquenter.

Gémeaux : c'est un signe qui « papillonne » et dont le pouvoir de séduction est important. Très adaptables, toujours ouverts sur les autres, les Gémeaux ne reculent devant rien pour déstabiliser les regards autour d'eux. Ils savent improviser dans toutes les situations et trouvent toujours un prétexte pour approcher celui ou celle qu'ils ont à l'esprit. Les Gémeaux ont sans arrêt besoin de plaire à leur entourage. Attention à vous, si vous ne leur faites pas un compliment le jour où ils ont fait un effort pour vous.

Cancer : tranquille et discret, le Cancer a besoin d'être dans un climat de totale confiance pour faire agir sa part de séduction. Tendre et souvent romantique, le Cancer aime beaucoup les jeux de la séduction : les êtres prévenants, les regards qui en disent long...

Lorsque vous séduisez un Cancer, faites attention d'employer la bonne stratégie pour l'approcher car le Cancer est un timide qui n'aime pas forcément montrer ses émotions et ses sentiments au grand jour. Quand le Cancer veut plaire, il utilise son sens de la repartie et de l'à-propos, qui lui permettra de s'adapter à bon nombre de situations.

Lion : énergique, dynamique et sûr de lui, le Lion a tous les atouts de son côté pour vous séduire ; son audace vous étonnera, ses réflexions vous feront rire et, rapidement, son personnage vous plaira. Le Lion aime les situations où il peut être remarqué et se servir de la multitude des charmes qu'il possède en lui. Possessif, il peut très mal réagir si vous tentez d'approcher la conquête qu'il a en tête. Vous le verrez alors rugir et bondir immédiatement. En général, la séduction du Lion est spontanée, inattendue, mais toujours avec une dose d'humour. Il aime plaire quelles que soient les circonstances dans lesquelles il se trouve.

Vierge : réservés mais tendres, les natifs de la Vierge renferment une face cachée de leur personnalité. La séduction est très importante chez eux ; sous des allures sages et peu concernées par la situation, ils mènent leur vie avec beaucoup de charme. En général, lorsque vous séduisez une personne du signe de la Vierge, elle peut se montrer agressive et même difficile d'approche, comme si elle avait besoin d'une relation de force pour mieux ressentir son partenaire.

Balance : l'un des signes les plus séducteurs du Zodiaque. Sa gentillesse, sa douceur lui permettront vite d'obtenir la confiance et l'amitié de ceux qui l'entourent. Malgré les indécisions et les doutes qui animent souvent ce signe, la Balance peut séduire avec ses attitudes, son apparence physique, sa sensualité et son besoin constant d'affection.

La Balance a toujours envie de se faire de nouvelles relations et d'agrandir sa famille de cœur ;

il lui arrive même d'entretenir des liens très forts avec des personnes sur son lieu de travail. En général, la Balance aime le jeu de la séduction. D'une certaine manière, elle se redonne confiance en scrutant dans le regard des autres l'effet qu'elle produit. Très conviviale, la Balance aime partager ses sentiments avec ses proches. Elle aime que le positif rayonne constamment autour d'elle.

Scorpion : passionné et toujours avide de nouvelles rencontres, le Scorpion est malicieux lorsqu'il séduit. Toujours très disponible pour ceux qu'il aime, le Scorpion est un acharné lorsqu'il est en phase de séduction. En général, il aime qu'on le flatte et qu'on le couvre de compliments et de remarques agréables sur sa personnalité.

Sagittaire : plutôt entier et dynamique, le Sagittaire est plus attaché à l'amitié ou à un rapport franc qu'au système des règles de la séduction. Généralement discret et méfiant, le Sagittaire n'aime pas tout de suite dévoiler son émotion et son sentiment pour celui ou celle qu'il rencontre ; cela dit, c'est un grand sentimental qui a besoin de temps pour s'accommoder à son partenaire et pour évoluer vers l'équilibre.

Capricorne : plutôt froid d'apparence, c'est un signe parfois timide. Sa retenue cache un sentiment qu'il a sûrement peur de livrer. Dans ce cas-là, il ne faut pas le brusquer car le Capricorne est un indépendant. Dans sa vie, la séduction se fera touche par touche, d'émotions en émotions, il faut le laisser évoluer à son rythme.

Verseau : le danger pour ce signe est de trop jouer avec l'atout séduction. Le Verseau a besoin de plaire dans le milieu où il se trouve. C'est un signe réceptif, qui saura vite trouver les points sensibles de votre personnalité. Il aura la possibilité de vous faire « craquer » mais, attention, le Verseau passe vite d'un état d'âme à l'autre. Pour lui, la séduction n'est qu'un jeu. Méfiez-vous de ne pas tomber dans le piège à chaque fois.

Poissons : intuitif et imaginatif, le natif des Poissons saura vite vous séduire. Son caractère renferme beaucoup d'atouts et de capacités pour que vous prêtiez de l'attention à ce qu'il est.

Quand vous le séduisez, pesez vos mots et vos déclarations car il retiendra tout et extrapolera l'attitude que vous avez envers lui dans ses rêves.

Premier argent

Ce n'est plus l'argent des autres, on n'est plus dans la dépendance financière de ses parents, c'est son propre argent que l'on gagne. Face à sa première paye, il faut essayer d'oublier les idées reçues et les contingences ou les rythmes financiers que l'on nous a donnés.

Dans cette situation, chaque cas de figure est unique : d'un côté ceux qui ont eu de l'argent et qui vont en gagner moins, de l'autre ceux qui n'en avaient pas du tout et qui, d'un seul coup, vont trouver des opportunités pour en gagner davantage que dans le milieu familial et social où ils vivaient.

La première intuition qu'il faut avoir avec l'argent, c'est de se créer une échelle de valeurs en soi, et ne pas donner au « fric » une *valeur* impérative, ne pas en faire une raison de vivre. Si l'on a un rapport trop privilégié avec l'argent, on se crée une vie complètement matérielle et carrée. Ce n'est pas l'utilisation de l'argent qui nous apportera un équilibre.

Il ne faut pas prendre comme une étape neutre le premier salaire que l'on va gagner, le premier temps de travail matérialisé par *de l'argent.* C'est une période qui va déterminer notre position vis-à-vis de *nos finances*. L'argent est quelque chose qui peut nous ronger, nous abîmer, créer des rivalités et des différences.

L'intuition doit nous aider à bien le gérer. On doit essayer de positionner l'argent sur une seule partie de sa vie et de son esprit. En aucun cas il ne doit nous envahir totalement. Il faut s'en servir comme d'un outil, un moyen, et non comme d'une solution ou d'une finalité de vie. C'est un élément difficile à gérer. Nos rapports vis-à-vis des autres, notre mentalité peuvent changer en fonction de l'argent. Il faut faire en sorte qu'il ne masque pas tout le travail que l'on vient de faire sur soi en prenant conscience de toutes ses capacités pour avancer professionnellement. Si, soudain, on se met sur la tête un sac de pognon, on ne va plus rien voir, ne plus rien aborder spontanément. On ira en sens contraire de tout son cheminement intuitif. Faire une utilisation abusive de son argent, c'est à un moment donné perdre son instinct, en tombant dans des « deals » trop carrés, mathématiques.

Bien sûr, un minimum de comptes est nécessaire pour respecter la nécessité de l'argent mais il faut s'en détacher et se méfier de tout ce que cela peut modifier et désorganiser dans nos rapports humains, ne serait-ce qu'avec nos amis. L'argent est un poids qui va définir un niveau et une classification sociale. Grâce à l'intuition, nous pourrons dépasser cette réalité en continuant à vivre sans forcément entrer dans la case indiquée par son revenu et faire la course toute sa vie pour gagner davantage. L'argent peut effacer tous les rythmes naturels que l'on a en soi. Il y a des gens déphasés par leurs revenus. Ils vivent à 2000 à l'heure avec des problèmes financiers qui les mènent à la catastrophe. Ceux pour qui l'appât du gain est maladif ont certainement un manque dans leur passé.

Il ne faut pas que l'argent devienne un stimulant artificiel, une drogue qui nous amène à un décalage par rapport à nos capacités naturelles. Si, avant de gagner son premier salaire, on sait déjà, grâce à son intuition, ce que l'on veut en faire, on doit être apte à un rapport d'équilibre avec l'argent, sans être en état de dépendance et de demande vis-à-vis de lui.

L'intuition doit nous amener à rester honnête. La malhonnêteté est la marque d'un mauvais parcours de vie, une carapace négative : on vole ce que l'on ne nous a pas donné affectivement. Je ne pense pas que l'on puisse être naturellement passionné par l'argent pour l'argent. Si tel est le cas, c'est qu'il y a un problème de fond.

L'argent, c'est un peu ce qui a remplacé, ces dernières années, tout notre rayonnement naturel, du fait de cette *société d'hyperconsommation*. Les états d'âme de la société sont devenus, depuis un demi-siècle, essentiellement le reflet des problèmes d'argent. On a voulu rayonner par le matériel et le pognon en s'en faisant une seconde peau. Cependant, on en revient désormais à des valeurs sentimentales, on est moins fasciné par les grosses fortunes comme celle d'Onassis, plus attiré par une personnalité comme celle du dalaï-lama. Le charisme du billet de cinq cents francs a diminué.

Méfiance, nous avons tous à un moment donné envie d'avoir plus d'argent que notre voisin, mais il faut se créer son échelle de valeurs personnelles pour ne pas être éternellement noyé dans des crédits énormes que l'on traîne toute sa vie. C'est un problème d'évaluation personnelle. Dès le départ on doit prendre conscience de ses besoins, pour avoir un rapport net avec l'argent. Il suffit de faire un rapport d'équivalences et de sortir des modèles donnés par la société de consommation. On a l'impression que la clef du bonheur passe par l'appât du gain et l'accumulation de biens. Or je pense que c'est tout sauf cela. L'argent est un moyen d'échange et un prétexte à la communication, un point c'est tout.

Trop de gens sont à ce point obsédés par l'argent qu'ils n'arrivent plus à apprécier d'autres valeurs autour d'eux. Ils sont tellement focalisés sur le matériel qu'ils ne voient plus les autres opportunités de leur vie.

On ne nous montre jamais une utilisation intelligente de l'argent. Les démonstrations que l'on nous en fait sont clinquantes comme la Rolls, les montres dorées... Il y a vraiment une frontière à créer entre ce monde de l'argent et l'image qu'en ont les gens. Mais les jeunes commencent enfin à concevoir d'autres rapports avec leur argent. Il y a une sorte de détachement qui est en train de s'opérer vis-à-vis de l'argent.

Pour moi, l'argent est comme une maladie. Je vois tellement de personnes rongées par l'argent ! Combien de gens tombent dans des cycles de dépression et de déception par rapport à tout ce qui est matériel ! Je comprends parfaitement que l'on puisse être déstabilisé par des ruptures ou par des obstacles dans ses ambitions de vie, mais être victime du système en ce qui concerne l'argent, ça non ! C'est une machine infernale qu'il faut aborder avec du recul grâce à l'intuition.

S'il y a un domaine dans lequel il ne faut pas se poser de questions pour agir, c'est bien celui de la finance : il faut aller vite et flairer le vent. Les grands affairistes de notre époque sont, à mon avis, des gens qui gèrent 50 % de leurs affaires au feeling. L'intuition est alors décisive. Les hommes d'affaires font des études prévisionnelles selon leur intuition : c'est une mise en pratique de leur flair.

Quand on parle d'argent, on évoque l'hypocrisie, la méchanceté, la jalousie, la malhonnêteté, la rivalité, mais rarement le bonheur. Cette phrase pompeuse : « L'argent ne fait pas le bonheur »... veut toujours bien dire ce qu'elle veut dire au fond. Je me demande pourquoi on parle de bonheur quand on évoque l'argent. En aucun cas un outil ne peut vous apporter le bonheur ! Ce n'est que l'utilisation qu'on en fera et sa place dans le contexte de votre vie, qui vous amèneront à un certain épanouissement.

L'étude de votre caractère ou de votre personnalité, grâce à l'astrologie, peut vous amener à définir la nature du rapport que vous pouvez avoir avec l'argent.

Tout d'abord, les signes de la terre. Ce sont souvent les plus matérialistes du Zodiaque. Le **Taureau** est attiré par l'argent pour se rassurer et stabiliser sa vie car il a toujours peur de manquer.

Il aime investir dans la pierre ou dans des objets de valeur qui lui seront d'une utilité durable. Ce n'est pas pour autant un avare mais il aime que ses investissements soient pratiques et efficaces pour ceux qu'il aide ou ceux à qui il prête. En aucun cas le Taureau n'est inconscient en matière de finance, l'argent est pour lui un moteur essentiel dans sa vie car ce signe aime se battre pour produire et créer du concret. Tout au long de son destin, le Taureau se donne les moyens de ses ambitions.

Autre signe de terre : la **Vierge.** Elle aussi attirée par l'argent, mais dans un sens plus personnel, « la Vierge n'est pas prêteuse ». Son goût du détail et de la précision en fait un bon gestionnaire qui aime faire fructifier ses économies. La

Vierge ne négligera aucun profit, mais attention aux tendances égoïstes !

Le **Capricorne** pour sa part est un signe qui, en matière d'argent, aime la sécurité et veille à l'équilibre de son budget. Ce n'est pas forcément la priorité de sa vie ; il fixera ses ambitions sur des valeurs beaucoup plus nobles à ses yeux ; ce qui peut l'amener à ressentir à certains moments de sa vie un réel détachement par rapport à l'argent.

Le **Lion** quant à lui, dynamique en affaires, attiré par le luxe et le confort, essayera d'obtenir un maximum de biens matériels. Il n'est pas toujours bon gestionnaire, dans le sens où ses dépenses sont incontrôlées et généralement plus importantes que ses revenus. Sans trop d'angoisse il peut très bien vivre au-dessus de ses moyens. Comme le **Sagittaire**, qui lui aussi a du mal à retenir l'argent auprès de lui, par nature ce dernier est un être généreux que son grand cœur amène bien souvent à affronter ou à vivre des situations où il est exploité. En règle générale, le Sagittaire donne beaucoup plus qu'il ne reçoit ; ce qui n'est pas le cas du **Scorpion** qui est un optimiste en affaires. Quand il s'agit d'obtenir, le Scorpion n'a peur de rien. Son intelligence instinctive, associée à une bonne logique commerciale, lui permet de concrétiser un train de vie confortable. Le Scorpion n'est pas généreux. Il faut vraiment que bon nombre de critères de son choix soient requis pour qu'il prête ou donne.

Le **Bélier**, lui, a du mal à se vendre. Son rapport avec l'argent est difficile, il a du mal à le gérer et à l'estimer à sa juste valeur, mais il possède de nombreux atouts qui lui permettent de ne pas rester dans le manque. Le Bélier détient des forces et une énergie qui, dans l'épreuve et l'austérité, le remettent sur le droit chemin, rapidement.

Lorsque l'on parle d'argent, il y a aussi « les idéalistes », ceux qui se créent une ambition, un rêve face à l'argent. Les **Poissons** ont plutôt un bon rapport avec l'argent bien qu'ils oublient généralement d'en garder un peu pour eux. Leur sensibilité et leurs émotions peuvent les conduire à quelques coups de cœur irréfléchis. Ce n'est pas pour cette raison que les Poissons seront pris de panique à la lecture de leurs comptes. Pour eux, l'argent est un élément, un outil, mais ce n'est pas l'essentiel. Ils ont trop besoin d'un rapport affectif ou irrationnel avec la vie.

Dans le même registre, nous avons les natifs du **Cancer** qui n'aiment pas manquer d'argent, qui sont attachés à leur confort et leur sécurité. Le Cancer est toujours là pour vous aider et vous prêter de l'argent même si ses moyens sont restreints. Ses investissements principaux iront bien souvent vers la maison ou l'habitat.

Le **Verseau**, quant à lui, entretient une relation ambiguë avec l'argent, car il aime les signes extérieurs de richesse ; son goût, son approche de la création, son envie d'aller de l'avant le conduiront vers la qualité dans ses affaires. Le Verseau respecte l'argent, il est discret et voyant, naïf et difficile, on ne sait jamais quelle stratégie il aura décidé avant de signer un accord.

La **Balance**, elle non plus, n'est pas claire dans sa relation avec l'argent. Elle veut gagner sa vie mais ne se donne pas toujours les moyens d'y parvenir ; c'est dans la seconde partie de sa vie que sa maturité et son expérience des affaires lui permettront d'avoir une position plus concrète et plus forte face à l'argent.

Et, pour terminer, les **Gémeaux** qui peuvent être des « affairistes redoutables ». Leur sens de l'adaptation, leur attirance pour des métiers d'intermédiaire peuvent les placer très souvent au centre de nombreuses opportunités ; leurs contacts sont riches. A eux de bien exploiter les situations qu'ils traversent. L'argent sera d'un bon apport tout au long de leur vie à condition qu'ils se fixent leurs propres limites.

3. Les grands rendez-vous de la vie

L'intuition et le mariage

Nous en arrivons à une étape de la vie plus officielle, où les choses commencent à se structurer : entre 22 et 30 ans, il faut faire encore plus attention qu'avant.

Avant 20 ans, même si l'on n'utilise pas à fond son intuition, on se trouve devant les premiers carrefours de la vie, on a le droit à l'erreur ; un droit de rattrapage. Ce n'est qu'ensuite que l'on entre dans une période qui va laisser des traces. Tout ce que l'on va mettre en place et commencer à enraciner, sera la base de notre avenir. Danger ! C'est là que des aspects officiels se mettent en place dans notre vie, tels que le mariage, la structure d'une famille. C'est alors que l'on va recevoir des marques indélébiles, qu'on le veuille ou non, même si par la suite on divorce.

D'abord, dégageons-nous des stéréotypes du passé tels que : « Il faut se marier ! » L'intuition doit nous éclairer plus encore ici qu'ailleurs. Le mariage doit être vraiment motivé. Il ne doit surtout pas résulter de contingences matérielles ou d'impératifs austères mais de sentiments réciproques. Il faut donc oublier certains problèmes d'éthique et de religion. Confrontés, par exemple, à une différence de race ou de religion, il n'y a pas obligation de se marier ; on peut très bien avoir un lien de concubinage. Notre intuition nous suggérera peut-être même que la religion que nous avons reçue jusqu'à présent n'était pas la bonne. Dans ces cas-là, il est possible d'en changer en se convertissant.

Il importe de redécouvrir un sentiment de liberté face au mariage. On a tellement l'impression qu'il est comme le service militaire ; un passage obligatoire qu'il vaut mieux vivre tôt que tard. Un mariage tardif amène toujours les gens à se poser des questions : ceux qui ne se marient pas paraissent encore suspects (chose assez étonnante et décevante) ! Nous devrions oublier nos tabous et nous laisser motiver par un vrai besoin d'amour. Je vois en consultation beaucoup de gens qui se sont mariés sans réflexion ni intuition, comme hypnotisés par une stratégie, une sorte de mode d'emploi qu'on leur avait donné et qu'ils ont appliqué au pied de la lettre. Jusqu'au jour où ils reçoivent un véritable électrochoc parce que leur femme ou leur mari ne correspond plus à ce qu'ils attendaient. Ils se disent soudain : « Ma vie n'est pas là. »

La violence du destin les rappelle à l'ordre et les fait retomber sur terre.

Être intuitif vis-à-vis de son compagnon, c'est apprendre à le découvrir, se servir de son instinct pour trouver le bon partenaire, c'est faire de nombreuses concessions et arriver à se dire que l'on va vivre à deux. Cela demande un travail d'adaptation énorme : un décryptage et une découverte de l'autre au début. Plus le temps passe, plus un lien s'installe, et une osmose se crée, couronnement d'une véritable réciprocité.

Pour faire un mariage instinctif, il faut vraiment découvrir l'autre : son rayonnement, ses ambitions, ses envies, son univers, ses goûts, sa personnalité. L'on pourra alors mettre en balance points communs et parts de divergence : c'est une balance qui doit se faire spontanément en nous. En fonction de cette addition des « plus » et des « moins » existant entre les deux intervenants, on peut se décider et agir.

Surtout, ne pas se référer aux conseils des autres, même de ses proches. S'il y a un thème sur lequel nous puissions avoir de l'intuition, c'est bien celui-ci. Pourquoi le mariage serait-il définitif ? On a la preuve, aujourd'hui, que ces couples qui vivent pendant des années dans le plus grand bonheur, sont des cas d'exception à exposer sous verre au musée. L'amour éternel est une légende qui fait partie des stéréotypes donnés par la morale et la religion. On éprouve une intuition sur le moment pour quelqu'un. Mais comment prétendre (sans prétention) à une bonne intuition envers quelqu'un pour toute la vie ! Bien sûr, lors du mariage, on a envie de faire en sorte que tout se passe bien mais on ne peut jamais s'affirmer parti pour cinquante ans de bonheur même si on en a l'espoir et la motivation. Simplement, si l'on estime qu'il y a beaucoup de points positifs, allons-y gaiement ! Le fait est que, si au bout de vingt ans, l'on découvre une cassure, il faut l'accepter et se dire qu'elle est normale : il y a une telle évolution dans nos envies, nos désirs, tellement d'autres carrefours dans notre vie qui risquent de nous détacher de notre partenaire !

Le destin n'est jamais qu'un assemblage de tranches de vie : pour certains il est découpé en deux, ou trois. Raison de plus pour bien vivre les changements. Je pense aussi que l'intuition doit nous aider à dédramatiser certaines étapes comme le divorce. L'on tombe alors dans une ambiance et une légende qui traumatisent les gens. Il est vrai qu'un divorce est une triste étape, mais pourquoi ne pas essayer de se dire : « Nous n'avons plus rien à faire ensemble », sans pour autant se disputer, se déchirer ? Au rythme où va notre société, il est devenu presque impossible de rester des années avec la même personne, parce qu'il y a moins de retenue dans les comportements, et c'est tant mieux.

L'intuition, c'est aussi avoir moins de barrières. Il serait triste d'avoir à 20 ans des goûts définitifs, des idées et une théorie inébranlables sur la vie.

Le mariage tel qu'on le pratique est une formule inadaptée. La religion a fait beaucoup de mal au mariage en nous faisant croire qu'il était éternel, et la religion catholique n'est rien par rapport à certaines autres !

Divorcer, c'est aussi avoir de l'intuition : l'intuition peut nous amener à sentir le moment où la rupture devient incontournable. On peut divorcer sans forcément cultiver des scrupules ou de la culpabilité vis-à-vis des autres. C'est simple, c'est fini quand on n'a plus rien à se dire ! Et pourquoi en arriver à se disputer avec quelqu'un dont on a été amoureux ? Au moment de divorcer, certains deviennent méchants. Pourquoi cette attitude réfractaire, et agressive ? Le divorce, c'est une destruction qui implique une renaissance... comme le mariage est une renaissance qui entraîne parfois une destruction !

Comment réagit votre signe lors d'une rencontre sentimentale ?

Tout d'abord le **Taureau** : c'est un grand possessif en amour. Il aime sentir que son partenaire lui appartient. C'est un état moral qui lui est nécessaire pour être tranquille et évoluer sagement vers la stabilité. Il faut noter que le Taureau est gouverné par Vénus, la planète de l'amour. C'est un personnage qui aime la bonne chère, les plaisirs de la vie, un esthète attaché à l'aspect physique de celui ou de celle vers qui il lancera son regard, avant de lui donner son cœur. Cela dit, le Taureau n'est pas un grand aventurier. Une fois qu'il est en couple, c'est un personnage qu'il faut secouer pour éviter qu'il ne s'endorme dans le confort paisible de ses habitudes.

La **Balance**, gouvernée par Uranus, n'aime pas non plus qu'on lui dise ce qu'elle doit faire en amour. La Balance est sentimentale, rêveuse mais trop souvent indécise lorsqu'elle rencontre par surprise un être à son goût. Elle se pose énormément de questions avant de réagir. Son partenaire a intérêt à s'armer de patience et à se préparer aux mouvements d'états d'âme très cycliques de ce signe.

Il y a aussi des signes très énergiques en amour qui sont « à cœur ouvert » d'un bout à l'autre de l'année.

Le **Sagittaire**, impulsif, possessif et entier, est un signe vif qui a, malgré tout, du mal à s'adapter à son partenaire. Généralement, son destin affectif est tumultueux et il rencontre de vraies relations de force, car il souhaite que sa personnalité l'emporte sur celle de l'autre.

C'est un peu la même ambiance pour le **Lion**, qui rugit dès que son partenaire ne va pas dans le sens qu'il a décidé. Le Lion aime être flatté, respecté. Il est exigeant, mais pas toujours fidèle car sa propre indépendance est une valeur importante à ses yeux.

Bien sûr, il y a des signes plus calmes et plus stables en amour comme la **Vierge** même si elle n'est pas facile à vivre et à suivre. La Vierge est en effet anxieuse, attachée aux détails du quotidien, à travers lesquels elle peut démontrer son amour et son attachement.

De la même manière, le **Capricorne** est stable. Il aime réunir près de lui son partenaire et sa famille. C'est un peu le « patriarche du Zodiaque ». Détail important, le Capricorne est quelqu'un qui, généralement, se stabilise tard sur le plan affectif.

Dans un autre registre, il y a les inspirés et les intuitifs en amour.

Les **Gémeaux** sont des marginaux côté cœur. Très adaptables, ils papillonnent et peuvent très bien dédoubler leurs sentiments : c'est-à-dire respecter la femme ou l'homme de leur vie tout en ayant quelques tentations ou quelques récréations à l'extérieur.

Parfois, ces instabilités ne se traduiront que par un état d'esprit.

Le **Verseau** a bien souvent du mal, lui aussi, à enraciner ses amours tout au long de son destin car il idéalise, il recherche la perfection. C'est un sentimental dont le pouvoir imaginaire en fait un grand romantique au cœur tendre. Seul problème, le Verseau n'est pas rapide au moment de la rencontre ; il faut le laisser vous découvrir et prendre confiance en vous et en l'histoire qui débute.

Toujours dans le rêve, en amour, et bien souvent sur une autre planète, il y a les **Poissons** qui sont peut-être les personnages les plus sensibles et les plus affectueux du Zodiaque ; le natif des Poissons se fait vite des idées sur celui ou celle qu'il a rencontré. Il projette son émotion dans le futur en la mélangeant à ses rêves. Résultat, amoureux, il se sent plus léger que jamais ; c'est un être loyal et honnête en amour. Lorsqu'il a trouvé l'élu de son cœur, il s'investit corps et âme. C'est un passionné.

Le **Cancer** fait aussi partie des rêveurs, mais il est plus tranquille que les Poissons. En astrologie, le Cancer représente bien souvent « la mère ». Il aime protéger son partenaire au risque de l'étouffer. Il est très attaché à son ambiance, à son espace intime et romanesque.

Enfin, il y a les nerveux du Zodiaque, ces êtres tout feu tout flammes, qui cachent volontairement ou non leurs sentiments mais qui sont au fond de grands sensibles.

Tout d'abord le **Bélier** : passionné, il a du mal à savoir ce qu'il veut en amour, surtout lorsque les années commencent à passer. Le Bélier est un indépendant qui se laisse parfois aller à des coups de cœur irréfléchis. Ensuite, il a du mal à affronter les retombées et les contrecoups de sa situation.

Dans les tempéraments forts et passionnés nous trouvons aussi le **Scorpion**. Secret et sensuel, il éprouve de temps en temps le goût de la destruction de soi et des autres, d'où un destin de cœur tumultueux. Quoi qu'il arrive, le Scorpion sera tenace en amour, surtout lorsqu'il aura une idée ou un visage en tête.

L'intuition face à la rupture

Quand on se sent abandonné par quelqu'un que l'on aime, on peut tomber très bas et ne pas s'en remettre. C'est, à mon avis, une des étapes les plus violentes du destin de la vie. L'intuition doit nous aider à tourner la page, c'est-à-dire arriver à positiver cette histoire et ce que l'on a vécu en n'en gardant que le meilleur. Il faut, au bout de quelques semaines, tout faire pour se donner une nouvelle perspective, se dire que cette histoire était unique, que l'on ne retrouvera jamais le même type de personnage, les mêmes émotions, changer ses habitudes et se remettre en question en se disant que, si l'on est arrivé à ce point de non-retour, c'est que l'on y était aussi pour quelque chose. La reconnaissance des torts est une étape où l'intuition doit être très présente pour sentir ce qui n'allait pas entre les deux partenaires.

L'intuition est un baromètre qui doit vous aider à parler à vos amis, à vos proches, en laissant tout sortir en un flot impulsif et spontané. Il faut exorciser le passé plutôt que de se retrancher et de tout ruminer en pleurant. L'on doit se dire que la vie continue. En restant dans l'immobilité, on tombe dans la névrose et la déprime. Forcément anéantis au début, il nous faut réagir dès que nous sentons que nous nous replions sur nous-mêmes. Il ne faut surtout pas glisser sur la pente douce de la dépression, qui peut nous amener à ne plus jamais pouvoir nous détacher ensuite de ce mauvais souvenir. On ne doit pas laisser cet amour bloqué en nous, ne pas se créer une carapace et donc un mauvais rayonnement vis-à-vis des autres, ce qui nous pousserait vers d'autres problèmes. Les émotions causées par une rupture sont tragiques et peuvent parfois provoquer de graves maladies. Les médecins eux-mêmes reconnaissent désormais qu'un choc émotionnel peut réellement déclencher une maladie. J'ai rencontré en consultation des femmes chez qui étaient apparus des cancers et des scléroses en plaques après une rupture.

C'est pour cette raison qu'au moment du mariage, il faut bien prendre conscience de tous ses sentiments grâce à une échelle de valeurs fournie par l'intuition... Il faut s'attacher sans se créer un échéancier systématique dans lequel tout le monde ne peut pas rentrer. Les gens croient qu'ils se marient pour la vie, parce qu'on le leur a dit et qu'on les a éduqués ainsi. L'intuition, en revanche, c'est de se dire : « Je vais me marier, au feeling, en sachant qu'à un moment donné il est possible que je le quitte ou qu'il me quitte. » N'oubliez pas que l'union durera en fonction de ce que vous y aurez investi. Je crois qu'il existe des destins d'action et des destins d'affection, mais qu'il est rare d'avoir ces deux thèmes en même temps et que ces deux valeurs se succèdent, tout au long d'une vie. En en prenant conscience, l'on sera plus averti et l'on risquera moins de tomber dans des états de maladie, de dépression, voire de suicide. Nombre de gens pensent qu'une fois perdu l'être cher, leur destin n'a plus de sens. Cela signifie qu'à un moment donné on leur a inculqué d'étranges valeurs qui ont provoqué un déséquilibre et que ce qu'ils vivaient, au moment où ils allaient bien, devait être déjà sombre.

A mon sens, l'on peut très bien éviter le tragique de la situation, surtout en oubliant ses fausses pudeurs. Si l'on ressent l'envie de pleurer, il faut pleurer, craquer. Il faut changer d'ambiance, de décor, modifier ses habitudes, son cercle d'amis et de relations. Si le destin vous impose une cassure, c'est que vous devez vous renouveler et vous remettre en question.

Si vous avez été clair dans le positif, vous serez lucide dans la rupture. (Car le positif et le négatif sont deux valeurs conjointes.)

En amour, il faut rester conscient des risques que l'on prend ; chose que les gens oublient souvent. Par exemple, une femme qui rencontre un homme marié va espérer l'impossible. On a l'impression qu'il faut la ramener à la réalité en lui disant : « N'oubliez pas qu'il a une vie déjà construite avec des habitudes et qu'il ne va pas tout quitter d'un seul coup. » Cette femme n'est pas dans le vrai de l'histoire mais en décalage. Et, dès que les problèmes vont apparaître avec la femme légitime, elle va devenir hystérique, déprimée, alors qu'elle le savait parfaitement en s'engageant. En amour, les gens sont très exigeants, et très inconscients. Ce qui ressort toujours en consultation, c'est le sale boulot (ou le bon boulot) accompli par les parents durant l'éducation de leur enfant. A un moment donné, il devient inévitable et logique que, dans la relation, les rapports passés avec les parents resurgissent. D'où l'intérêt de laisser librement s'épanouir son enfant dès son départ dans la vie. Sans quoi, il sera amené à des vues complètement faussées qui le pousseront à se tromper constamment dans son destin, du fait de ses exigences illusoires à propos de l'amour.

Chacun possède son rythme et sa propre manière d'évoluer dans ce domaine-là. Il faut d'abord penser à soi et à son envie. C'est quand les gens pensent d'abord à eux-mêmes qu'ils sont aptes à bien projeter sur l'autre et à tout partager avec lui.

Pour mieux vivre l'étape de la rupture, analysons les réactions de chaque signe du Zodiaque.

Bélier : en amour, lorsqu'il est dans l'épreuve le Bélier a du mal à reconnaître ses torts et rejette bien vite la faute sur son partenaire. Il n'est pas non plus très courageux pour annoncer son intention de stopper la relation, car c'est un sensible qui n'aime pas faire de peine à son interlocuteur. Alors il prend la fuite, et si vous lui posez des questions ou que vous lui demandez des explications, il pourra se montrer violent, ou disparaître une fois de plus dans la nature.

Taureau : il a encore plus de difficulté que les autres signes à assumer une rupture. Il aime contrôler et maîtriser la situation. Il est attaché à la stabilité. Si l'on vient le contredire ou le perturber dans ses habitudes affectives, il faut s'attendre au pire, tout d'abord parce qu'il est attaché au passé et parce que toutes les sensations et les images restent gravées dans ses pensées. Le Taureau est un des signes les plus rancuniers du Zodiaque. Même s'il baisse les bras au moment de la cassure, préparez-vous aux retombées !

Gémeaux : ce n'est pas un signe stable en amour. Il affronte les ruptures de manière aérienne. Il fait celui qui ne comprend pas, histoire de garder la face vis-à-vis des autres. La malice du Gémeaux est redoutable. Lorsque l'être aimé lui échappe, il peut mettre en place une stratégie violente pour barrer la route à celui qui quitte ou à celui qu'il l'a abandonné.

Cancer : sensibles, chaleureux et tranquilles, les natifs du Cancer sont très perturbés lorsque l'amour s'en va. Pour eux, la confiance est un élément essentiel dans leurs relations affectives. Ils mettent énormément de temps à comprendre et à analyser les motivations qui les ont poussés à quitter leur partenaire ou réciproquement. Pour eux, l'amour passe mais la tendresse reste. Ils chercheront par tous les moyens à garder un lien amical avec celui ou celle qu'ils ont aimé passionnément.

Lion : capricieux, impulsif et orgueilleux, le Lion n'aime pas être perdant. L'échec, la rupture sont très souvent des carrefours de la vie dans lesquels il perd sa force et ses moyens. Le Lion risque alors de se venger, pas forcément sur son ex-partenaire mais sur son entourage ou sur la nouvelle conquête qui l'aura amené à quitter l'autre.

C'est un signe qui a beaucoup de mal à reconnaître ses torts et à faire le point objectivement sur ce qui a été vécu.

Vierge : sentimentale, exigeante et nostalgique, la Vierge peut aborder la rupture avec sang-froid mais ensuite la tension monte et elle trouvera alors les mots, les propos qui toucheront violemment celui ou celle qu'elle aimait. Généralement, les Vierges sont catégoriques. Lorsqu'une union est terminée, c'est à jamais. Elles reviennent rarement sur leur position même si leur côté nostalgique leur permet de faire référence fréquemment à leurs amours de jadis. Elles aiment se repasser le film de leur passé.

Balance : d'apparence calme et tranquille, la Balance change de ton et d'attitude lorsqu'elle rompt un lien de cœur. Finis les indécisions et les doutes, la Balance ne se contrôle plus, elle laisse libre cours à son impulsivité qui en blessera plus d'un. C'est un être sensible et passionné qui éprouvera pendant longtemps de la tristesse et des regrets.

D'autre part, la Balance, elle aussi, n'aime pas faire machine arrière : lorsqu'elle s'investit, c'est pour de bon, et lorsque c'est fini, c'est à jamais.

Scorpion : nerveux, colérique et difficile, le Scorpion a horreur qu'on lui échappe. Attendez-vous au pire lorsque vous quittez un Scorpion. Son côté destructeur l'amènera à casser et à abîmer tout ce que vous avez vécu et construit avec lui. Le Scorpion ne pardonne que rarement, il peut même devenir agressif et violent, d'où des excès de comportement et une impulsivité incontrôlée. Ses paroles, ses actes vous feront mal car il aura l'art de trouver la faille qui est en vous. Protégez-vous car, lorsque le Scorpion s'acharne, il ne lâche pas prise de sitôt.

Sagittaire : généreux et trop naïfs, les natifs du Sagittaire sont très souvent perdants lors d'une rupture. Ils tentent de se défendre grâce à leur énergie et leur impulsivité légendaires. Malgré tout, leur sensibilité prend très souvent le dessus et ils ont beaucoup de difficultés à se détacher et à oublier leur ex-partenaire. Pour eux, c'est une blessure ineffaçable sur le moment. Ils sont vite désemparés, perdus, ne sachant à quoi se raccrocher, comme si l'amour n'allait plus jamais renaître. Mais, comme tous, avec le temps ils reprendront le fil de la vie.

Capricorne : entier et sans concessions, le Capricorne peut vous montrer une facette inattendue de son caractère lors d'une rupture ; il se montrera froid, violent, agressif et rancunier. Il souhaitera régler au plus vite la situation. Il ira droit à l'essentiel sans se perdre dans une multitude de détails et de reproches. Il apparaîtra donc sous un visage indifférent. Ce ne sera pas forcément son véritable état intérieur mais sa carapace est dure, sa force de caractère importante, ce qui lui permettra de masquer les regrets, la tristesse et le désarroi.

Verseau : ils ont du mal à adopter une position franche et définitive lors d'une rupture. Ils vont et viennent, pesant le pour et le contre. La demande affective des natifs du Verseau est grande, leur sensibilité est importante, ce qui explique leur attitude. Attendez-vous à toutes les réactions. Le Verseau peut passer des larmes à la violence et des regrets aux injures.

Poissons : en voilà qui, en aucun cas, n'aiment rompre avec qui que ce soit. La rupture leur coûte énormément. Ils n'aiment pas faire mal et préfèrent rester dans leurs rêves et dans le monde de leurs pensées plutôt que de casser un lien. Mais lorsqu'ils le font, les Poissons se renferment sur eux-mêmes pour faire le point et exorciser peu à peu la tristesse et les chocs qu'ils auront subis pour casser un lien d'amour.

L'intuition pour retenir son partenaire

Quand on est établi avec un homme ou une femme et qu'on le sent partir, il faut surtout réagir tout de suite, pour crever l'abcès avant que cela ne tourne à la catastrophe. Si l'on a eu l'instinct que l'ambiance changeait et que le partenaire s'éloignait, il ne faut pas perdre une minute, lui parler, poser les bornes du dialogue en déterminant ce qui ne va pas, sans pour autant tomber dans une discussion lourde, théorique et grave.

Le débat doit être court et précis, aller à l'essentiel, ne pas faire l'addition de ses torts... Si on se lance dans toute la rétrospective de l'histoire, que l'on se repasse tous les souvenirs, c'est comme remettre en question d'un seul coup tous les fondements de l'histoire. Tandis que si l'on prend conscience de l'événement présent, si on se demande pourquoi on en est là, on peut récupérer la situation en obtenant plus facilement la vérité sur l'élément qui a poussé l'autre à partir.

Ensuite, il faut susciter un changement, pour favoriser les conditions du retour. Il va falloir étonner le partenaire. Cela ne veut pas dire qu'il faut passer d'un extrême à l'autre. Vous êtes une femme d'une nature calme ? Inutile que votre partenaire retrouve une furie en rentrant le soir à la maison ! Il y a un juste milieu à trouver en fonction des raisons qu'il vous a données. Tâchez de reprendre les choses de zéro pour redonner une chance à votre couple, si vous avez le sentiment, bien sûr, que cela en vaut la peine.

On doit parvenir à retrouver ensemble une base, à se créer un électrochoc réciproque. Ce n'est pas une démarche qui se fait de façon unilatérale. Pas question de tomber dans une relation de dominant-dominé où, d'un seul coup, celui qui est parti va redevenir le dominant et vous un monstre de concessions qui fera tout pour le retenir. Ce serait aller tôt ou tard vers une échéance encore pire.

Si l'on trouve un nouvel élan, une autre finalité dans le couple, cela provoque, chez l'autre, une réaction de surprise, de nouvelles motivations.

Agir ainsi, c'est garder une pensée positive, sauvegarder à la fois un sentiment et son amour-propre. Mais en aucun cas il ne faut se mettre à genoux pour qu'« il » ou « elle » revienne. Ce serait le ou la cantonner dans un comportement négatif et courir à l'échec. Une fois que l'on a vécu le choc, il y a une deuxième réaction à analyser. Si ce nouveau rapport vous apporte moins que la relation précédente, il faut décider alors de ce que l'on doit faire ou pas.

EXEMPLE

Une femme de 35 ans et un homme de 40 ans vivent ensemble. L'homme, par un changement d'activité professionnelle est amené à moins rentrer le soir et à avoir une aventure à l'extérieur. La femme, ayant eu 3 enfants, est, depuis quelques années, moins prévenante envers son mari au niveau affectif et sexuel. A un moment donné, il a un désir que sa femme ne satisfait plus parce qu'elle oublie de jouer un autre rôle que celui de mère. Le signal d'alarme retentit ! Il faut comprendre pourquoi et découvrir les raisons qui l'ont amené à faire cela. C'est simple : la femme a oublié de rester femme tout en étant mère. Lui, en changeant de travail, a retrouvé une nouvelle énergie et cherche une autre *intensité* dans sa vie affective. Ce qui ne signifie nullement qu'il n'aime plus sa femme, qu'il veut la quitter ou qu'il veut tout casser ! Dans ce cas-là la femme doit réagir, ne pas rester derrière ses casseroles en compagnie de ses enfants. Elle doit dialoguer avec son compagnon, sans faire de drame, et réaliser que, s'il a fait cela, c'est aussi parce qu'à un moment donné elle n'a plus été à la hauteur. Elle doit alors faire des concessions pour être plus proche de son mari, tenter de le voir en dehors du cadre familial. Elle pourra juger ainsi si l'histoire doit se poursuivre et c'est seulement à ce moment-là qu'elle pourra *prendre* une décision.

D'où l'intérêt de parler avant, de bien sentir son partenaire, et de se dire que le destin est composé de différentes tranches de vie. Cela peut nous guider et nous aider à affronter certaines fatalités de ce style.

L'intuition pour avoir un enfant

Quand on éprouve le besoin d'avoir un enfant, c'est le moment de voir où en est son couple dans l'équilibre des forces. Il importe de savoir s'il existe le minimum d'entente et de réciprocité de sentiments entre le futur père et la future mère, s'il y a une base commune de projets et une envie de donner une perspective nouvelle à son couple. L'intuition sert à juger de l'intensité de ses sentiments et à pressentir l'ambiance établie avec le partenaire. Ensuite, vient le moment de se poser quelques questions, sans pour autant entrer dans un long processus de réflexion : se poser trop de questions, c'est commencer à tourner en rond, à hésiter. Or, l'enfant est lié au monde de l'affectif : on doit donc sentir dans notre corps et dans nos gènes l'envie de créer. Et puis, la future maman doit être sûre qu'elle sera capable d'assumer ce nouvel état physique pendant neuf mois et qu'ensuite, *ad vitam aeternam*, elle pourra porter à bout de bras le rapport avec l'enfant, avec tout ce que cela comporte de bien ou de mal (comme on l'a vu à travers le cheminement de l'enfance). Si l'on sent ces éléments et cette réciprocité d'amour, on peut concevoir l'enfant.

La femme doit bien avoir conscience qu'elle aura alors un corps déformé et que cela créera de nouveaux rapports avec son partenaire. Ce n'est pas parce qu'elle attend un enfant qu'elle doit se détourner de son compagnon ou l'abandonner. Elle doit poursuivre sa vie professionnelle et se préparer à une nouvelle étape au cours de laquelle elle va devoir se responsabiliser, parce qu'elle va porter la charge d'un autre être. Après l'arrivée de l'enfant, il faut s'attendre à ne plus pouvoir gérer son temps et son énergie de la même manière. D'un seul coup, l'on se trouve obligé de se mettre à penser à trois personnes. Le groupe social de la maison va être différent de ce qu'il était. La femme va focaliser sur son enfant, avec l'envie de tout lui donner. Elle doit être sûre d'un minimum de points d'entente avec celui qu'elle choisit pour créer cette nouvelle vie.

L'intuition, c'est aussi sentir si l'on aura une structure matérielle et financière suffisante pour assurer le minimum d'éducation digne de ce nom.

Il faut, par exemple, éviter de concevoir un cinquième enfant quand on est au chômage depuis des mois ! Pourtant, c'est une attitude que je rencontre souvent en consultation et que j'ai beaucoup de mal à comprendre !

On se lance parfois dans la maternité parce qu'inconsciemment on a besoin de régler des problèmes personnels de carence, ou d'incompréhension avec l'autre, ou parce que l'on veut rentrer dans les normes de la société. Au bout d'un certain temps, un couple sans enfant éveille la curiosité de l'entourage, voire le soupçon : « Pourquoi se sont-ils mariés ? » La notion d'impuissance apparaît alors dans ces cas-là. Les gens pensent aussi que le couple est égoïste. Avoir un enfant, cela fait bien, cela fait jeune.

Il faut penser aussi que cette vie que l'on va porter en soi est une espèce de boule météorologique qui va tout ressentir de nous. Toutes nos radiations et nos vibrations vont donner les premières tendances à celui que l'on va porter. Il ne faut pas oublier que les conditions de la grossesse sont déterminantes pour le bébé. J'ai un jour rencontré une femme qui avait écrit une thèse sur la psychanalyse et la voyance. Elle expliquait que les enfants étaient doués de voyance parce que, pendant la grossesse de leur mère, ils avaient ressenti les chocs émotionnels. Ils étaient alors obligés de s'adapter aux secousses que cela provoquait et développaient ainsi, à l'état de fœtus, une grande sensibilité donnant lieu à leur don de clairvoyance. Ce sont les « bébés météorologiques ». Ma mère, par exemple, quand elle s'est mariée, était déjà sûre de ne plus aimer mon père et elle était enceinte de trois mois.

A la naissance, nos facultés sont déjà en éveil en fonction de ce que notre mère a vécu pendant sa grossesse. Il faut donc faire très attention à ce que l'on vit au cours de cette période, aux endroits où l'on va, aux conflits dans lesquels on se trouve. Il faut essayer de surmonter toutes les oppositions, les drames et se blinder. L'idéal serait de partir au bout du monde dans un endroit agréable pour écouter de la musique et lire, entourée d'amour, de chaleur et de compréhension... On aurait alors des bébés qui arriveraient en meilleur état.

Il y a des milliers d'enfants déséquilibrés dès l'âge de 2 ou 3 ans parce qu'ils n'ont pas été désirés par leur mère... Elles ne s'étaient pas supportées dans leur état de grossesse. Le premier rapport affectif a été tellement choquant pour l'enfant qu'il ne faut pas s'étonner ensuite s'il a une grande agressivité face au monde.

Il existe aussi des femmes qui se font faire un enfant, puis l'élèvent seule. Un procédé égoïste qui ne va pas apporter d'équilibre à l'enfant même si la femme a les épaules larges et la tête bien faite. S'il n'y a qu'une femme pour servir de modèle à l'enfant dans les premières années de son destin, il aura du mal à se forger son propre équilibre. Il lui manquera toujours une empreinte masculine à laquelle il ne pourra faire référence.

Il en va de même pour les pseudo-couples

d'homosexuels qui veulent élever un enfant conçu *in vitro*. Je ne vois pas ce que l'enfant peut tirer de bon de cette situation, même si une telle décision part d'un bon sentiment. L'enfant ne ressentira aucunement la structure d'une famille. Et je ne suis pas convaincu qu'il vive bien le fait que deux hommes (ou deux femmes) viennent le chercher à la sortie de l'école ! On voit aussi, malheureusement, des femmes et des hommes qui essaient en vain d'avoir un enfant. Ça ne marche pas et, d'un seul coup, ils veulent à tout prix en adopter un. Leur motivation, tiède au départ, décuple, et devient une obsession. Certains hommes ne pouvant avoir d'enfant se sentent dévalorisés. Il faut se dire qu'avoir un enfant n'est pas un passage obligatoire. On ne doit pas se donner cette notion de rôle à jouer mais oublier l'idée toute faite que notre présence sur cette terre a pour seul but d'avoir des enfants. Il vaut mieux ne pas en concevoir plutôt que d'en faire à tout prix, n'importe comment.

A l'inverse, avant de procéder à un avortement, il faut se demander si cela vaut le coup d'arrêter le processus naturel, de stopper l'intuition que l'on a eue. Si l'on est enceinte sans l'avoir voulu, c'est que l'on a manqué de flair à un moment. De nos jours, avec tous les moyens de contraception existants on ne tombe plus enceinte par hasard. Si une femme se retrouve dans cette situation, c'est qu'il y a en elle un déséquilibre. Il est rare qu'une femme se fasse avorter dans une situation d'équilibre total dans le reste de sa vie. La femme enceinte s'est inconsciemment redonné un espoir avant de se rendre compte que la situation était impossible. Elle s'est créé une fausse joie pour rien.

Il y a aussi ces femmes de 40 ans qui veulent à tout prix avoir un enfant et qui n'y arrivent pas parce que l'impact de leur psychisme complexe bloque leur corps. La femme se crée une émotivité si forte qu'elle affaiblit son organisme. Tout se passe comme si, par angoisse, elle se donnait elle-même le trac et se retrouvait, en somatisant, dans un état de blocage. Ces femmes devraient faire le point tranquillement. Vu les rythmes actuels auxquels les gens se rencontrent, il me paraît sage de ne pas se précipiter pour faire un enfant. Si on conçoit un enfant avec un homme que l'on connaît depuis six mois à peine, où va-t-on ? Il est déjà tellement difficile d'être bien avec quelqu'un et de donner un sens au couple que l'on forme ! Faire un enfant, alors que l'on ne sait pas vraiment où l'on en est dans sa relation, est un acte inconsidéré et dangereux. Tout change quand on a un enfant : certains couples officialisent leur union au moment de sa venue.

Il convient de bien réfléchir et de se demander si l'envie en est vraiment instinctive et viscérale. C'est un sentiment qui doit venir de façon impulsive. Il faut ensuite l'organiser sur des repères de sagesse. Dans cette démarche, on ne peut pas penser qu'à soi. J'ai du mal aussi à admettre l'existence des mères porteuses, même si elles peuvent rendre des services. Moi qui crois au destin, je plains cet enfant, fruit d'un business, qui va être porté dans une ambiance monnayée et calculée. Un enfant contre un chèque : voilà une image que j'ai du mal à digérer. L'osmose du petit enfant avec le corps de sa mère est tellement importante ! Il a vraiment besoin de tout sentir de sa future mère.

Concevoir un enfant est vraiment l'un des

grands choix de la vie. Il faut avoir une base solide d'équilibre physique et mental. Quand on pense à ces femmes qui, naïves et incultes, ne prennent aucune précaution et qui font huit ou dix mômes sans même savoir si elles aiment leur mari et qui, à 50 ans, ont un corps complètement déformé ! Cela donnera probablement huit cas sociaux ! Que faut-il faire contre cela ? Il s'agit vraiment d'un problème d'éducation. Si ces femmes avaient eu seulement deux enfants, elles auraient eu le temps de se retrouver et se sentiraient moins frustrées. Pensez-vous qu'un mari dont la femme a eu huit enfants, puisse avoir encore un rapport spontané avec elle ? Désormais, ces pauvres femmes sont usées, débordées de tâches et parfois tenues à l'écart : elles vivent un vrai calvaire.

Il y a aussi le cas de l'enfant unique, isolé entre un père et une mère, qui ne va pas tendre spontanément vers l'épanouissement sauf si ses parents le mènent vers les autres, lui organisent une vie dans laquelle il va être appelé à communiquer... Souvent, les parents d'enfant unique ont peur qu'il ne communique pas avec l'extérieur et ne savent plus comment le distraire.

Quoi qu'il arrive, faire un enfant est un des plus beaux actes de la vie. C'est donner un prolongement à soi-même et à son destin.

L'intuition face à la famille

Aujourd'hui, la famille n'existe plus comme avant. Il y a eu un désenracinement de la société qui a fait que, pour des impératifs économiques et financiers, les gens n'ont pas pu rester dans la même région, dans les mêmes racines que leur famille. Depuis ces cinquante dernières années, les familles sont beaucoup plus éclatées. L'on éprouve davantage de difficultés à se réunir, à avoir une vraie sensation de cocon. La famille a un peu perdu de son sens par rapport aux traditions, aux grandes réceptions de famille, aux grands lieux, aux grands rites, à toute une hérédité et une culture du clan. Tout ce patrimoine s'est égaré avec le temps.

Même si, en ce moment, on parle beaucoup du retour au *cocooning* et de la fin de cette vie éclatée et extravertie des années 70, je n'ai pas vraiment senti ce phénomène de retour aux valeurs nobles, sages et domestiques, où toute la famille se retrouve réunie autour de la vidéo et des livres. S'il est vrai que les gens sortent moins qu'avant, je ne pense pas non plus qu'ils se réunissent plus pour autant. Il n'y a plus de vrais rassemblements de famille comme jadis. Ce qui est exact dans le *cocooning*, c'est que maintenant on se crée une famille de cœur : c'est une donnée nouvelle des années 80. Il y a quelques années encore, les gens étaient très inhibés par l'obligation : « père », « grand-père », « oncle »... Maintenant, ce sentiment a disparu au profit d'une nouvelle famille de cœur, d'amis choisis dans l'espace où nous vivons. La première intuition vis-à-vis de la famille, c'est d'avoir le respect spontané des valeurs qui l'ont composée ; le nom que l'on porte, l'héritage physique et spirituel... Il ne faut pas se référer uniquement à sa famille, mais faire un choix parmi ses membres, sans se croire obligé de les accepter tous. Il faut arriver, grâce à son intuition, à bien choisir le ou les membres de sa famille avec qui on peut établir un vrai dialogue. Les autres, il faut les oublier et cesser de se répéter que, parce qu'on porte le même nom, l'on doit bien s'entendre avec tous. L'intuition consistera à avoir de vraies relations motivées avec quelques-uns d'entre eux et fonder par ailleurs une famille de cœur composée de personnes avec qui on aura une véritable sensibilité en commun. Nous devons sortir de ce stéréotype, qui nous coince dans une caste dont on ne peut s'extirper. « Esprit de famille oblige » ! Cette notion est à dépasser.

Je crois cependant que les gens ont tout de même besoin de se repositionner par rapport à leur famille, de se rallier à elle, pour établir des parallèles avec ce qu'ils ont été dans le passé. Ils ont besoin de se rassurer sur le chemin qu'ils ont parcouru. La famille joue ce rôle de miroir, vis-à-vis duquel on a besoin de se projeter. Il existe aussi des gens qui n'ont pas de famille. Ils sont la preuve vivante que l'on peut se créer une vraie famille de cœur. Et, si l'on se retrouve tout seul à un moment donné, c'est qu'on l'a souhaité, ou que l'on a été bloqué dans ses relations avec l'extérieur.

Mais le noyau familial reste essentiel à notre équilibre car il est le premier groupe de personnes avec lequel nous évoluons au départ de la vie.

Pour mieux comprendre notre place dans la cellule familiale, apprenons le rapport de chaque signe avec la famille.

Bélier : il est passionné, sensible mais peu démonstratif auprès de ceux qui l'entourent. Le Bélier a énormément besoin de ressentir des « piliers » dans sa vie, pour le conseiller, le guider. Il recherche des références dans sa famille pour mieux gérer les différentes étapes de son destin. En famille, le Bélier est souvent indépendant, il passe en courant d'air pour ne pas supporter les inconvénients de certaines réunions ou de certaines règles qu'impose parfois la vie de famille ; il préfère entretenir des relations plus directes avec un ou deux parents avec qui il pourra se livrer en toute confiance. Les points faibles du Bélier en famille : son goût de la liberté qui peut vexer, ses caprices et ses coups de tête.

Taureau : tranquille et chaleureux, le Taureau aime parfois se laisser porter par les événements ; résultat, c'est un être très agréable en famille, son sens de l'hospitalité, sa prévenance le rendent très attirant. Il aime conseiller, distraire, animer, rendre service, il veut à tout prix se rendre utile. Son comportement, son attitude ne sont plus du tout les mêmes que lorsqu'il évolue dans les autres domaines de sa vie ; il est beaucoup plus calme et conciliant. Son point faible avec ceux qu'il aime est ce besoin d'imposer sa volonté : il veut toujours avoir raison. Parfois aussi il est trop curieux.

Gémeaux : toujours en mouvement, il a du mal à garder l'équilibre en famille. « Caméléon du Zodiaque », il s'adapte vite à de nouvelles sensibilités, il trace difficilement des liens entre le présent et le passé ; cela dit, il n'oublie pas sa famille avec laquelle ses relations seront cycliques, tantôt bonnes, tantôt ambiguës. Il faudra accepter les Gémeaux tels qu'ils sont pour obtenir de bonnes habitudes de rencontres sur la longueur de la vie. Leurs points faibles : les changements d'humeur parfois trop superficiels. Leur point fort : quoi qu'il arrive, ils savent toujours se faire pardonner.

Cancer : c'est le signe le plus à l'aise en famille. Il aime la douceur et la bonne humeur des longues réunions de famille. Sensible, généreux et serviable, le Cancer évolue à merveille au milieu de ceux qu'il aime. Sa maison, ses parents, son compagnon, ses enfants sont très souvent son unique raison de vivre : tout est organisé autour d'eux. Ses points faibles : sa naïveté, ses faiblesses de caractère et sa trop grande inquiétude.

Lion : indépendants et fiers de l'être, les natifs du Lion n'aiment pas trop s'encombrer du poids de la famille. Ils souhaitent généralement avoir des relations avec leurs proches quand bon leur semble. Ils aiment que l'envie vienne d'eux et qu'on ne leur impose rien. Passionnés et impulsifs, ils sont de véritables boute-en-train en famille. Ils distribuent leur énergie sans compter pour aider ou tout simplement aimer leurs parents. Les points faibles : l'autorité, parfois l'égoïsme et la susceptibilité.

Vierge : calme et discrète, la Vierge évolue à son rythme en famille. C'est un être sur qui l'on peut compter si ça ne va pas. La Vierge est toujours là pour vous réconforter et vous faire profiter de son bon sens. Parfois trop renfermée, elle sera peu démonstrative dans ses sentiments. N'oubliez pas son hypersensibilité qui la fait réagir au quart de tour dès que vous lui dites la moindre parole ambiguë. Par ailleurs, elle aime ressentir l'équilibre et l'harmonie autour d'elle, ce qui l'amène à redoubler d'efforts pour améliorer l'ambiance et se rendre agréable envers ses proches. Ses points faibles : son caractère autoritaire, parfois son manque de chaleur.

Balance : séductrice et chaleureuse, la Balance rayonne en famille. Elle est très attachée à ses racines. Sa mémoire affective est importante, ce qui l'amène à entretenir de bonnes relations tout au long de son évolution. Son humour et sa joie de vivre lui permettent de gérer les situations les plus délicates avec beaucoup de bon sens et des pensées positives. La Balance aime faire profiter les autres de son expérience ; ses conseils seront recherchés. Ses points faibles : son hypersensibilité, ses doutes et ses angoisses.

Scorpion : il a de bonnes relations avec sa famille et n'oublie jamais ce que l'on a fait pour lui. C'est un être reconnaissant, toujours en action. Le Scorpion a perpétuellement besoin de se lancer des défis, histoire de montrer à ses proches de quoi il est capable. Sensible, pour être rassuré il a besoin que sa famille lui prouve les sentiments qu'elle a pour lui. Il a besoin qu'on le pousse et qu'on le motive pour chasser ses doutes et atteindre ce stade de confiance totale dont il a tant besoin. Les points faibles du Scorpion : râleur et de mauvaise humeur.

Sagittaire : entier, sincère et affectueux, le Sagittaire aime être entouré. Il ne supporte pas la solitude. La famille est essentielle à son équilibre ; son bon cœur légendaire le rend efficace, serviable et disponible pour ses parents ou ses enfants. Très sensible, le Sagittaire a besoin d'énormément d'affection et de délicatesse pour se sentir dans un climat de confiance. Dès qu'un conflit apparaît, son impulsivité réagit et il éclaircit rapidement les malentendus. Il n'aime pas les situations pesantes. Les points faibles du Sagittaire : sa nervosité, son emportement et sa susceptibilité.

Capricorne : solitaire et calme, il n'aime pas trop se compliquer la vie avec les désirs et les caprices des autres ni même de ses proches. Le Capricorne crée très souvent une frontière entre sa vie et sa famille, ce qui ne l'empêche pas d'entretenir des relations normales avec ses proches. Il veut évoluer comme bon lui semble sans s'occuper des impératifs ni du protocole familial. C'est un être de bon sens qui saura vous rassurer ou vous conseiller. Plutôt froid d'apparence, il sera peu démonstratif. Ses marques d'affection seront rares mais surprenantes. Les points faibles du Capricorne : son autorité, une certaine froideur et ses jugements parfois rapides.

Verseau : il passe d'un état d'âme à l'autre. Vis-à-vis de sa famille, il changera plusieurs fois de position tout au long de sa vie. Plutôt sensible, il recherche les grands moments de joie et d'affection avec ses proches. Quand il n'a pas envie de supporter les problèmes de ses frères et sœurs ou les angoisses de ses parents, il prend la fuite et réapparaît quelque temps plus tard. Grâce à ses pensées tournées vers le futur et à son énergie, le Verseau motive et dynamise le clan familial par ses idées et ses projets ; il va toujours de l'avant. Les points faibles du Verseau : son goût de l'indépendance, ses mouvements d'humeur, ses mensonges, histoire de trouver des prétextes.

Poissons : ils occupent une position marginale dans leur famille. Leurs goûts, leur vie, sont souvent à l'opposé de leurs proches. Résultat, ils ont de vraies relations de force avec leur famille. Sensible et affectueux, le natif des Poissons n'aime pas les conflits ni les histoires, il préfère ne pas tout dire ou ne pas livrer ses convictions pour que la paix et la tranquillité règnent avec ses parents. Toujours prêt à rendre service, il fait tout son possible pour aider ses proches dans l'épreuve : il écoute, conseille et trouve toujours une astuce ou une idée qui sauvera la situation. Ses points faibles en famille : parfois trop gentil, il donne beaucoup et reçoit peu. Son indécision, son côté dispersé le rendent parfois difficile à vivre.

L'intuition face à ses amis

Ceux dont nous nous entourons sont des êtres qui nous ressemblent, dont le caractère ou les aptitudes sont proches des nôtres. Je pense que peu nombreux sont les amis avec qui l'on puisse entretenir spontanément une vraie confiance réciproque. Rares sont ceux avec qui on partage de vraies perspectives dans la vie, ceux à qui l'on a envie de tout donner, tout raconter, avec qui l'on veut tout faire : partir, rire... L'amitié est un vrai sentiment d'amour : un sentiment rare, possessif, exclusif, un don de soi-même, un partage d'émotions.

Comment distinguer les vrais amis des faux ? On les reconnaît à l'instinct ; à travers leurs actes, leurs paroles, leurs attitudes envers nous. Quel que soit leur état d'âme, on doit percevoir s'il existe une réelle réciprocité avec eux.

En amitié, on a bien du mal à pardonner. On a soit des relations dont on n'a rien à attendre, soit des amis avec qui existe un rapport privilégié, des gens avec qui nous avons envie de communiquer que l'on aille bien ou non. Le dicton selon lequel « l'on compte ses amis sur les doigts de la main » n'est pas faux. Les amis sont des gens omniprésents dans notre quotidien. On les reconnaît en évaluant ce qu'il peuvent et veulent faire pour nous et ce que l'on est capable ou non de faire pour eux. C'est un calcul auquel il est bon de se livrer et qui nous donnera une évaluation des envies et des désirs réciproques. L'amitié, c'est aussi sentir qu'il y a des épaules sur lesquelles nous pouvons vraiment nous reposer de temps en temps.

Si l'amitié n'est pas avant tout un rapport de partage, c'est une relation banale.

C'est une bonne chose d'écouter l'avis de nos amis, sur notre situation amoureuse, sur nos activités, nos passions, mais on ne doit jamais trop se livrer. Il ne faut pas non plus mélanger le travail et l'amitié.

Ma première assistante était une vieille amie de sept ans ; l'expérience a été dramatique. D'un seul coup notre relation est devenue un rapport faussé, de patron à assistante. Nous ne pouvions plus nous respecter dans ces rôles nouveaux que nous devions jouer au niveau du travail. Cela a fini par ternir notre amitié en retirant toute magie à nos liens. Le travail gâche l'amitié, comme le quotidien abîme l'amour : l'organisation pratique sur un espace de vie dénature les sentiments.

Il faut aussi se méfier de la jalousie de ses amis, des tempéraments envieux qui peuvent tenter de nous miner par des reproches, des critiques, des commentaires pas toujours justifiés. L'intuition doit nous amener à être plus naturels et francs dans nos rapports avec nos amis, surtout quand nous avons quelque chose à leur reprocher. Si un vrai sentiment d'amitié existe, il faut, en cas de ressentiment, jouer à fond la carte de la franchise quitte à froisser l'autre. Même si, sur le moment, cela provoque quelques dégâts, ils se rattrapent toujours. C'est une attitude plus positive que celle de conserver en nous un ressentiment qui finira par abîmer la base du rapport avec notre ami. Il faut constamment remettre son faisceau d'amitié à niveau, pour rester toujours sur des bases saines et évoluer en profondeur.

Tout comme l'amour, l'amitié demande un minimum de stabilité. Elle ne se construit pas en quelques jours. Elle demande un certain temps pour découvrir l'autre et lui donner sa confiance. Les amitiés de longue date sont importantes. Elles créent des repères à l'égal de ceux de la famille. Ceux qui papillonnent entre leurs amis sont aussi ceux qui, à un moment donné, rencontreront la solitude.

Il y a des lois dans les émotions : si l'on reçoit sans donner, cela se retourne contre vous un jour ou l'autre. La notion de solitude est mal exploitée ; on agit trop comme si nos amis étaient indispensables. Les gens qui vivent mal la solitude sont ceux qui possèdent tant de failles qu'ils ne peuvent pas les supporter seuls. Je les connais bien, puisque ce sont ces personnes-là qui remplissent 80 % de mon temps de travail. Des gens qui n'ont ni amis, ni famille à qui se confier pour tenter de trouver une solution.

Vue sous son véritable angle, la solitude n'est pas une situation négative. Je crois même que c'est un état nécessaire à l'intuition, un moment d'analyse de soi ; de ses manques, et de ses besoins. L'intuition, c'est apprendre à mieux se connaître, c'est donc faire avant tout la solitude en soi. Ensuite on doit évoluer à son rythme, en se ménageant des phases de solitude pour se retrouver, faire le point, et respirer. La solitude est un moment de lucidité primordiale, que l'on doit s'accorder plus ou moins longuement en fonction de son caractère et de ses émotions : cela peut être une heure, un mois, dix minutes... Quand les gens sont seuls, ils ont l'impression d'être abandonnés, de s'ennuyer. Notre intuition peut nous aider à nous détacher du système pour vivre sans préjugés cet état de solitude. L'instinct c'est tout, sauf rentrer dans le troupeau, c'est apprendre à retrouver son destin « unique », « son rôle » unique.

Si l'on est apte à bien vivre la solitude, on rayonne ensuite bien plus en société. Mais quand on s'est torturé tout seul, on aura le trac en se retrouvant face à ses amis. On aura peur de dévoiler cette partie de soi-même que l'on n'estime pas. On ne saura plus être spontané, naturel avec eux. La communication sera coupée...

L'étude des atouts et de l'énergie de chaque signe peut vous aider à mieux découvrir les personnages qui évolueront autour de vous : ils deviendront peut-être vos amis.

Le **Bélier** est exigeant dans ses relations amicales, il aime que les autres évoluent au même rythme que lui. Ses relations sont souvent franches, rapides et impulsives. Il est tantôt euphorique car, sous son coup de cœur instantané, se cache une véritable amitié, et tantôt déçu car il n'aura pas assez réfléchi avant d'accorder sa confiance. C'est un des risques majeurs de l'évolution des relations amicales du Bélier.

D'autre part, la fidélité n'est pas toujours son fort. Le Bélier a très souvent besoin de renouveler les visages et les énergies qui l'entourent.

Le **Taureau** n'est pas simple sur le plan amical. Comme d'habitude, il a besoin d'être rassuré pour faire confiance à une nouvelle relation. Le processus de l'amitié évolue lentement chez lui. Il a besoin de ruminer et d'observer les moindres faits et gestes avant de se décider. Cependant, le Taureau est un fidèle en amitié. Il adore se repasser le film du passé et parler des bonnes anecdotes d'hier. Plutôt chaleureux, c'est un ami qui, une fois acquis, ne vous décevra pas ; on peut toujours compter sur son aide et ses judicieux conseils.

Les **Gémeaux** font partie des êtres les plus communicatifs du Zodiaque. Pour eux, pas de problème pour se faire des relations rapidement mais leur principale difficulté réside dans le choix à faire à l'intérieur de leur entourage. Les Gémeaux ne sont pas toujours constants dans leurs amitiés. Passant d'un état d'âme à l'autre, ils sont de véritables caméléons, malgré tout agréables à vivre, grâce à leur bonne humeur et à leur optimisme.

Le **Cancer** a un grand sens de l'amitié, lorsqu'il s'investit dans une relation, c'est généralement pour de bon. Il aime ressentir la présence d'un cocon, d'un groupe d'amis autour de lui. Le Cancer aime conseiller, rassurer et aider ceux qu'il aime. Mais le danger réside dans la réciprocité des sentiments. Comme il donne beaucoup, il devra se méfier tout le temps de ne pas agir dans le vide. Pour lui, les frontières entre amis et famille sont indécises. Il désire que l'harmonie règne entre ses amis car les conflits et les oppositions le déstabilisent au plus haut point.

Le **Lion** a besoin de briller en société. Il aime être admiré et choyé par son entourage. Plutôt instable, sa vie amicale est souvent éparpillée. Avec tact et malice, il retombe sur ses pieds. Ses défauts : les caprices, le chantage affectif qui feront parfois apparaître certaines tensions dans ses relations amicales. Souvent le Lion a besoin d'associer ses amis à ce qu'il produit ou fait dans son activité professionnelle. Il aime ressentir que les autres évoluent et que ce sont des êtres volontaires.

La **Vierge** est difficile dans le choix de ses amis, elle ne se découvre pas dès la première rencontre. Elle a besoin de temps pour partager et créer un lien nouveau. Son sens du détail, ses humeurs changeantes demanderont un peu de patience à ses futurs amis.

La Vierge aime être fascinée par ses proches. Elle a besoin d'être surprise et de ressentir une osmose sur le plan intellectuel ; les idées seront plus importantes que l'apparence.

La **Balance** est plutôt ouverte sur l'extérieur. Elle se pose toujours énormément de questions avant d'offrir son amitié à un inconnu. Elle évalue le pour et le contre, mais parfois les autres n'attendent pas. C'est un trait de caractère que la Balance doit tenter de gérer tout au long de son destin. Lorsqu'elle est en confiance, c'est une amie agréable, sensible, serviable et pleine d'humour. Sa fidélité est aussi un de ses atouts.

Le **Scorpion** est un peu capricieux avec ses amis ; il aime bien qu'ils évoluent dans le sens qu'il veut. Plutôt communicatif et attirant, le Scorpion n'a pas trop de mal à se faire des amis. Cependant, il ne se laisse pas toujours aller vers ce qu'il est vraiment. Il a tendance à jouer un rôle, ce qui peut, avec le temps, rendre certaines relations artificielles. Pour être son ami, il faut le passionner, le fasciner et, surtout, le surprendre.

Le **Sagittaire** n'aime pas partager ses amis. C'est un possessif, fidèle, chaleureux, entier et généreux. Il a tendance à trop analyser le pourquoi et le comment des relations qu'il vit, alors il se perd dans des doutes et des jugements peu fondés. Il ne doit jamais oublier sa spontanéité car le Sagittaire est un « bon vivant » qui a besoin de rire et de s'amuser avec tous ceux qu'il aime, réunis autour de lui.

N'oublions pas que le Sagittaire est le personnage « au grand cœur » du Zodiaque.

Le **Capricorne** fait partie des êtres les plus fidèles en amitié. Il n'a pas toujours un abord facile. Il se réfugie derrière sa carapace avec une certaine froideur mais, lorsqu'on prend le temps de le découvrir, apparaît une grande sensibilité alliée à de la sincérité et de l'honnêteté.

Lorsque le Capricorne donne sa confiance en amitié, il fait un vrai pacte avec celui qui est en face de lui.

Le **Verseau** fait partie des êtres les plus attirants du Zodiaque. Dynamique, positif, il a du mal à savoir ce qu'il veut en amitié. Tantôt rassurant, tantôt déstabilisant, le Verseau est avant tout un indépendant qui fera place aux amis quand bon lui semblera. Il a besoin de protéger sa liberté et de multiplier les contacts nécessaires à son évolution. Généralement charmeur, ses futurs amis mettront du temps avant de connaître réellement la nature des sentiments qu'il éprouve pour eux.

Les **Poissons**, instinctifs et rêveurs, ont des critères de sélection pour se faire des amis. Ils aiment les relations calmes et chaleureuses. Ils ont besoin qu'on les laisse se découvrir petit à petit. Si vous les brusquez, ils repartent immédiatement. De nature généreuse et serviable, le natif des Poissons est un réel allié dans la vie. Ses intuitions et ses conseils seront appréciés, mais ses doutes, ses indécisions lui feront rater quelques amitiés par peur de s'investir à nouveau. Car la sensibilité des Poissons est importante et, lorsqu'ils offrent leur confiance et leur amitié, ils se lancent sans limites. Attention aux retombées.

L'intuition face à la jalousie

Dans un premier temps, notre intuition doit nous aider à repérer qui est jaloux et qui éprouve un sentiment sincère et positif à notre égard.

La jalousie est une attitude négative, envieuse, c'est un reproche, un état de comparaison. La jalousie peut gâcher la vie.

Tout le monde, inconsciemment, est plus ou moins jaloux parce que chacun, dans la vie de tous les jours, est amené à se comparer à tout ce qui l'entoure. La société suscite les comparaisons en créant des classes, des milieux, beaucoup de lieux de différences.

Pour vaincre la jalousie par l'intuition, il faut jouer la carte de l'indifférence. Notre intuition doit nous amener à dominer ce sentiment. Être jaloux de quelqu'un signifie, qu'à un moment donné, on s'est trompé de voie. Il y a alors une relation à analyser en la mettant à plat, parce qu'il y a eu une opposition.

C'est surtout sur le plan affectif que la jalousie peut causer beaucoup de dégâts. Quoique, professionnellement, elle puisse générer des problèmes, mais à plus long terme, car c'est un sentiment plus facile à dominer, sauf si vous avez affaire à un acharné qui veut saborder votre carrière. S'il y parvient, d'ailleurs, c'est qu'il est un cas d'exception, ou que votre situation était trop fragile. Car la jalousie est un sentiment impulsif, en général provoqué par l'attitude de l'autre.

En amour, la jalousie est beaucoup plus problématique, lourde, difficile et variable. Il existe la jalousie éphémère : un homme vous regarde et cela rend votre partenaire hystérique. Il s'agit là d'une jalousie spontanée et (à la limite) agréable. Mais la jalousie peut devenir maladive : elle se manifeste chez des gens qui ont un vrai problème psychologique de communication. Ils se cantonnent à un état négatif, dans la méchanceté et la médiocrité. Dans ces cas-là, une seule solution : faire le point en psychanalyse.

La jalousie est un débordement sur l'autre qui peut être dangereux. Ce qui me surprend, c'est la jalousie non motivée. Elle peut avoir ses raisons, mais on a parfois du mal à comprendre pourquoi on attire sur soi tant de haine. Il est vrai que la jalousie est parfois fondée sur des choses infiniment légères, ambiguës, sur des images, des cinémas que les gens se font. Elle est comme un venin gratuit qui se doit de sortir.

Nous sommes tous jaloux ; c'est un peu comme si nous étions des piles électriques, avec un pôle positif et un pôle négatif. C'est le côté un peu bancal de la vie, comme si chacun était obligé de se comparer, de s'identifier.

La jalousie va *a contrario* de l'intuition. C'est un sentiment à tenter d'oublier ou de calmer en aimant davantage les autres. L'intuition, c'est apprendre à entretenir de meilleures relations de partage, à être plus proche des envies des autres. Être jaloux, c'est condamner et juger tout de suite. La jalousie est une façade qui peut cacher un bon ou un mauvais sentiment. Elle peut aussi cacher un message d'amour, une grande possessivité. Mais avons-nous un droit de propriété sur notre partenaire ? Cela me paraît un peu excessif !

Il ne faut pas mettre sous cloche celui qu'on aime. Avoir de l'intuition, c'est aussi laisser respirer son conjoint, arriver à créer avec lui un vrai sentiment de confiance, pour éviter ce problème de la possessivité. La jalousie peut détériorer un amour en imposant un calvaire à l'autre, parce que l'on s'inquiète dès qu'il a une heure de retard. En sachant vraiment pourquoi l'on est aussi possessif, on peut éviter d'atteindre cette situation extrême qui tue le bonheur d'être à deux...

Comment réagit votre signe face à la jalousie ?

Chacun de nous envie, à un moment, ce que possède l'autre ou ce qu'il est. La vie crée des situations de comparaison entre les hommes (les classes sociales, l'intelligence, le physique, etc.). Chaque être est unique et, dans la différence, peut naître la jalousie.

A l'inverse, dans la vie de tous les jours, nous sommes parfois victimes de la jalousie des autres ; fondée ou non. Elle nous agresse et nous déstabilise, elle crée des tensions et envenime les relations.

Pour mieux cerner la jalousie de chacun, découvrons ensemble les réactions des douze signes astrologiques.

Le **Bélier** est un passionné mais aussi un indépendant dans sa vie de tous les jours. Il ne s'occupe pas trop de ce que font les autres; résultat : ce n'est pas un vrai jaloux sur le plan professionnel ou des affaires. Cependant, dès que l'on touche sa vie privée, le Bélier n'est plus le même, il est alors possessif, entier et exclusif. Il aime ressentir un lien privilégié avec celui ou celle qu'il aime. Sa jalousie est féroce, son impulsivité et ses coups de tête en seront la meilleure démonstration.

Le Bélier est tenace; lorsqu'il a une idée en tête, il ne la quitte pas. Le fruit de sa jalousie peut donc occuper ses pensées très longtemps.

Le **Taureau** est entier et possessif, c'est un signe qui aime le concret, les liens forts et rassurants. Sur le plan professionnel, le Taureau aime se comparer aux autres et méditer sur la stratégie de son voisin, ce qui le rend parfois envieux et critique. Ses remarques seront inattendues et violentes. Le Taureau veut toujours plus dans son évolution. Il aura du mal à accepter les réussites des autres. Sa mémoire est importante, il n'oublie rien: crises de jalousie et conflits, tout est inscrit. En amour, il n'est pas simple. Là aussi, sa possessivité lui joue des tours ; il a envie de ressentir qu'il possède son partenaire. Attention aux scènes! En cas de conflit, le Taureau démarrera au quart de tour.

Les **Gémeaux** ne sont pas de vrais jaloux, c'est un signe ouvert aux autres dont les pensées sont positives envers l'entourage. Comme il s'adapte à presque tout, le natif des Gémeaux ne s'attarde pas sur les différences ni les comparaisons. Il est lui-même vif, chaleureux et efficace, il n'a pas envie de se compliquer la vie. Sur le plan professionnel, il est attaché à l'équipe. Ses relations avec l'extérieur sont nombreuses, il s'épanouit donc pleinement, au milieu des différents caractères et des sensibilités qui l'entourent. Sur le plan affectif, les Gémeaux se dédoublent, ce qui ne les rend pas vraiment jaloux. Ils ont besoin de stabilité et d'aventures. Ce qui compte pour eux, avant tout, c'est d'élargir en permanence le cercle de leurs relations. Si parfois ils venaient à être un peu jaloux, ils ne le seraient que par crises brèves et sans conséquences.

Le **Cancer**, sensible et tranquille, aime bien ramener les choses à lui ou à son noyau familial. C'est un vrai jaloux. Comme bon nombre de personnes, il a du mal à le reconnaître et à l'avouer. Le Cancer évolue généralement dans son « clan », entre ses habitudes et ses repères. Il a besoin d'être au courant de tout et de se sentir concerné par ce qui se passe autour de lui ; sinon, c'est la crise de jalousie. Sur le plan professionnel, il a la même attitude, sa curiosité le rend jaloux. Comme il est généreux, le Cancer pourra tempérer au fil du temps son comportement. Sur le plan des amours, il souhaite materner et entourer les siens ; gare à celui qui viendra se mêler de ce qu'il vit.

Le **Lion**, dominateur et orgueilleux, est jaloux, il n'aime pas que l'on marche sur ses plates-bandes. Ses crises de jalousie sont fortes, spontanées et quasi permanentes. Il aime contrôler et maîtriser sa situation dans le moindre détail. Sur le plan professionnel, le Lion a de l'ambition, il est attiré par l'argent et le luxe, ce qui le rend parfois envieux de ce que possèdent les autres. Au travail, il ne délègue pas les responsabilités, il veut tout accomplir, de peur d'être oublié ou éloigné de l'action.

En amour, que ce soit avec ses amis ou son partenaire, le Lion entretient des relations fortes et passionnées.

Sa possessivité est importante et il rugira dès

que vous approcherez de trop près un être auquel il tient.

Vierge : plutôt discrète, elle cache bien son jeu. Sa jalousie est silencieuse mais perverse, elle ne vous l'avouera jamais, mais vous la fera ressentir par des moyens détournés (des remarques inattendues, des actes surprenants). Très attachée au matériel, la Vierge sera vite jalouse du capital de ceux qui sont en face d'elle. Comme elle est têtue, elle entretiendra un climat de compétition dans son activité professionnelle, histoire de montrer de quoi elle est capable. Ce comportement éveillera automatiquement, autour d'elle, un sentiment de jalousie. En amour, elle cachera encore plus ce sentiment de peur d'affronter les oppositions. Elle est possessive, exclusive, entière et même pointilleuse. C'est au fil du temps que son entourage découvrira sa jalousie. Lorsqu'elle est en crise, la Vierge ira jusqu'au bout de son envie d'abîmer ou de détruire ceux qui la gênent ou qu'elle n'aime pas.

La **Balance** est un signe généreux, qui aime le partage et la découverte des autres. Même s'il lui arrive d'être désinvolte ou trop indépendante, la Balance n'est pas un signe jaloux. Sur le plan professionnel, elle a besoin de se sentir soutenue. Elle favorise les associations, les duos, et multiplie les accords avec les autres, ce qui la rend agréable à vivre. Sur le plan sentimental, la tendance est un peu plus prononcée : il lui arrivera d'avoir quelques crises mais sans trop de dégâts. N'oublions pas que la Balance est sentimentale, que ses amours tiennent une place importante dans sa vie. Lorsqu'elle vit une histoire, elle s'y investit corps et âme au risque d'en devenir possessive.

Le **Scorpion** est jaloux, il évolue vite dans tout ce qu'il fait, il ne veut pas s'embarrasser la vie avec des gens qui pourraient le gêner dans son évolution. Il se méfie, il analyse tous les rapports qu'il entretient avec l'extérieur ce qui l'amène dans un premier temps à chasser les jalousies qui pourraient planer autour de lui. Ensuite, il pourra découvrir certaines personnes dont il sera lui-même jaloux. Le Scorpion est un gagnant dans son travail. Il n'a pas envie qu'on le dépasse, alors il attaque avec toutes ses armes et son côté destructeur. Méfiez-vous de lui, à ce moment-là, car il sera prêt à tout. Sur le plan des amours, le Scorpion est possessif et intransigeant. Si vous le gênez, il ne fera pas le détail. Ne lui racontez pas trop ce que vous vivez car sa jalousie maladive ne le rendra pas objectif.

Le **Sagittaire** est généreux, disponible, entier et sensible. Ce n'est pas un grand jaloux. Il aime être entouré et se faire remarquer en société. Ses relations avec les autres sont généralement positives. Très actif sur le plan professionnel, il a le sens de l'équipe.

Comme il a le cœur sur la main, il n'a pas à envier ce que possèdent les autres. Ce n'est que sur le plan des amours que sa possessivité légendaire se fera ressentir. Attention à son impulsivité, si vous le trompez ou si vous agissez à son insu. Le Sagittaire a besoin d'être au courant de tout ce que fait celui ou celle qu'il aime. C'est la rançon de l'amour avec le Sagittaire. Dites-vous qu'il ne vous laissera pas tranquille car, sans arrêt, il vous posera des questions, histoire de vérifier si la confiance règne toujours.

Capricorne : solitaire, exigeant et direct. Le Capricorne est jaloux, il est attiré par la compétition et les comparaisons, il aime les honneurs et les distinctions, ce qui peut vite créer des différences avec ceux qui l'entourent. Lorsqu'il est en crise et qu'il veut manifester son sentiment de jalousie, il change complètement de comportement ; il devient agressif, impulsif, il n'a plus de limites. Sa jalousie sera souvent prétexte à faire passer tout ce qu'il a sur le cœur. Au travail, le Capricorne a une stratégie autonome, il n'a pas envie de partager, il se défend et ne pense qu'à l'objectif qu'il s'est fixé.

Si vous le dépassez et que votre réussite est plus grande que la sienne, il pourra chercher des moyens pour vous freiner. C'est un adversaire difficile. En amour, il ne veut pas s'avouer jaloux, comme si ce sentiment était trop léger pour lui. Il fera donc ressentir son mécontentement étape par étape. En camouflant sa jalousie, il cherchera d'autres motifs, histoire de se donner une raison.

Le **Verseau**, communicatif et agréable en société, n'est pas d'un naturel jaloux. Il aime la nature humaine et en découvrir les atouts. C'est un signe positif qui a le sens de l'équipe et du partage ; il souhaite le bien de ses proches. Comme il a toujours une longueur d'avance, il aime motiver et aider ses proches dans la réalisation de leurs projets et ne sera pas jaloux de leur réussite. Sur le plan professionnel, le Verseau encourage aussi ses collaborateurs, il a besoin d'associer sa sensibilité et les idées des autres aux siennes pour évoluer. Le Verseau est toujours prêt à rencontrer de nouvelles personnes, à approcher de nouveaux domaines. Pour lui, les éléments et les forces de l'extérieur peuvent être des compléments. Sur le plan affectif, il est plutôt instable et même parfois léger, ce qui ne l'empêche pas d'accéder à des époques d'équilibre sans pour autant tomber dans les pièges de la jalousie. En famille, comme avec son partenaire, le Verseau est tolérant.

Les **Poissons !** Hypersensibles et intuitifs, ils sont jaloux. Comme beaucoup, ils tentent de masquer cette facette de leur personnalité. Lorsqu'ils s'investissent dans une relation quelle qu'elle soit, ils essayent d'y installer un sentiment exclusif. D'où une jalousie inconsciente qu'ils développeront tout d'abord sur le plan professionnel. Mais ce sentiment ne les animera que sur une courte durée. En amour, le natif des Poissons est un être passionné et entier. Il est possessif à sa manière, même s'il joue l'indépendant qui laisse le maximum de liberté à son partenaire. Il a sa stratégie pour tout contrôler et tout savoir : vous pourrez vite ressentir cette attitude en observant ses réactions. Certaines de ses prises de position contiendront souvent un message, car c'est un jaloux au second degré. A vous de chercher où il la place pour éviter les conflits.

L'intuition face à la critique

Comment se positionner face à un sentiment impulsif et direct ?

Tous, un jour ou l'autre, nous avons affaire à des gens qui nous jettent à la figure nos quatre vérités, qui nous oppressent. Je n'ai pas l'impression qu'actuellement nous traversions une grande époque de gentillesse et de solidarité, même si ces mots à la mode sont ceux qui reviennent dans bon nombre de discours idéologiques et politiques. Apparemment, nous avons du mal à les mettre en pratique au quotidien.

Quand, subitement, il nous faut affronter tout ce négatif qui nous est jeté au visage, l'instinct doit d'abord nous aider à savoir pourquoi l'interlocuteur a été amené à nous dire nos quatre vérités, hypocritement ou franchement. Il faut réagir rapidement pour percevoir la raison de ces insultes. Quand on se fait injurier ou couvrir de reproches, on a toujours une première impression. C'est cette première intuition qui est la bonne. Si on réfléchit longuement sur le pourquoi d'une telle agression, on risque de s'enfoncer dans le négatif en cherchant des rapports de cause à effet trop compliqués qui risquent de noircir le tableau. La meilleure solution est de rester indifférent. Le désir de vengeance ne résoudra rien. Les gens qui entretiennent leur haine pendant des années et qui, subitement, vous livrent un flot de venin, sont des cas pathologiques que l'on repère vite et dont il faut se tenir à l'écart. On doit essayer ensuite de renouer le dialogue pour comprendre le pourquoi de ces reproches et s'ils étaient fondés. Une brève remise en question peut être provoquée par cette agression et nous permettre d'extérioriser un état d'âme que l'on a du mal à communiquer. C'est une faille intéressante à étudier spontanément.

Un sentiment impulsif à votre égard n'est pas forcément méchant ou malsain. Il faut le rendre positif en comprenant ses tenants et aboutissants sans orgueil ni amour-propre. Il faut essayer de ne pas réagir à la violence par la violence. C'est un bon moyen de vérifier la nature du rapport que vous entretenez avec l'autre et l'estime qu'il a pour vous. Une relation où se dessine ce type de réaction est plus saine qu'une situation où l'interlocuteur n'éprouve aucun ressentiment : un rapport sans aucune intensité est ce qu'on peut imaginer de pire ! (En général, il s'agit de gens qui ont un problème avec eux-mêmes.)

Il faut bien faire la distinction entre l'agression gratuite — dans la rue, par exemple, parce que vous avez tourné à droite plutôt qu'à gauche — et les réprimandes d'un collaborateur de travail qui vous dit subitement : « Il y en a marre que tu agisses ainsi... » Pourquoi est-il, à ce moment donné, amené à réagir ? Le problème vient-il de lui ou de vous ?

C'est une sorte de petit examen de contrôle des

relations, et puis c'est la vie aussi. L'énergie dégagée dans la confrontation des choses et le rapport de forces fait avancer : c'est nécessaire, cela fait circuler le sang !

Et puis, il ne faut surtout pas se freiner dans son évolution sentimentale ou professionnelle, ne pas se bloquer à cause d'un reproche ou d'un commentaire désobligeant, donc ne pas rester sur un ressentiment, se dire que l'on est un pauvre type, se culpabiliser et ne plus rien faire. Il y a des gens qui, au cours de l'enfance, de l'adolescence, ou au moment de leur premier amour, sont restés coincés par une attitude de leur père, mère, amant ou patron. Ils ont été cassés, culpabilisés, frustrés. D'où l'intérêt de réagir vite et de saisir au vol pourquoi on vous traite de cette façon.

Chaque signe érige son propre système de défense quand on lui dit ses quatre vérités.

Bélier : nerveux, direct et intransigeant. Il n'aime pas trop qu'on lui dise franchement ce que l'on pense de lui. Il préfère que, par des moyens détournés, on le flatte pour faire passer quelques remarques judicieuses. Le Bélier a énormément d'orgueil, il n'aime pas reconnaître ses torts et ne se livre à ce type d'analyse que dans son milieu intime, un terrain de confiance. Attention ! Car, parfois, le Bélier est rancunier, il enregistre ce que vous lui dites et vous le ressortira un jour ou l'autre.

Taureau : n'aime pas trop affronter les commentaires et les remarques. Sa sensibilité à fleur de peau le rend susceptible et il ne veut en aucun cas accepter ce qu'on lui dit. D'un seul coup, le Taureau sort de ses gonds, trépigne, s'énerve et son impulsivité lui joue alors des tours. La rancune fait aussi partie de ses réactions. Le Taureau possède une mémoire extraordinaire de ce qu'on lui a fait passer comme message. Cela dit, il enregistre. Même s'il ne veut pas reconnaître la vérité des propos que l'on tient sur lui, il en tiendra compte en coulisses.

Gémeaux : plutôt beau joueur, le natif des Gémeaux est l'un des personnages les plus communicatifs du Zodiaque. Il pose les armes dès le début de la conversation et écoute les compliments comme les reproches. Il en faut beaucoup pour le déstabiliser et l'énerver. Il se protège car c'est un instable dans ses relations. Sa politique est généralement « qu'on l'accepte tel qu'il est, sinon il va voir ailleurs ». Son sens de l'adaptation lui facilite beaucoup la tâche. Lorsqu'il est piqué au vif, il fait l'autruche.

Cancer : sensible et susceptible, il réagit mal face aux commentaires et aux agressions verbales extérieures. Le Cancer n'aime pas que l'on vienne le déranger dans son organisation ni que l'on perturbe ses rapports avec les autres. Il peut être agressif en retour. Dès que l'on touche une faille ou un point sensible de son caractère, il se rebiffe, s'emporte et sera prêt à dire n'importe quoi pour se défendre, quitte à le regretter après. Le Cancer digère difficilement ce type de situation directe et souvent violente. Il a besoin de douceur, de formes et de chaleur.

Lion : méfiez-vous du Lion à qui vous dites franchement ses quatre vérités. Ses réactions seront impulsives, violentes et définitives. Le Lion a horreur que l'on se permette de le critiquer, car il aime trop dominer la situation.

Son orgueil est immense et il préfère qu'on lui flatte la crinière dans le sens du poil. Lorsqu'il est attaqué, le Lion trouvera tous les prétextes pour se montrer agressif, négatif ou malin ; il sera alors un adversaire redoutable. Dans le combat, il possède beaucoup d'énergie.

Vierge : calme et renfermée, la Vierge n'apprécie guère que l'on vienne commenter le fond de sa personnalité. Elle préfère que l'on se contente de l'image qu'elle dégage, mais surtout que l'on ne vienne pas l'ennuyer avec des reproches fondés sur ce qu'il ou elle est dans la vie. La Vierge est très susceptible : ses réactions seront incisives et froides et elle trouvera toujours les mots pour vous renvoyer la politesse et vous toucher à votre tour. Elle peut donc être redoutable tout en gardant un ton très courtois.

Balance : parfois la Balance fait celle qui ne comprend pas ce qu'on lui dit. Elle a l'art et la manière d'éviter le problème en se plongeant dans ses pensées et en faisant celle qui est dans la lune, loin des oppositions de la vie. Son hypersensibilité la pousse très vite à se protéger des remarques de l'extérieur. La Balance n'aime pas affronter la vérité. Elle a encore plus besoin que tout autre de motivations et d'idéal pour avancer.

Si on lui fait prendre conscience des valeurs négatives et positives qu'elle possède, elle aura à coup sûr un moment de flottement, d'indécision, et une brève remise en question.

Scorpion : attention ! Danger Lorsque l'on s'adresse à un Scorpion pour lui « dresser son portrait », généralement tendu, froid, agressif, violent et destructeur, le Scorpion ne restera pas sans réactions ni sans défense. Attendez-vous à ce qu'il vous attaque immédiatement en vous expliquant que de toute manière vous êtes pire que lui. Si vous le touchez vraiment à vif, il peut y avoir conflit, rupture, et beaucoup de négatif de sa part. Il est préférable de réfléchir à deux fois avant de lui dire ses quatre vérités.

Sagittaire : généreux et ouvert aux autres, le Sagittaire accepte tant bien que mal la critique. Tout d'abord il reçoit le message, puis il le dissèque, l'analyse avant de réagir, surtout si vos remarques ont un lien avec le monde affectif, si important à ses yeux. Sur le reste de sa vie, il sera moins tenace et ses réactions seront plus tempérées. Ne touchez cependant pas trop à ses amours, ou alors faites-le avec des gants car c'est un impulsif, ne l'oubliez pas !

Capricorne : dur, froid et cérébral, le Capricorne n'aime pas que l'on vienne se mêler de sa vie ou que l'on se permette de lui faire des remarques sur sa personnalité. Il aime dominer la situation et préserver son indépendance. Il a de l'orgueil et un sens de la repartie qui, dans ce cas de figure, sera très efficace pour limiter les dégâts des vérités qu'on pourra lui avancer.

Verseau : il aime qu'on parle de lui et qu'on lui dise franchement ce que l'on pense de lui et de ce qu'il fait. Toujours très attaché à son évolution personnelle, le Verseau pense généralement que les critiques sont des atouts supplémentaires pour avancer, au travail comme à la maison. De nature sensible et cyclique, il faudra seulement trouver le bon jour ou le moment pour lui faire passer le message ; car ses humeurs sont variables et, dans ses « jours noirs », attendez-vous à ce que le Verseau vous envoie tout simplement balader.

Poissons : toute parole et tout commentaire sur leur personnalité seront enregistrés. Le signe des Poissons garde tout en mémoire, il analyse, décrypte ce que les autres lui disent. Il a énormément besoin de savoir quel est le reflet de son image sur son entourage. Sa sensibilité est énorme. Il ressentira instinctivement le sentiment qui se cache derrière les vérités annoncées, ce qui lui permettra vite de faire la part des choses.

L'intuition et la passion dans son travail

Combien de gens vous disent : « J'aurais aimé être peintre, sculpteur, musicien... » Ces personnes ont le sentiment d'être passées à côté de leur destin et de la réalité de leur vie. Comment retrouver, grâce à son intuition, le vrai fil conducteur de sa passion par rapport à son travail ?

Prenons l'exemple d'une femme qui exécute un travail machinal depuis des années et qui, d'un seul coup, veut se consacrer à sa passion favorite. Elle peut commencer par approcher cette activité en parallèle, en en faisant un hobby, pour voir comment elle réagit dans ce domaine.

Certaines passions sont jouables, d'autres non, parce qu'il y a une loi de l'offre et de la demande qui impose que nos activités aient un minimum de finalité monnayable.

Vivre sa passion avec une base de sécurité, c'est déjà voir ce qu'elle donne en tant qu'activité parallèle. On peut ensuite passer à l'acte en quittant progressivement son travail pour s'adonner à sa passion et voir si, grâce à elle, on est capable de gagner sa vie. On doit réfléchir aux opportunités, aux stratégies à mener pour arriver à développer pleinement sa passion.

Au départ, chacun possède un talent créatif, un sens créatif que l'on exprime simplement dans son art de vivre, de comprendre, d'aimer, dans sa façon de s'habiller... bref, une approche des couleurs, des formes, et des matériaux. L'art est tout autour de nous et nous avons tous un besoin esthétique important. En se consacrant à sa passion, on va donner aux autres le fruit des dons qui sont en nous. C'est plus dur à assumer qu'un simple travail. Il va être obligatoire de se responsabiliser parce que le résultat sera dur à supporter. C'est un processus indépendant. S'adonner à sa passion demande un investissement personnel beaucoup plus important qu'un travail ordinaire. On doit vivre entièrement pour elle. La période idéale pour développer l'expression créatrice que l'on porte en soi et en faire son futur métier, c'est l'enfance. Si vous avez des enfants, il faut les laisser développer leurs pulsions et aller vers le thème qu'ils chérissent le plus, ne pas les refréner par l'intermédiaire des structures classiques de l'éducation, pour voir s'ils iront jusqu'au bout. C'est un beau pari. Il faut savoir qu'il y a peu d'élus, peu de réussites durables, peu de grands talents reconnus et que cela tient à un charisme personnel, à une accumulation de facteurs qui font que l'on décollera ou non à un certain moment.

Il existe deux cas de figure : soit on fait un travail classique et, en parallèle, on a des passions, des loisirs que l'on cultive à l'extérieur, soit l'on vit une vraie passion dans laquelle on s'investit totalement, sans autres hobbies. Car si on veut réussir dans sa passion, elle doit devenir l'état d'âme numéro un, du matin au soir. C'est un choix de vie qu'il faut être apte à assumer jusqu'au bout. Il s'agit d'une question de ténacité personnelle, d'un mariage spontané qui se fait avec sa passion. Il n'y a pas de juste milieu. Il faut souhaiter qu'il y ait plus de gens qui arrivent à passer d'une vie moyenne et organisée à une libre expression de leur talent. Bien sûr, cela nécessite une accumulation d'opportunités, de contacts et de relations. Car je ne crois pas qu'il y ait de hasard. C'est notre volonté et nos désirs qui vont nous amener à entrer en contact avec un milieu ambiant favorable à l'expression de nos capacités. Il faut alors confronter son talent aux autres, voir s'il est reconnu. La question n'est plus de savoir si notre patron est content de notre travail, mais si l'ensemble de la société va apprécier notre don, et si nous sommes vraiment à l'aise dans notre art. La barre est fixée beaucoup plus haut. Il est tellement plus simple de plaire à son patron qu'à un ensemble d'individus ! Tout le monde ne peut pas être Picasso ou Proust. Il faut relativiser les choses. L'on peut très bien créer dans son coin et être épanoui, en livrant aux autres un sentiment, en libérant une pulsion et en améliorant son état et son équilibre intérieur, en se prouvant ses limites et ses capacités. En créant, on se surprend et, en même temps, on se découvre. Cela nous amène à nous dépasser, à évoluer, à nous enrichir et à développer une vraie grandeur d'âme. Prendre conscience de son talent créatif, c'est aussi s'interroger sur sa communication avec l'autre. Le talent créatif, ce peut être aussi d'aller aider son ami quand il va mal, de l'écouter et le comprendre, ou de décorer son appartement pour se créer un cadre de vie plus sympathique ! Cela peut être mille choses simples. Créer, ce n'est pas forcément laisser une trace immortelle.

Les artistes sont doués d'un talent intuitif plus développé au départ que les autres. Ils ont le talent de sentir un concept qui va plaire à tout le monde. Ils ont le sentiment, avant l'heure, de ce qui aura le bon rayonnement dans l'espace à venir.

En tout cas, le fait d'ajouter un « plus » créatif à sa vie professionnelle peut amener un exercice spontané de son intuition.

Analysons les atouts et les points faibles des signes astrologiques pour, peut-être, mieux vivre notre travail au quotidien.

Pour être productif et se donner les moyens d'avancer, il faut de la force et de l'énergie, comme celle du **Sagittaire**, qui est enthousiaste, intuitif et indépendant au travail.

Les natifs du Sagittaire sont souvent attirés par les activités où il y a du rythme, dans lesquelles ils peuvent bouger, voyager. Le contact avec une clientèle est primordial. Ils sont attirés par le risque, le commerce et des activités physiques comme le sport de haut niveau.

Le **Bélier**, lui non plus, n'est pas un calme ; c'est un personnage courageux, ambitieux, ayant l'esprit d'entreprise. Son grand défaut réside dans son impulsivité et ses coups de tête irréfléchis qui parfois le plongent dans le désarroi le plus complet. Le Bélier est très rapide dans tout ce qu'il réalise au travail, il a souvent des idées très personnelles qui mettent en relief son besoin d'indépendance. Il est attiré par les affaires, la publicité, etc. Des activités où il a de l'initiative. Il aime diriger, contrairement à la **Balance** qui a besoin d'évoluer dans un contexte de travail raffiné.

Celle-ci a besoin de s'extérioriser à travers des domaines artistiques, tout en étant très attachée au respect de la justice. Le social aussi attire ceux nés sous le signe de la Balance, avec des métiers comportant une recherche intellectuelle ou artistique.

Les **Gémeaux** ont besoin d'une activité où les contacts avec l'extérieur seront nombreux. Ils sont adaptables, ingénieux, ils aiment faire profiter les autres de leur savoir et de leurs connaissances. Les Gémeaux sont généralement attirés par des métiers d'intermédiaire comme représentant, journaliste, interprète...

De la même manière, ceux nés sous le signe du **Cancer** ont besoin de contact. Ils aiment cependant travailler chez eux, ou pour eux, s'ils le peuvent. Ils sont sensibles et bons, ils aiment aider et soulager leur prochain tout en faisant leur métier.

Dans un autre registre il y a les « grands travailleurs du Zodiaque » comme la **Vierge** : appliquée, concentrée, elle a le sens du détail et l'esprit pratique.

La Vierge travaille en profondeur, dans des secteurs professionnels comme la mécanique, le commerce de détail, la médecine, etc. Le **Capricorne**, lui, est très responsable. Il aime les hautes fonctions, les honneurs, sa carrière est parfois difficile mais il est très persévérant et réalise de grandes ambitions. Le Capricorne est organisé, il travaille avec méthode et sérieux.

Le **Taureau** n'a pas peur, lui non plus, des tâches difficiles. Véritable battant, il évolue à son rythme dans des secteurs où l'émotion, la création et les rapports humains sont importants. Le Taureau est attiré par les postes de confiance.

Certains natifs du Taureau sont attachés à la terre, à la nature et les autres sont inspirés par Vénus, leur planète maîtresse, qui leur donne un rayonnement artistique dans le chant, la peinture, etc. Comme le Capricorne, le Taureau est un matérialiste ! Au travail, il y a ceux qui n'ont peur de rien et qui sont prêts à tout tenter pour avancer, comme le **Scorpion**, lié aux emplois dangereux, aux métiers où règne une tension permanente. Ils aiment donner aux autres, à condition d'apprendre ou de découvrir quelque chose au moment de l'échange.

Le Scorpion travaille en profondeur, il a besoin d'une grande reconnaissance de l'extérieur dans ce qu'il fait comme le **Lion** qui exerce des professions pouvant l'amener à la gloire et au renom. Ceux nés sous le signe du Lion sont à la recherche du beau et de l'esthétique au travail. Ils aiment les métiers concernant le domaine artistique. Ils sont énergiques, volontaires et courageux. Ce sont de bons organisateurs et de bons entrepreneurs.

Pour terminer, il y a les inspirés et les rêveurs du Zodiaque comme le **Verseau**, qui est attiré par les professions en rapport avec la culture humaine. C'est un inventeur ; ses idées sont lumineuses. Il est généralement dans des secteurs proches de l'avant-garde.

Enfin les **Poissons**, adaptables, sensibles, ont l'esprit de sacrifice dans leur travail. Ils sont très communicatifs mais exigeants dans leurs relations professionnelles. Leur imagination et leur intuition sont deux atouts forts tout au long de leur carrière.

L'intuition face au chômage

Que faire quand on se trouve au chômage ? Quand on vous dit subitement : « On n'a plus besoin de vous » ?

Le chômage n'est pas quelque chose que l'on provoque, c'est en général un état violemment imposé. On est alors vexé, déçu, triste et inquiet. La base matérielle de notre vie : l'argent, qui nous permettait d'avoir un minimum de confort, n'est plus là. Il faut s'interroger immédiatement sur les causes et les conditions qui nous ont amené à cette situation ; est-ce que cela vient de l'insatisfaction de notre patron, ou de la conjoncture économique qui fait que la société dans laquelle on travaille est obligée de fermer ? Était-on à la hauteur ?

Le chômage est une réaction impulsive et on doit en retour réagir spontanément en se posant toutes les questions nécessaires pour sentir la raison de son licenciement. Il ne faut pas perdre de temps et lutter contre cette sorte de gangrène. Dès que l'on est au chômage, il y a deux solutions ; soit on retrouve un travail immédiatement, et on se repositionne rapidement sur l'échiquier de la société, soit on reste dans le processus du chômage : on se fait alors prendre en charge par l'État en attendant de trouver du travail. Il ne faut pas négliger le fait que nous sommes dans une époque où il faut suivre l'évolution technologique rapide. On doit rester à l'écoute du système dans lequel on est et chercher à se recycler en reprenant une formation qui nous permettra de retrouver un emploi plutôt que de baisser les bras en restant sur le bas-côté de la société.

Je me demande si l'aide au chômage est une chose bénéfique. Je pense que l'on devrait plutôt aider les gens au départ, de façon plus personnelle, mais dans un temps plus court. Il faudrait qu'il y ait, dans chaque ANPE, un psychologue et un chargé d'orientation qui fassent prendre conscience aux chômeurs des possibilités de réadaptation. Le problème, souvent, c'est que les gens ne veulent pas changer et évoluer, déménager ou se déplacer. Heureusement, il y en a certains pour qui le chômage va provoquer un électrochoc qui les conduira à créer leur propre structure d'activité.

Il ne faut pas faire du chômage un drame, même si l'on n'a plus l'impression d'exister momentanément.

Le chômage peut déclencher des dépressions, des maladies. Cela arrive en général à des gens qui ont un autre problème au départ. J'ai l'impression que certains, par un plaisir inconscient, s'enfoncent dans leur situation en se surchargeant à ce moment-là de dettes supplémentaires ou en continuant à faire des enfants.

Et puis, il y a ceux qui prennent le temps du chômage comme une récréation aux frais de l'État. C'est pire que du vandalisme, c'est un abus de confiance, une malhonnêteté intellectuelle, un mauvais rayonnement de l'âme. Je comprends que l'on puisse en profiter quelques mois parce que l'on va mal, qu'on a besoin de laisser passer l'orage, mais que l'on se vante de cela pendant une longue période, comme beaucoup le font, c'est inadmissible. Je pense que, quand on veut vraiment travailler, on le peut, même si on ne trouve pas immédiatement quelque chose de très émoustillant. Trop de gens n'ont pas vraiment envie de retrouver du travail. Ces personnes auraient vraiment besoin d'une aide psychologique, parce qu'elles ont en réalité un problème profond d'identité quant au rôle qu'elles ont à jouer. Je rencontre de moins en moins de gens qui croient vraiment à ce qu'ils font, sans penser uniquement à l'argent. De plus en plus, c'est leur unique motivation. C'est tellement décevant ! Travailler, bien sûr, c'est gagner de l'argent mais, en contrepartie, pour trouver l'équilibre dans son métier il faut s'accrocher, s'investir. On ne met pas assez en valeur le modèle des gens fascinants qui suivent un parcours exemplaire. On ne se réfère pas assez à ces personnalités-là et c'est dommage. Je crois aussi qu'il y a un problème de vérité par rapport à la vie parce que l'on nous fournit souvent des modèles trop loin de notre réalité.

L'idéal, ce serait que nous ayons tous, à un moment donné, l'envie d'égayer notre parcours et notre destin en cherchant à nous épanouir vraiment dans notre travail.

Essayons de trouver les occupations favorisées par votre signe du Zodiaque.

Bélier : les activités plus ou moins indépendantes, dans lesquelles le Bélier pourra prouver sa force, son besoin d'action et d'initiative telles que : postes de responsabilités, contremaîtres, chefs dans tous secteurs, hommes d'affaires énergiques, agents de publicité, dessinateurs, ainsi que certaines activités commerciales... Mais attention à la gestion et aux chiffres avec lesquels le Bélier rencontrera quelques oppositions.

Taureau : il a du mal à changer d'activité professionnelle et à laisser tomber ses bonnes habitudes du passé ; il est généralement attiré par les travaux concrets, les œuvres de patience et d'endurance, les postes de confiance. Sa sensibilité et son sens de l'esthétique favorisent des métiers tels qu'artiste, peintre, chanteur, sculpteur, agriculteur, des métiers en rapport avec la nature (jardinier, horticulteur, paysagiste), ou la finance (banquier, agent de change) ou, dans un tout autre domaine, des activités telles que maçon, architecte...

Gémeaux : ils aiment les métiers de contact, d'intermédiaire, les emplois subalternes et changeants. Leurs occupations les plus favorables sont : voyageur et représentant de commerce, écrivain, homme de plume, journaliste, attaché de presse, démarcheur. Les Gémeaux ont besoin continuellement de renouveler leurs relations et les contacts qui évoluent autour d'eux au travail.

Cancer : il aime lui aussi le contact avec le public, le commerce sous toutes ses formes, les métiers proches des enfants. Certaines femmes Cancer éprouvent le besoin de travailler pour elles, ou chez elles, dans des activités sociales, à l'écoute de ceux qui sont dans l'epreuve ou dans le besoin. La sensibilité et la psychologie du Cancer peuvent parfois rendre de grands services aux autres.

Lion : comme il a besoin de briller en toutes circonstances, il est attiré par les professions pouvant amener gloire et renom, les hauts emplois, les vastes entreprises et l'organisation de différentes tâches. Le Lion aime superviser et répartir le travail dans son équipe entre ses collaborateurs. Les métiers qui lui sont favorables sont généralement ceux des spéculateurs, des brasseurs d'affaires, éducateurs, entrepreneurs de divertissements, artistes et directeurs de spectacles.

Vierge : grâce à son grand sens du détail et de la précision, la Vierge est un travailleur acharné, volontaire et sérieux. Ses préférences professionnelles iront vers les employés, les subordonnés de tout grade, les chimistes, photographes, mécaniciens, laborantins, vendeurs, commerçants de détail, infirmiers, ouvriers d'usine, entrepreneurs sanitaires, pharmaciens, médecins. La Vierge aime ressentir l'apport bénéfique qu'elle transfère aux autres dans l'exercice de son métier.

Balance : pour les natifs de la Balance, l'éventail est large, ce sont des occupations à la fois intellectuelles, artistiques et scientifiques exigeant un bon équilibre mental et un bon jugement qui leur conviennent. Les associations pour affaires, comptabilité et expertises, les occupations en rapport avec la justice, les travaux de l'esprit et les démarches intellectuelles en tout genre. Musiciens, artistes, chanteurs, compositeurs, stylistes, coiffeurs.

Scorpion : passionné et généralement sûr de lui, le Scorpion est attiré par des métiers difficiles, exigeant des études et des recherches profondes ; les médecins, les chirurgiens, les dentistes, les militaires, les marins, les grands navigateurs, les policiers, les emplois dangereux et même les professions ayant trait à la moralité, aux héritages et successions.

Sagittaire : très communicatif, il a besoin de l'échange et du mouvement pour se sentir à l'aise au travail : le commerce de gros, exportations et importations, le commerce avec l'étranger, les carrières libérales (loi, religion, professorat, hautes sciences), les sportifs en tout genre. Le Sagittaire a de l'énergie à revendre : coureurs cyclistes, footballeurs, etc. Il aime entreprendre son travail de manière totalement indépendante, sa carrière sera parfois mouvementée et aventureuse.

Capricorne : ses ambitions sont importantes. Il se lance dans des carrières difficiles et demandant beaucoup de persévérance, des œuvres de longue haleine, des carrières politiques et administratives, emplois de responsabilités et de confiance, hauts fonctionnaires, ministres, diplomates, gens d'expérience sachant donner des conseils. Le Capricorne est attiré aussi par les occupations en rapport avec les terrains et les richesses foncières, les travaux de minutie et de patience. Il a le sens de l'organisation mais attention à la monotonie !

Verseau : il aime innover, surprendre, aller de l'avant et découvrir avant les autres : aviateurs, métaphysiciens, astrologues, hommes de science, inventeurs, pionniers d'idées nouvelles ou de mouvements de pensées. Le Verseau a parfois des emplois dans de grandes administrations, il est aussi attiré par les professions se rapportant à la culture humaine, l'art et le divertissement. C'est un intuitif, malin et doué d'un sens rare de l'adaptation.

Poissons : ils ont besoin de communiquer et d'aider les autres à travers l'exercice de leur profession : cafetiers et restaurateurs, le commerce sous toutes ses formes, les marins, le personnel hospitalier et les richesses foncières, les travaux de minutie et de patience, il a le sens de l'organisation. Mais attention à la monotonie ! Par ailleurs, les Poissons sont attirés par des activités obscures, retirées et parfois mystérieuses (fraude ou commerce illicite). Leur métier dépend souvent d'autrui. Ils sont de bon service lorsqu'ils ne se laissent pas bercer par leurs rêves les plus fous.

L'intuition pour prendre une décision

Décider, c'est avoir le courage de dire, avoir la volonté d'agir et de faire passer un message. C'est se démarquer.

Quel que soit le domaine dans lequel on doit trancher, l'intuition nous permet de saisir la réalité du problème, de faire la balance en pesant le pour et le contre. Ce processus doit être instantané, automatique.

Si l'on est amené à prendre une décision dans le domaine du travail (en changer, par exemple), il faut d'abord avoir conscience de ses potentialités et savoir où l'on en est. On obtient ainsi une sorte de météo sur ce que l'on est capable de faire ou non (il faut considérer son état présent et agir après un bref bilan). Les gens oublient trop souvent la réalité du moment pour se projeter dans le futur. La réflexion n'est pas le seul processus pour prendre une décision. Il faut faire vite, au risque d'aller à un échec que l'on assumera tôt ou tard, plutôt que de rester sur une envie non assouvie. Si l'on vous propose un job et que, par timidité, par crainte du changement, vous y renoncez, c'est se dérober à la croisée des chemins. Vous le regretterez forcément. Les regrets ne sont pas bons pour notre fonctionnement ! Ils vous abîment et ternissent vos espoirs et vos ambitions. Il faut oser vivre les pulsions de sa vie et les consommer, sans quoi on garde tous ses ressentiments en soi, on se fait du mal. On en vient à somatiser, à être déstabilisé et même à se détester. Agir, vouloir, évoluer et décider sont des actes que l'on doit faire seul avec son intuition.

Il faut se regarder soi-même avant de passer à l'action. Dans ce cas-là, les amis ne seront qu'un complément dans notre décision, surtout dans le domaine de l'affectif. Bien sûr, on peut aller consulter un astrologue pour avoir une météo supplémentaire à rajouter au portrait que l'on a déjà de soi. C'est grâce au résumé de toutes nos tendances positives et négatives que l'on pourra réagir. Il faut gérer et organiser sa décision. Si l'on a pris une mauvaise voie, on doit se dire que c'est une épreuve qui va nous amener à une meilleure compréhension de notre situation. Inutile de se poser mille questions. Il faut faire des constats, observer, sentir, se parler à soi-même, penser à voix haute pour bien évaluer les éléments qui sont autour de nous, en se dégageant du tabou des idées reçues, des mouvements de pensées et, surtout, du jugement des autres, particulièrement en ce qui concerne les décisions les moins concrètes, celles du domaine affectif.

En amour, il faut se dégager de l'avis des autres parce que je suis convaincu que, plus ou moins consciemment, tout le monde est jaloux de l'amour de son voisin. Les gens ont du mal à assumer le fait de voir leurs proches amoureux. Il y a toujours un commentaire perfide de la part des amis : les conseils des bons copains sont souvent dangereux. Chacun garde son libre arbitre sur ses propres sentiments en amour et il faut à tout prix le conserver. Notre intuition nous permet de savoir qui est autour de nous.

Les adolescents amoureux ont tendance à se perdre dans des méandres de questions. Dans ce cas-là, les parents peuvent avoir leur avis à donner pour les ramener à l'ordre. Mais, adulte, il faut décider seul. Combien de personnes quittent leur partenaire parce que leurs proches les en ont convaincus ! Ils rompent, ensuite ils le regrettent. Certains revoient même leur partenaire en catimini, sans que leur entourage le sache. Il faut être responsable de ses désirs et les gérer tout seul. Assumer ses décisions avant, pendant et après. C'est dans les grands tournants de la vie que l'on est amené à prendre une décision : par exemple, quand vous êtes marié depuis quinze ans et que vous décidez de quitter votre femme, ou quand vous êtes en France depuis vingt ans et que vous devez partir pour une longue période.

Ces grands tournants de la vie sont des cycles dont notre destin est composé. Notre intuition peut nous aider à sentir l'arrivée de ces changements de cycle et à nous y préparer progressivement pour éviter de se retrouver devant le fait accompli. Si l'on observe la situation et que l'on pressent ce qui peut se passer, on vivra mieux le passage à l'acte. Mais, une fois que l'on a pris sa décision, même mauvaise, il faut éviter d'être accablé et laisser partir sa douleur pour trouver la faille en soi-même.

Sitôt prise sa décision, il faut observer une phase de contrôle pendant laquelle on reste vigilant pour sentir si l'on est dans la bonne voie ou si l'on court à l'échec. Dans ce cas, on doit s'armer face à la fatalité pour récupérer le potentiel qui nous permettra de prendre une nouvelle décision plus appropriée.

La mauvaise intuition

Il arrive que des intuitions nous poussent à agir de façon impulsive même si l'on a conscience, en les exécutant, de nous placer dans une situation négative. L'intuition doit nous aider à ne pas agir à l'aveuglette, à ne pas nous dévaloriser ou nous méconnaître. La mauvaise intuition, c'est de ne pas être en contact avec notre milieu et les gens qui nous entourent. Nous ne pouvons pas avoir uniquement de bonnes intuitions. Les mauvaises sont nécessaires pour nous aider à savoir quelles doivent être les bonnes. On tire un enseignement de la mauvaise intuition en constatant que le résultat n'est pas le bon. Il faut alors revenir en soi-même et en extraire le positif. C'est des échecs que l'on retirera le maximum d'enseignements. Je ne pense pas non plus que l'on puisse passer sa vie à avoir seulement des mauvaises intuitions, à moins d'être constamment attiré par le négatif.

Les mauvaises intuitions vont nous aider à comprendre ce qu'il faut éviter et gommer en nous pour percevoir la bonne intuition. Imaginez que vous avez un travail. On vous propose un nouveau job que vous acceptez aussitôt. Or, l'avenir vous prouve que vous n'avez pas pris la bonne décision. Il faut donc vous demander quels sont les indices qui vous ont trompé, et si vous ne vous êtes pas laissé téléguider par un mouvement ambiant ou par un partenaire, et pourquoi ce partenaire vous a mal orienté. Avez-vous vu trop grand, trop petit ? Vous êtes-vous vraiment investi dans votre choix ? Avez-vous vraiment laissé jouer votre libre arbitre sans tenir compte de l'avis des autres ? Après un échec dû à une mauvaise intuition, il faut s'imposer une remise en question pour faire rejaillir en soi un sentiment meilleur qui vous permettra de développer une intuition plus fine et efficace dans l'avenir.

Il m'est arrivé d'avoir de mauvaises intuitions : par exemple, sur RTL, en me laissant aller à ma sensibilité face à cette mère dont le fils avait disparu. J'ai envoyé un appel du cœur, en lançant un avis de recherche sur les ondes, alors que je sentais bien que son fils était mort. J'aurais mieux fait de ne pas réagir ainsi.

Il faut savoir que l'intuition s'exerce sur des choses évolutives. Il est donc important de la projeter pour éviter les mauvaises intuitions. Par exemple, quand on rencontre quelqu'un, que l'on éprouve un désir instinctif réciproque, tout est parfait. Si on réalise au bout de quelque temps que cette personne n'est pas aussi positive, prévenante, qu'on l'aurait souhaité, il faut admettre que l'on a connu cette personne à un moment donné et qu'elle n'a pas bien réagi ensuite. Dès que l'on a une intuition, il faut la vérifier dans les jours suivants en la projetant et en lui donnant une perspective dans l'avenir.

Il ne faut pas s'entêter dans une mauvaise intuition et admettre le plus rapidement possible que l'on s'est trompé, plutôt que de s'enfoncer obstinément dans son marasme. Certaines gens ont le don d'aller directement dans toutes les situations compliquées, tortueuses et malsaines. C'est qu'elles ont de toute évidence un problème de déséquilibre intérieur. Inconsciemment elles entrent dans un état de destruction qui peut les conduire au suicide. Ce sont des gens qui passent à côté de leur destin. Prendre conscience de sa mauvaise intuition est une preuve de lucidité, d'équilibre, de bon sens, et d'objectivité par rapport à soi-même.

J'ai l'impression qu'il existe des secteurs, des types d'activité (le domaine médical, la justice) où le droit à l'erreur ne doit pas exister. Il y a tout un monde qui se cache derrière une espèce de sérieux et de crédibilité contre lesquels on ne peut rien faire. Ces gens qui ne se trompent jamais sont tout simplement des hypocrites. Je crois que l'on ne peut pas avoir de bonnes intuitions sans en avoir parfois de mauvaises. Telle est la chaîne de la vie : l'on va s'enrichir tout au long de son propre destin.

L'intuition et le voyage

Pour nous, le voyage représente avant tout la notion d'évasion, de fuite. On garde encore présente l'image du grand voyageur qui s'évade dans des contrées lointaines. Pourtant, aujourd'hui, il existe beaucoup d'autres raisons de voyager, le travail, les affaires...

Partir pour l'étranger est aussi un phénomène de mode, l'un des attraits importants de notre société de consommation.

Différentes motivations peuvent nous pousser à bouger : l'agrément, tout simplement, l'envie de se changer les idées pendant les vacances, l'amour ou l'absence d'amour, le besoin de faire le point à l'extérieur, ou les affaires (les transactions internationales prennent une telle importance que, dans deux ou trois ans, nous aurons une vraie communion avec l'étranger grâce à l'Europe).

Notre intuition devra alors dépasser les frontières et s'adapter à d'autres cultures, d'autres sensibilités et d'autres mentalités. Nous nous trouverons sur un terrain neuf où il faudra agir avec nos sens : une occasion de développer notre intuition en cherchant à nous adapter à d'autres gens, d'autres rythmes, d'autres populations, chose importante à une époque où l'on parle autant de racisme et de peuples qui n'arrivent pas à communiquer au sein d'un même pays.

L'intuition va nous servir d'abord dans le choix de notre destination : on décide du lieu où l'on va selon ses goûts et ses envies, c'est-à-dire avec le résumé de nos sens...

Quand on se trouve dans un train ou dans un avion en partance pour l'étranger, l'on n'est déjà plus vraiment soi-même. Il se passe en nous un phénomène irrationnel qui nous donne l'impression d'abandonner notre quotidien. Voyager nous amène à nous retrouver, à quitter nos repères, à lâcher nos habitudes, nos modèles et les images qui nous entourent. Voyager, c'est la stratégie concrète de l'intuition. On se retrouve projeté dans un décor et un espace neufs que l'on ne maîtrise pas, obligé de se débrouiller avec ses capacités, ses atouts, ses manques pour se créer une position, un lien avec le nouveau panorama qui nous est offert : les visages, le climat, le rythme, les coutumes... Ce n'est pas en se posant des questions que l'on pourra arriver à tisser un lien avec une tribu péruvienne, en débarquant de son Berry natal. Ce n'est pas la réflexion qui va nous rendre positifs et généreux vis-à-vis de ces gens-là, c'est le feeling, l'intuition dans l'approche, le signe, le geste, qui va nous aider à établir un premier rapport pouvant devenir un lien d'amitié, voire une véritable insertion.

L'observation, la compréhension et la sensibilité vont nous servir à savoir ce que veulent ces gens, ce qu'ils vivent. On est alors en état de découverte de l'autre, ce qui est une sorte de libération : nous évacuons nos poids, nos stress, nos charges, parce que l'on doit se réadapter de A à Z à un nouveau milieu ambiant. C'est comme si, en nous, il fallait tout remettre à zéro. Il s'agit d'un état salutaire, nécessaire... surtout pour ceux qui se noient toute l'année dans une accumulation de stratégies et de démarches tortueuses... D'un seul coup, l'on se trouve obligé de faire table rase de tout, et de redevenir vraiment soi-même. C'est notre rayonnement humain qui va faire que l'on s'habitue ou pas, que l'on communique ou non. L'on est vraiment obligé d'oublier ses repères et sa culture.

L'intérêt du voyage, même au sein d'un groupe, est de sortir des sentiers battus. Il faut garder son libre arbitre, sans quoi il serait préférable d'aller visiter les catacombes de Paris plutôt que de subir le genre de périples organisés en car climatisé au Kenya, avec hôtels sophistiqués. Ces formules-là ne sont pas des voyages.

Pour moi, voyager, c'est partir, pas forcément à l'aventure ni seul. Les gens voyageant en groupe ne seront pas régis par les mêmes rythmes, car chacun, en fonction de sa sensibilité et de ses goûts, sera attiré par l'un ou l'autre des aspects du lieu : l'architecture, la nourriture.

Le voyage peut aider à oublier parce qu'il nous

occupe l'esprit avec un univers nouveau qui va nous régénérer. Nous devons choisir un climat qui nous va bien et qui va nous ressourcer.

Les gens qui voyagent individuellement, en essayant de se créer un parcours, sont de plus en plus fréquents.

Si on se sert de son intuition on pourra communiquer sincèrement avec les gens du pays. Si on se pose trois milliards de questions sur eux, on crée une barrière vis-à-vis de ces gens que l'on va trouver bizarres, sauvages. Il faut se laisser aller vers les autres, s'intéresser aux états d'âme du lieu dans lequel on débarque. Un vrai rapport de forces va se créer dont on retirera à l'arrivée une belle satisfaction. On n'en sera que plus fort, plus tranquille et apaisé. L'intuition, une fois que l'on est sur place, sur le terrain, c'est de jouer le jeu en laissant tomber ses habitudes, sa carapace, et en étant soi-même.

Il y a des gens qui partent en voyage pour oublier une rupture affective, effacer un mauvais épisode du passé. Je ne crois pas que ce soit une bonne solution, même si cela nous focalise momentanément sur d'autres images, d'autres ambiances qui vont effacer provisoirement celle qui fait l'objet de nos pensées tristes. Mais va-t-on vraiment oublier ? N'est-ce pas seulement une drogue momentanée qui va nous replonger dans l'inconscient de nos ressentiments. Le fait est qu'en rentrant, on sera lavé physiquement et intellectuellement, on aura une nouvelle énergie, mais nos problèmes ne seront pas vraiment résolus ou oubliés. Il y a des gens (des exceptions !) qui arrivent en quelques jours à plonger d'un seul coup dans d'autres relations et se lancer dans une nouvelle *tranche* de vie. En général, le retour est difficile. Quand on atterrit, c'est bien pire qu'au départ. On se retrouve dans un appartement en compagnie de quelqu'un avec qui l'on ne s'entend plus, et il faut à nouveau cohabiter. Et puis, quand on part sur un mauvais sentiment, même si l'on sait que l'histoire est finie, inconsciemment on recultive l'espoir. S'il y a un problème de rupture, il vaut mieux instinctivement essayer de le vivre en face, de l'affronter sur place. Ce n'est pas dans la fuite qu'on oublie quoi que ce soit. On peut partir pour oublier la violence d'un choc, pour se refaire une santé, mais il faut savoir que l'on ne règle rien, en partant.

En cas de problèmes dans notre travail, il est constructif d'aller réfléchir ailleurs pour faire le point, peser le pour et le contre et prendre une décision au retour. C'est d'ailleurs à cela que servent les vacances. Elles ne sont pas qu'une fuite inconsciente mais l'occasion de prendre du recul et de faire le bilan d'une année... Avec la distance, on se rend mieux compte de la valeur de ce que l'on a fait, hors de l'action... on peut intuitivement faire des constats sur ce que l'on a vécu pendant l'année.

« L'étranger » est aussi un lieu de révélation : je me suis parfois trouvé dans des endroits où j'avais la sensation d'être déjà venu. On a tous cette impression de « déjà vécu », déjà vu ». Je pense que c'est lié à notre *karma* qui est l'héritage de nos vies antérieures. A 17 ans, j'étais à Hambourg pour la première fois, seul, sans connaître la ville, et je me suis retrouvé à plusieurs reprises en sachant très exactement où je devais aller, avec le sentiment d'être chez moi, en terrain connu (un sentiment plus fort que quand je suis en France). Pourtant je n'ai pas d'ascendance allemande. C'est une donnée irrationnelle du voyage, que nous avons tous et qu'il ne faut pas rejeter.

Je crois par principe que tous les lieux, tous les pays ont un *karma*. Pourquoi y a-t-il une plaque nommée Afrique beaucoup plus appauvrie qu'une autre comme l'Amérique ? On peut donner des explications géologiques, biologiques, mais je pense qu'il y a des causes plus fondamentales dont il résulte que certains lieux ont dû subir plus d'avaries, il y a des millénaires : qui sait ce qu'il s'est passé à l'époque en Afrique ?

Le voyage est un moyen supplémentaire de développer votre intuition car il vous amène à prendre une distance vis-à-vis de votre milieu et de vous-même.

Pour mieux vivre certains de vos déplacements importants, l'étude de votre portrait astrologique peut vous apporter certaines solutions et quelques conseils.

Tout d'abord les signes de terre qui, bien souvent, ont du mal à laisser tomber leurs habitudes et à partir loin de leurs repaires.

Le **Taureau** met beaucoup de temps à s'adapter à d'autres sensibilités ou à d'autres habitudes que les siennes. Il préparera de préférence son voyage longtemps à l'avance, et sera même angoissé à l'idée d'aller vers un endroit qu'il ne connaît pas. Pour lui, la sécurité est extrêmement importante et son besoin de contrôler tous les intervenants, dans sa vie, primordial.

Le **Capricorne** est peut-être plus dynamique et plus enthousiaste face à la notion de déplacement et de voyage. Mais il n'aime pas trop que l'on vienne bousculer son programme.

C'est pour cette raison qu'il souhaitera emmener avec lui des détails du quotidien (effets personnels, livres, disques, objets) pour recréer son ambiance personnelle. D'autre part, le Capricorne n'est pas très communicatif au premier abord lorsqu'il se trouve sur une terre inconnue.

La **Vierge**, elle, a le don d'intellectualiser l'action avant de l'accomplir ; c'est sa manière de se projeter dans le futur sans rien laisser au hasard. Pour la Vierge, voyager peut aussi symboliser le déplacement avec un profit à l'arrivée.

Mais le Zodiaque comprend aussi de véritables « baroudeurs » comme le **Sagittaire**, qui adore bouger de manière impromptue et se déplacer sur de longues distances. Sa personnalité généreuse et son caractère ouvert aux autres lui permettent de s'adapter dans de très bonnes conditions. En dehors de nos frontières, il se sent encore plus à l'aise que chez lui.

Le **Bélier** a aussi tendance à voyager par coups de tête et par coups de cœur. Il aime bien voyager sur de courtes durées, mais plusieurs fois dans l'année. Son défaut, à l'étranger, est de faire croire qu'il connaît déjà les habitudes et les coutumes car, en déplacement, il est très souvent pressé. De toute manière, il possède des atouts importants pour faire de belles réalisations loin de chez lui.

Dans un autre style, nous trouvons le **Scorpion**, peut-être plus calme. Lorsqu'il voyage, il aime bien associer l'action et le travail au mouvement. Le Scorpion peut faire des affaires ou des transactions à l'étranger mais son défaut majeur est de vouloir dominer les personnes qu'il rencontre et de froisser leur sensibilité.

C'est un peu la même chose pour le **Lion**, qui aime que l'on remarque sa présence et que l'on s'adapte rapidement à ses envies. Le Lion est un voyageur attiré par les terres lointaines. Il peut être tenté par la découverte de cultures différentes. Il est généralement très respectueux du patrimoine des pays qu'il visite.

Par ailleurs, certains signes ont vraiment du mal à sortir des sentiers battus, telle la **Balance** qui est très souvent angoissée à l'idée de quitter son « espace de vie ». Bien entendu, son indécision n'arrange pas les choses pour partir, et sa lenteur en fait un voyageur calme et parfois timide face à des populations étrangères.

Le **Cancer** peut voyager et se déplacer sans trop d'obstacles à condition qu'il obtienne toute la sécurité dont il a besoin. Son habitat, ses habitudes du quotidien lui manquent vite, ce qui crée une nostalgie très prononcée à distance.

Ce qui n'est pas le cas des **Gémeaux**, qui sont les êtres les plus communicatifs et les plus adaptables du Zodiaque ; pour eux, voyager n'est pas un problème, c'est en fait l'occasion d'élargir le cercle de leurs relations professionnelles. Ils ont bien souvent le « vent en poupe » en dehors de nos frontières.

Un peu comme le **Verseau**, qui peut mener à bien de telles idées et de grands projets. Lorsqu'il voyage, son intuition lui est très utile, elle lui permet d'entrer rapidement en contact avec la population qu'il rencontre. Son esprit futuriste lui permet de s'assimiler au rythme et aux ambitions du pays dans lequel il se trouve.

Et, enfin, il y a les **Poissons**, fidèles rêveurs du Zodiaque, qui idéalisent leur voyage. Pour eux, aller à l'étranger symbolise la détente, les loisirs, la passion. Leur sensibilité leur permettra de faire des rencontres facilement. Ils seront attirés par des pays de soleil, où la mer et l'eau leur permettront de brûler leurs écailles.

L'intuition pour changer de lieu

D'un seul coup, il nous faut tout redécouvrir, créer des nouveaux repères, tout remodeler, tout réapprendre. Il faut vivre progressivement cette nouvelle installation, car les gens autour de nous vont rester fermés : ils sont engoncés dans leurs habitudes et leurs rythmes et nous aurons l'impression de les déranger subitement.

Il est rare d'être accueilli à bras ouverts. On doit s'insérer à coups de petites attitudes positives, de concours de circonstances qui vont nous amener à communiquer avec le monde environnant.

Il faut apprendre à découvrir ses voisins mais aussi être curieux des racines et de l'histoire de cette cité où vous allez évoluer. En arrivant dans une nouvelle ville, que ce soit pour une raison professionnelle ou sentimentale, on a toujours un point de chute ou de ralliement qui fait que notre adaptation va être plus ou moins facilitée.

Si l'on quitte la campagne pour la ville, ou si l'on abandonne sa province pour monter à Paris, l'aventure est compliquée : on est amené à découvrir la pollution, la surpopulation, les embouteillages, la vie chère, la suractivité ; de nouveaux rythmes qui peuvent momentanément démoraliser, déphaser. Il faut saisir très vite au feeling avec qui on va pouvoir créer des liens. C'est un vrai parcours du combattant !

L'intuition pour aménager son lieu de vie

Notre lieu d'habitation est important. Certains disent que c'est le prolongement de notre personnalité, une facette de ce que l'on est. Avec le *cocooning*, ce retour aux activités de la maison, subitement, toute la société de consommation s'est mise à donner de l'importance à l'habitat, à tout ce que l'on peut faire chez soi, commander et télécommander à distance. Il faut parvenir à une osmose avec son habitat, le lieu, les couleurs, les volumes, les formes, les matières, et les senteurs, la décoration et l'emplacement des objets. Tout cela est le reflet d'un état d'âme et d'une pensée. On attache plus ou moins d'importance à son lieu de vie, mais, inconsciemment, nous sommes tous imbibés par notre habitat qui a un apport bénéfique ou non sur notre comportement.

Il existe des endroits où l'on se sent tout de suite mal à l'aise et où l'on ne peut pas vivre. En nous se trouve une sorte de récepteur qui ne tolère pas certaines sensations.

L'intuition peut nous aider à mieux gérer, aménager un appartement, à l'arranger en se détachant des idées que l'on nous « impose » en décoration. On s'en tient trop à des stéréotypes de vie, avec des maisons organisées toujours de la même façon : salle à manger, salle de bains, chambres... La maison n'est pas aussi austère que cela, la vie n'est pas aussi claire que ces cases. Je pense que l'on a besoin d'un centre de vie avec des activités et une disposition personnalisée des différents espaces de vie... Il faut garder une certaine liberté vis-à-vis de son habitation et prendre conscience avant tout de l'énergie que dégage le lieu. Il est inutile de faire venir un magnétiseur ou un magicien pour qu'il pose ses gris-gris aux quatre coins des pièces. L'intuition coûte moins cher. On peut sentir au feeling si l'on a envie de vivre dans ce lieu, si l'on s'y voit. On peut chercher à savoir qui l'a habité avant et oublier les pages de magazine, les photos, les films, les décorations toutes faites. Pourquoi ne pas mélanger tous les styles, si l'on en a envie ? Dans ces cas-là, la faute de goût n'existe qu'aux yeux des autres. C'est si important d'avoir son carré à soi, au moins une pièce où l'on se sent bien, où l'on peut se relaxer et recevoir les autres ! Combien de gens se sentent mal chez eux parce qu'ils vivent dans des espaces réduits ! Quand je vois les projets de construction des nouveaux immeubles autour de Paris, je me demande ce que les architectes ont dans la tête quand ils conçoivent des fenêtres de 25 cm de large ! Quand je vois, près de la Défense, ces tours circulaires avec des fenêtres en forme de gouttes d'eau, je me dis que cela doit être pratique à meubler et agréable à vivre ! Ces appartements doivent dégager de mauvaises vibrations. L'on impose aux gens de vivre dans des lieux impossibles. C'est pour cela qu'il faut tenter avec les moyens que l'on a de se recréer un lieu et un espace en accord avec ses goûts et ses besoins : l'intuition peut nous aider à trouver des idées pratiques : comment positionner son lit (la tête au nord pour avoir une meilleure fluidité en dormant), car l'endroit du sommeil est important à aménager. Il faut en effet le blinder contre le bruit, le décorer, le calfeutrer, l'éclairer. Le deuxième espace clef à arranger est la pièce où l'on recevra ses amis.

Si quelqu'un vit dans un lieu insalubre, son intuition peut l'amener à réagir et à ne pas se bloquer dans cette situation en essayant, même chichement, de le réaménager à son goût. Par exemple, il y a cinq ans, nous vivions à deux dans 25 m² près de la place des Fêtes et je consultais dans une petite cuisine que j'avais bien aménagée. Tout peut s'organiser, même de façon provisoire. Il faut à tout prix développer notre sens pratique : il nous aidera à gérer au mieux notre habitation car le lieu a une réelle influence sur le moral !

Je crois que les endroits gardent énormément les ondes et les vibrations des gens qui y ont vécu. Des télépathes et des personnes réceptives sont allés dans les maisons d'hommes célèbres pour y ressentir ce qui s'était passé. Il y a des voyants qui travaillent sur les phénomènes du passé à travers les habitations. Chaque lieu contient une émotion. Chacun de nos espaces correspond à une époque de notre vie, à une nouvelle histoire d'amour, à un changement de travail : nos lieux sont les repères des époques que l'on a traversées. Il ne faut pas avoir peur de déménager pour tourner une page. Chaque déménagement implique un changement. Si voyager ne règle pas un problème, en revanche, quitter un lieu où l'on a vécu une rupture ou un décès est nécessaire, même si on n'en éprouve pas le besoin. On a trop cru que la « maison » représentait nos racines : il ne faut pas avoir peur de bouger, d'évoluer...

L'habitation est aussi le reflet des cycles que l'on traverse : si tout va bien financièrement et moralement dans la vie, notre habitat est adapté. Je ne pense pas qu'il soit un signe extérieur de richesse, mais il peut le devenir. C'est quand même un des points de la vie sur lequel les gens investissent dès qu'ils le peuvent. L'habitat est l'un des baromètres qui indiquent votre état d'âme et votre évolution.

Chaque signe, chaque être possèdent des rythmes, des habitudes et donc des conceptions différentes de l'habitat. Voilà pourquoi nous allons tenter de mieux comprendre l'espace vital de chaque signe du Zodiaque pour se sentir mieux chez soi.

Le **Bélier** : il n'aime pas les espaces chargés, c'est un signe qui a besoin de place pour exprimer ses passions, ses loisirs à l'intérieur ou près de chez lui. Il est attaché à un décor sobre avec quelques touches vives qui lui permettront de ressentir de la force et de l'énergie autour de lui.

Il a un goût prédominant pour les objets modernes ou l'architecture contemporaine ; chez lui, le passé sera souvent représenté par des meubles ou des pièces liés à des souvenirs affectifs. N'oublions pas l'exercice physique, qui devra intervenir dans l'organisation pratique de son habitation : simple, fonctionnelle et jeune.

Le **Taureau** : il fait partie des signes les plus attachés à la maison. Gouverné par Vénus, il a le sens de l'esthétique et de la décoration. Le Taureau a besoin de flâner chez lui dans un intérieur confortable et rassurant, il aime être entouré de meubles anciens, d'objets de valeur. Il se dégage souvent de chez lui un sentiment de chaleur et d'harmonie. Le Taureau est un signe lié au passé, il préférera plutôt restaurer ou garder des objets anciens que laisser la place aux techniques nouvelles.

Le Taureau fera même des sacrifices tout au long de son destin pour posséder de la pierre (être propriétaire) ou améliorer sans cesse son habitation.

Les **Gémeaux** ont un grand sens de l'hospitalité. Très attirés par la communication et les nouvelles rencontres, ils ont besoin d'un habitat accueillant, fonctionnel, avec un décor qui puisse se transformer ou s'adapter à différentes circonstances.

Les Gémeaux seront très attirés par les moyens de communication à insérer chez eux tels que TV, vidéo, téléphone, télex, câble, etc. ; pour eux, la maison est une sorte de plaque tournante où il fait bon se retrouver avec les autres ou tout simplement en solitaire et, quoi qu'il en soit, un lieu clair, simple et ouvert sur l'extérieur.

Le **Cancer** a besoin de son lieu de vie comme de sa coquille. Son décor est généralement chaleureux et raffiné. Il aime la douceur et un intérieur paisible dans lequel il fera bon se retrouver en famille. Les natifs du signe Cancer, hommes ou femmes, sont très attachés à une maison familiale avec des enfants et une vraie joie de vivre qui circule. Les femmes Cancer font partie des meilleures maîtresses de maison du Zodiaque. Elles organisent, préparent, maternent tout le monde autour d'elles.

Il arrive parfois que le Cancer ait tendance à surcharger son décor de peur de manquer ou de ne pas avoir auprès de lui ce fameux meuble qu'il aimait tant.

Le **Lion** aime le luxe, le confort et les objets de valeur. Il aime les décors impressionnants, tape-à-l'œil, avec des œuvres d'art, des meubles rares. Le Lion aime se créer un intérieur insolite, avec un goût bien à lui. Il n'a pas peur de mélanger les styles pour personnaliser son intérieur. Il aime que l'on ressente son empreinte. Cela dit, le Lion apprécie le changement et il lui arrive régulièrement de bouleverser ses habitudes, de déplacer ses meubles ou de déménager. Son lieu de vie est très souvent en accord direct avec le mouvement de ses émotions.

La **Vierge** se sent bien dans sa maison, elle en fait sa tanière et elle est très vigilante sur le choix des personnes qui évoluent sur son territoire. Très souvent, les natifs de la Vierge ont un sens du rangement qui leur est très personnel. Dans une sorte de pagaille organisée, ils vous surprendront en retrouvant certains objets du premier coup. Comme quoi ils gardent leur sens du détail dans tout ce qu'ils sèment autour d'eux. Leur décoration est rassurante et chaude. Ils aiment investir dans des objets ou du mobilier de qualité, durable et résistant. Ils ont horreur de l'éphémère et de l'artifice.

La **Balance** s'investit beaucoup dans la décoration de son lieu de vie. Son goût l'amènera souvent à s'entourer de couleurs douces, de matières agréables. Pour entretenir ses rêves, elle aura besoin de couvrir ses murs de photos ou de peintures. Les nouvelles techniques seront omniprésentes chez elle. Elle aime acheter la dernière chaîne hifi, ou la cuisine la plus perfectionnée du moment. Elle laissera une place importante à un espace de détente et de loisir au sein duquel elle aime recevoir sa famille ou ses amis.

Le **Scorpion** n'aime pas se compliquer la vie, il a besoin d'un intérieur simple, efficace, où il pourra aussi bien travailler que prendre le temps de vivre avec ceux qu'il aime. Plutôt attiré par une décoration luxueuse, il fera quelques investissements dans des objets rares. Les nouvelles techniques de communication ne seront pas non plus absentes de son habitat.

Le **Sagittaire** a du mal à s'organiser chez lui, il a tendance à vouloir en faire trop. Résultat, c'est un peu la pagaille autour de lui. Il aime le mobilier ancien, il garde des objets ayant une valeur affective. Son intérieur est vif, dynamique, pratique, son goût est très influencé par ceux qui sont autour de lui, c'est son grand cœur qui lui donne envie de faire plaisir à ses proches. Pour lui, la maison idéale serait « la maison du bonheur » où tout le monde passe.

Le **Capricorne** n'aime pas que l'on vienne le bousculer dans l'organisation de son intérieur. Pour lui, la sobriété prime tant que son décor peut parfois paraître froid. Ce qui compte pour lui, c'est d'avoir les bases qui lui sont nécessaires pour se sentir bien, de la musique, de la lecture, tous les outils dont il a besoin pour faire évoluer sa matière grise et ses projets.

Le **Verseau** est très attaché à un style contemporain, mélangé à de l'ancien. C'est un peu le reflet du Verseau qui se sent toujours respectueux des acquis du passé tout en ayant sans cesse des idées ou des projets d'avant-garde. Chez lui, le Verseau aime les tons rassurants et pastel, les harmonies de couleurs, les mélanges de matières et toutes les techniques modernes qui lui permettront de gagner du temps.

Les **Poissons** aiment rêver chez eux et se sentir entourés d'objets et de meubles insolites. Ils sont plutôt ordonnés et ont même certaines manies dans l'organisation de leur habitat. Ils aiment la lumière, le verre et les matériaux nobles. Bien entendu, l'élément eau sera nettement mis en valeur. La couleur des tableaux ou des images liées à leur inspiration composera souvent leur décor.

L'intensité de l'intuition selon les saisons

Trop souvent, nous oublions que, dans les carrefours de la vie, quand nous cassons un état, un sentiment, nous ne pouvons refaire autre chose immédiatement après. On ne renaît pas spontanément après une épreuve. On a toujours besoin d'un espace-temps entre la destruction et la renaissance, à l'image des végétaux et de tous les éléments naturels. Une rupture avec quelqu'un, c'est un automne dans la vie ; une nouvelle histoire, c'est un printemps. Quand on a un problème, il faut d'abord le constater avant de commencer à le résoudre. Il s'agit d'étapes logiques à respecter, à l'image du processus des saisons.

Le printemps est une période de renaissance, d'éveil des sens, d'approche des couleurs, des parfums... D'un seul coup, on sent une montée d'énergie positive : physiologiquement, le rythme du corps change et le moral suit... L'intuition, à cette époque, devient plus aérienne, plus rapide, plus saccadée. Elle est plus forte et plus inattendue qu'en hiver où elle devient plus concrète, plus calme, intime, spontanée. L'hiver est plutôt une période où l'on doit faire le point sans pour autant tomber dans une réflexion profonde. On doit en profiter pour faire la balance entre ce que l'on a et ce que l'on veut. Au printemps, où l'on est plus extraverti, l'intuition s'extériorise spontanément. Je ne pense pas que le printemps soit plus spécialement une saison d'amour que l'hiver. Je crois plutôt que l'hiver est comme un étau qui nous met dans une situation si intime que l'on communique moins avec les éléments extérieurs.

L'automne est une époque intermédiaire. On garde encore le développement de ses sens, on prend des résolutions et, l'hiver, on fait le bilan de ce que l'on est, de ce que l'on a ou pas parce qu'on est dans un rythme continu qui ne va pas nous amener une matière supplémentaire.

Chacun a son rythme. On a tous des mois que l'on apprécie plus ou moins : pour moi, les deux périodes les pires de l'année sont les mois de février et de novembre ; je ne suis plus en rapport avec ce qui bouge autour de moi. Rien ne va plus !

En revanche, avril me semble un mois « cadeau » durant lequel tout ce qui se passe m'est favorable. Ça s'explique aussi en astrologie, en fonction de son thème astral. Cet élément peut nous aider à comprendre pourquoi certains mois nous sont plus favorables que d'autres.

Les mouvements de la lune aussi influent sur notre comportement. Beaucoup de gens vivent mal la pleine lune du printemps, qui éveille mille sensations en eux. Après les jours de pleine lune, les demandes de consultation pleuvent chez moi. Quand on voit les centres d'urgence psychiatrique, on constate qu'ils sont beaucoup plus fréquentés les soirs de pleine lune. Je trouve toute cette influence magique : il y a une vraie *radiation* que l'être humain est obligé de ressentir.

La société a créé des grands carrefours que l'on traverse tous au même rythme chaque année : la rentrée des classes, la Toussaint, Noël, Pâques, le mois de mai et ses ponts, les vacances d'été... et, en septembre, on repart pour un tour ! L'intuition peut nous aider à bouleverser toutes ces habitudes, pour mieux personnaliser notre parcours en fonction de nos manques et de nos atouts. Si l'on sait qu'à telle époque de l'année on se sent moins bien, on peut s'y préparer, grâce aux grandes tendances des saisons. C'est bien de se donner des repères. Cela nous offre des motivations supplémentaires et une impulsion plus vive.

L'intuition face à la retraite

Comment assumer le passage subit de cette frontière entre quarante années de pleine action et cet état de retraite où l'on vous demande de vous ranger sur le bas-côté et de rentrer chez vous ?

C'est un cap difficile à franchir car, à 60 ans, on n'a plus physiquement la même vigueur. On est dans une phase d'âge avancé : il faut commencer par assumer son âge et se dire que la retraite n'est pas une ultime étape mais un passage logique et obligatoire. C'est le moment où l'on va pouvoir prendre un peu de repos et faire profiter les autres de son expérience. Il faut tenter de positiver tout de suite la retraite. On va plus ou moins bien vivre ce cap en fonction du standing de vie que l'on a eu : la première crainte, à ce moment, est de savoir de quoi l'on va vivre en se dégageant du marché de la vie. Car on passe au second rang de la société, avec les enfants et les femmes inactives. Il faut prévoir avant l'heure son projet de retraite : par exemple, choisir de partir en province pour se rapprocher de sa famille, ou s'adonner à son violon d'Ingres... Il faut créer soi-même cette étape supplémentaire qui nous est imposée. On doit pressentir ce changement de rythme, s'y préparer moralement et réussir à bien tourner la page en arrivant à se détacher de son activité professionnelle sans que ce soit un choc psychologique et moral.

Combien de personnes, au moment de la retraite, rentrent chez elles sans rien avoir prévu ! Elles se retrouvent démunies dans leur appartement, assises du matin au soir dans leur fauteuil, devant la télévision et se mettent à somatiser en se posant trop de questions. Elles tombent souvent malades en contre-réaction, parce que toute l'immunité qu'elles avaient acquise dans l'action et le combat du travail s'effrite en quelques jours.

Les gens qui possèdent une famille seront réconfortés par la présence de leurs proches. Mais il y a tous ceux qui se retrouvent seuls parce qu'ils ont perdu leur compagnon. L'intuition doit inciter à aller vers des activités de groupe plutôt que de se réfugier dans une maison de retraite. Il serait souhaité que les retraités passent le flambeau de leur activité aux jeunes (qu'ils aillent sur le terrain pour aider les nouveaux venus). J'ai l'impression que ce relais n'existe plus ; les vieux sont rejetés au placard. Je crois tellement à la chaîne humaine, à ce message et à ces connaissances que l'on peut se transmettre par le dialogue, de génération en génération ! Trop peu de tentatives sont faites par l'État pour que les retraités inactifs viennent aider et former les nouvelles générations, même bénévolement.

Être intuitif, c'est commencer à préparer sa retraite trois ou quatre ans avant, pour éviter de paniquer au dernier moment : 20 % des appels que j'ai à RTL émanent de retraités démunis qui me demandent : « Est-ce que je vais devoir quitter ma région ? Est-ce que je vais me retrouver toute seule ? Est-ce que ma vie est finie parce que je n'ai pas eu le loisir de rencontrer quelqu'un ? »

Il faut vraiment se dire que la retraite est un redémarrage, un carrefour important du destin. L'on ne peut passer sans temps d'arrêt à l'étape de la retraite parce que, subitement, on n'a plus le même rôle et que notre reconnaissance sociale n'existe plus. Il nous faut comprendre que c'est une étape nécessitant une remise à zéro de notre situation. Il faut se faire une raison : on est obligé de changer ses habitudes et son type de vie. On doit marquer un temps et tout reprendre comme quand, à la fin de l'adolescence, on se lance sur le marché du travail.

La retraite est une véritable réinsertion dans la société. Tout est à réapprendre parce que l'on sort du milieu du travail et que l'on doit retrouver sa place dans un nouveau circuit parallèle. L'inquiétant, dans la retraite, c'est que de plus en plus de gens finissent seuls, ou dans des états de dépression, voire d'abandon de la part de leur famille ou des entreprises qui les avaient embauchés.

Les sociétés consomment de moins en moins d'êtres humains et les usent de plus en plus vite : c'est quelque chose d'épouvantable.

Peut-on casser la vie de quelqu'un en s'en servant et ne le jetant du jour au lendemain sans raison valable ? C'est terrible pour ces hommes qui ont été directeurs commerciaux, qui se sont formés sur le terrain et ont foncé pendant des années en donnant toute leur énergie à leur entreprise, d'être brutalement rejetés au profit des plans de rajeunissement ! Ils sont remplacés par des jeunes loups qui sortent d'écoles de commerce internationales ou d'HEC. Ces gens à qui l'on fait cet affront vivent de véritables drames dans leur vie privée.

L'intuition serait qu'ils réalisent qu'à l'heure actuelle la concurrence dans le travail est terrible. Il faudrait qu'ils sachent qu'à un moment donné, s'ils évoluent dans un secteur en pleine évolution, ils risquent d'être agressés et rejetés. Il n'y a pas de pitié !

Le seul aspect positif que l'on nous montre de la retraite, c'est le côté « cheveux gris, *cocooning*, famille rassurante ». On évite de nous présenter en reportage la réalité de la vie des maisons de retraite ou de ces petites vieilles mal logées, ou de ces employés qui finissent dans des cités-dortoirs après quarante ans de service en usine. Ils ont tout donné à leur travail et se retrouvent complètement démunis au moment de la retraite.

Il y a aussi ceux qui, au moment de la retraite, font des crises d'adolescence. Ils veulent tellement se persuader que tout va bien qu'ils frôlent le ridicule. Ils se mettent à faire de la gym, du vélo, de grands voyages !

Ce n'est pas toujours une démarche spontanée et naturelle. Il n'est pas non plus évident, à l'âge de la retraite, d'avoir une vie affective bien remplie et de se trouver un compagnon. Car, à ce moment de la vie, nous sommes enfermés dans nos habitudes. Nous avons du mal à franchir le cap pour aller vers l'autre, avec la peur du qu'en-dira-t-on et les tabous de la société ; il y a moins d'espaces de rencontres que pour les plus jeunes.

Préparer sa retraite, c'est aussi gérer et assumer ses problèmes de santé, éviter de se donner trop à son travail pour ne pas risquer de tomber malade au moment même où l'on pourrait enfin gérer son énergie et sa volonté. La retraite, c'est le début de la vieillesse, on est plus lent, moins concerné par le rythme global de la société, on représente d'un seul coup le passé. Il ne faut pas se sentir frustré par cet état. Il faut assumer l'évolution de son corps, de son esprit fatigué, de son compagnon qui s'affaiblit, des journées plus longues, plus pesantes.

Je pense que la vieillesse est un reflet de sa propre personnalité et de ce que l'on a donné et semé pendant le début de sa vie. Si on a bien travaillé et acquis un équilibre affectif, la retraite doit se passer sereinement, à moins qu'une fatalité du destin ne perturbe votre vie à ce moment-là. Combien de femmes ou d'hommes perdent leur conjoint ou s'inquiètent à l'idée de le perdre !

Il faut aussi se préparer à la mort de l'autre. On ne doit pas attendre que l'autre s'en aille pour agir : il faut prendre conscience des comptes en banque, des assurances vie et de toutes sortes de démarches administratives. Faire son testament est aussi une bonne résolution. Des familles perdent leur noyau à cause d'un testament non rédigé ou mal réactualisé. Les gens ont peur de penser à leur testament comme s'il s'agissait d'un acte occulte qui les pousse vers la mort. Il est bon d'être prévoyant dans la première moitié de sa vie pour valoriser son capital, se créer une carapace, faire des économies, sachant qu'à la retraite on aura moins d'argent. Il est bien triste d'être amené à se serrer la ceinture ou à vendre une partie de ses biens. Il faut être prévoyant pour éviter d'avoir à se recroqueviller sur son bas de laine.

Ce n'est pas parce que l'on est exclu de la vie active qu'il faut devenir agressif moins communicatif, se dire qu'on est inutile et être paranoïaque au point de ne plus sortir de chez soi. Il y a beaucoup trop de personnes âgées qui s'enferment dans une vie étriquée.

Au moment de la retraite, il faut rester soi-même et essayer de tendre la main et de dialoguer avec ses proches, son entourage, pour maintenir sa place, même si la société favorise la nouvelle génération, qui est au premier plan.

Si cette nouvelle génération tient au premier plan, c'est justement parce que, derrière, il y a toute une articulation maintenue grâce aux moins jeunes.

L'étape de la retraite sera peut-être, pour certains, l'occasion de faire un bilan sur ce qu'ils sont et ce qu'ils ont vécu, et donc la possibilité de découvrir l'intuition pour mieux vivre cette ultime période du destin.

Pour mieux passer ce cap de la retraite, découvrons la réaction de chaque signe à ce moment-là.

Le **Bélier :** toujours très actif, le Bélier a du mal à calmer son rythme. C'est un être fort, énergique et fonceur qui n'acceptera pas que la roue du temps puisse exiger un changement dans ses habitudes. A la retraite, le Bélier peut réagir violemment en gardant quoi qu'il arrive un contact avec le monde du travail. Il souhaite à tout prix conserver une activité pour faire circuler du sang jeune en lui. La simple idée de vieillir lui fait peur. Le Bélier sera aussi très attiré par les voyages et les sorties, il fera tout pour rester dans le mouvement ambiant et être communicatif et utile.

Le **Taureau** sera un bon retraité. De nature calme et tranquille, il pourra enfin se laisser porter par les événements sans trop se poser de questions. Très attaché à son entourage et sa famille, il multipliera les efforts pour se rendre agréable auprès de ceux qu'il aime. Cependant, il devra se méfier de son goût prononcé pour la bonne chère qui pourrait lui jouer quelques tours côté poids. Le Taureau enfin fera profiter les autres de son expérience et de son savoir. Il sera un excellent conteur. Ses flash-backs seront nombreux, la mélancolie peut être un de ses points faibles à la retraite.

Les **Gémeaux** : dynamique et très vivant, le natif du signe des Gémeaux aura du mal à passer le cap de la retraite. Il souhaitera rester à tout prix en action, son sens inné de l'adaptation lui permettant de rester dans le coup. Il recherchera par tous les moyens une activité ou un rôle à jouer auprès de ses proches, ce qui ne l'empêchera pas de voyager et de se créer un lieu de vie confortable et tranquille au sein duquel il aura plaisir à venir faire le point et se ressourcer.

Le **Cancer** a tous les atouts pour passer de l'action à la retraite sans trop de difficultés. C'est un signe sensible et prévoyant qui aura déjà réalisé des plans pour sa retraite. C'est le moment de son destin où il s'investira à fond avec sa famille et ses amis. Il rayonnera et fera profiter les autres de son bon sens et de l'affection qu'il possède.

Par ailleurs, le Cancer est un angoissé qui observera les faits et gestes des autres. Attention, alors, de ne pas se laisser envahir par le négatif de l'extérieur ! Le Cancer mettra beaucoup de soin à se créer un logement confortable et rassurant dans cette troisième partie du destin.

Le **Lion** : dominateur et orgueilleux, le Lion n'a pas envie de baisser les bras et de se retirer de la vie active. Il a de l'énergie à revendre, il ne tient pas en place et, qui plus est, son désir de plaire et son apparence sont des points importants pour son équilibre. Il a besoin de se sentir concerné par ce qui se passe autour de lui. La monotonie et les habitudes ne sont pas son fort. Il éprouve un désir constant de se dépasser et de prouver de quoi il est capable. Il recherchera donc une activité ou des occupations différentes, histoire de garder le rythme et de briller en société. En famille, son impulsivité peut aussi lui jouer des tours car sa jalousie l'amènera à faire des constats qui ne seront pas du goût de tous.

La **Vierge** : lorsqu'elle est à la retraite, c'est un signe qui se calme et qui se met à l'écart. A cette époque de sa vie, la Vierge très souvent revendique son indépendance. Elle souhaite gérer son temps et son énergie sans que personne ne vienne s'en mêler. Elle n'aura pas envie de poursuivre automatiquement une activité. Elle préférera se laisser aller au gré de ses passions favorites. La Vierge a un grand sens du respect des traditions et de la famille, elle fera le maximum d'efforts pour que ses temps libres puissent aider ou servir ses proches.

La **Balance** peut vivre la retraite dans de très bonnes conditions. Au fil du temps, son expérience a gommé bon nombre de ses doutes et de ses indécisions ; elle sera prête pour l'équilibre et la sérénité. N'oublions pas que la Balance est un être sensible aux plaisirs de la vie ; l'étape de la retraite sera donc pour elle le prétexte à la bonne chère, aux sorties, aux dépenses (si elle en a les moyens). Elle sera plus autonome que dans les premières années de sa vie. Elle ne s'inquiétera pas vraiment des problèmes des autres. La Balance aura avant tout besoin qu'on la laisse tranquille dans son organisation de vie et dans ses habitudes.

Le **Scorpion :** avec le temps, il n'accepte pas de freiner la cadence de ses activités. Il a constamment besoin de se sentir productif. Son énergie est importante tout au long de son destin. De ce fait, la retraite du Scorpion sera heureuse, active, et son programme chargé car son esprit d'initiative lui permettra de s'adonner à de nombreuses occupations. C'est un signe qui sera très vigilant sur le maintien de sa bonne forme physique, il soignera son corps et son apparence.

Le **Sagittaire :** chaleureux et rassurant, il vivra une retraite paisible. L'essentiel pour lui est de se retrouver auprès de ceux qu'il aime. Sa possessivité légendaire sera encore d'actualité. Il souhaitera trouver un compagnon ou des amis s'il est seul, il mettra tout en œuvre pour se créer une véritable famille de cœur. Toujours très actif, le Sagittaire se dépensera beaucoup, sera prêt à rendre service et fera bénéficier les autres des fruits de son expérience.

Le **Capricorne :** plus indépendant que jamais, le Capricorne mènera sa retraite comme il le souhaite. Pas question de se pencher sur son cas, il vous fera vite comprendre qu'il a tout prévu. C'est un signe organisé qui n'attendra pas le dernier moment pour réagir. Il pourra participer à des associations ou à des organisations faisant le bien dans la société. Attention aussi aux idées du Capricorne qui, avec le temps, deviendront plus rigides et pessimistes que dans le passé. Par ailleurs, le Capricorne sera prêt à assumer de nombreuses responsabilités auprès de sa famille qu'il protégera et aidera grâce à son bon sens et à sa sagesse.

Le **Verseau** n'aime pas rompre ou arrêter quoi que ce soit dans la vie, encore moins stopper son évolution professionnelle. Ce qui l'anime dans la première partie de sa vie, c'est aller de l'avant. A l'époque de la retraite, il devra freiner la cadence étape par étape pour bien accepter le choc. Le Verseau est un sensible, un intuitif, qui pourra vite se vexer s'il ressent le moindre sentiment de pitié ou de compassion. Il souhaitera lui aussi se trouver une activité ou une occupation, histoire de se servir encore de cette matière grise prodigieuse qu'il possède, de son imagination et de ses idées ; ce sera le moment où il se dévoilera vraiment face aux autres.

Les **Poissons**: lui qui aime la nouveauté et la jeunesse, le natif des Poissons aura quelques difficultés à franchir ce cap de la retraite. Il modifiera ses habitudes au fil du temps, puis ira se réfugier dans ses rêves et ses jardins secrets où il tentera d'établir des liens entre sa nouvelle vie et son passé. Il ne sera pas forcément actif. Il passera beaucoup de temps à s'occuper de sa vie personnelle et à régler de nombreux détails pour obtenir un quotidien de retraité confortable.

L'intuition face à la maladie

Comment se servir de son intuition pour arriver à sentir si on est vraiment malade ?

Il y a deux origines à la maladie.

Le vrai problème physique ; le virus, l'infection, l'attaque d'un des viscères de notre corps, qui entraînent un déséquilibre de notre rythme biologique. Et puis, il y a tout l'impact de notre mental, de nos émotions, sur notre santé qui, en cas de choc émotionnel, peut déclencher en nous une violente réaction physique. L'intuition doit d'abord nous servir à savoir si l'on est vraiment malade ou pas. Il faut établir spontanément un rapport de cause à effet entre ce que l'on vient de vivre et la réaction de notre corps. Si notre vie est sans bouleversement majeur, c'est que l'on a vraiment un problème physique. Si on a récemment éprouvé un choc émotionnel, c'est que l'on est en train de « somatiser ». L'intuition sert à distinguer ces deux causes de maladie.

Comment, ensuite, accepter son état de malade ? Il faut déterminer de quel type de maladie l'on souffre et aller consulter, si nécessaire, un praticien. Ceux qui pensent que les médecines parallèles peuvent devenir aujourd'hui des médecines de premier plan me font peur. Je crois que la sophrologie, le magnétisme, la médecine naturelle, la relaxation sont des compléments à la médecine traditionnelle mais qu'en aucun cas ils ne doivent s'y substituer. Il faut être réaliste avec son corps et ne pas le négliger, sans quoi on ne contrôle plus ses sens. Dès que l'on se sent malade, il faut se soigner et ne pas se retourner vers les magnétiseurs, les herbes ou les gris-gris. Si ces médecines-là étaient vraiment efficaces, je suppose qu'on le saurait. On aurait interrompu tous les grands projets de recherche scientifique. Bien sûr, on peut redécouvrir les vertus de vieilles astuces du passé, un acupuncteur peut vous aider à peaufiner votre traitement, une tisane peut purifier votre corps après une cure d'antibiotiques... mais, en cas de problème grave, il ne faut pas se référer uniquement à ces sciences parallèles. Ce genre de médecine devient trop souvent l'échappatoire des gens qui paniquent devant la blouse blanche du médecin. Ils prennent la fuite chez les magnétiseurs qui vont les soigner sans les toucher, et les faire rêver. Pour ceux qui ne sont pas vraiment malades, ce sera une bonne thérapie, une espèce de confiance morale établie parce qu'ils auront l'impression d'être soignés, mais les personnes réellement atteintes de maladie auront besoin d'autres traitements plus sérieux. L'intuition doit nous aider à reprendre conscience de notre corps et de son impact physique. C'est ce qui fait que l'on rayonnera dans son travail et dans ses rencontres sentimentales. Il faut respecter son corps et surmonter la crainte des médecins. J'ai l'impression que subsiste encore cette légende des médecins criminels, des chirurgiens bouchers. Les gens ne savent plus vers qui se retourner quand ils sont malades : il y a en effet une telle multitude de thérapies que l'on perd la notion du médecin traitant de la famille. Un rendez-vous chez un médecin, c'est une rencontre émotionnelle au cours de laquelle on va tout de suite sentir s'il touche en nous la faille, s'il reconnaît nos points faibles. Face à une maladie due à un trop-plein de sensibilité, il faut avoir conscience qu'elle est le résultat d'une fuite de notre intuition. Notre sensibilité touchée est comme une éponge qui n'arrive plus à contenir tout le négatif qui nous entoure. Quand on somatise, c'est que l'éponge est saturée, elle déborde en nous. Ces débordements attaquent les failles de notre corps : nos points faibles sont souvent les mêmes, en fonction de notre signe astrologique (le Taureau est sensible de la gorge ; le Sagittaire des nerfs et du système circulatoire...).

Comment être intuitif lorsque notre sensibilité est atteinte ? Il faut arriver à trouver le bon moyen de s'en sortir. Un médecin pourra régler notre problème physique. Certains auront beau suivre de multiples traitements, leur problème physique persistera. Il faut alors que ces malades qui somatisent prennent conscience des causes qui les ont conduits à cet état, qu'ils essaient de décrypter leurs contrariétés et qu'ils réalisent l'intensité des chocs émotionnels qu'ils ont récemment subis. Il faut qu'ils comprennent s'ils doivent aller voir un psychologue pour régler leur émotion, ou s'il est préférable de laisser passer le temps pour se reprendre seul, ou s'ils doivent chercher un conseil (un ami, un parent) pour les aider à panser cette plaie intérieure dont leur état physique n'est que le reflet.

Avec une bonne gestion de l'intuition, si on cherche à conserver son équilibre, on gère mieux ses émotions et on réagit immédiatement en se créant une immunité spontanée et naturelle. En se formant une carapace on affrontera mieux la maladie. En cultivant l'ambition d'aller de l'avant, l'envie de sortir de l'étau, on arrive à vaincre sa maladie et à guérir. Quand on souffre, on peut s'autopersuader du mal aussi bien que l'on peut esquiver la douleur.

Je pense qu'au fond on connaît très peu son corps. On le regarde, on le touche, on en est conscient tant qu'il fonctionne mais, être intuitif, c'est refaire vraiment connaissance avec lui. Beaucoup de femmes qui ne s'aiment pas elles-mêmes deviennent ainsi boulimiques ou anorexiques. Le fait est qu'il y a des époques de la vie, telle l'adolescence, où l'on affronte cet état mais il faut trouver par la suite un équilibre entre notre corps et notre esprit. C'est entre 24 et 28 ans que l'on arrive à savoir à quoi l'on ressemblera toute sa vie. L'intuition, c'est chercher à déterminer ce que l'on attend de son corps et quel rayonnement on veut sur la terre pour minimiser les risques d'excès de poids, d'allergies ou de réactions folles. S'il existe un domaine dans lequel il est nécessaire d'être particulièrement intuitif, c'est bien l'alimentation. D'ailleurs, il est évident que bon nombre de maladies que les gens développent (notamment les allergies) sont liées à l'alimentation et à la pollution... Depuis des années, à cause des systèmes d'engrais, le corps a commencé à s'intoxiquer. Notre alimentation s'est dégradée, ce qui explique notre manque d'immunité. On s'intoxique tous en mangeant des produits complètement fabriqués, en absorbant des sucres qui n'ont plus la même saveur, en mangeant des acides gras, des aliments de fabrication chimique qui nous dévorent de l'intérieur et nous rendent moins résistants, moins beaux et moins sains. Il faut essayer d'éviter toutes ces données artificielles que l'on nous propose et tenter d'équilibrer son alimentation. L'intuition doit nous aider alors à nous parer contre ce genre d'agressions pour avoir une vie plus saine. Il faut aussi mieux gérer son sommeil. Car c'est le moment où notre moteur émotion se recharge sur le positif ou le négatif que l'on a traversé pendant la journée. Si l'on sent que l'on a vécu des chocs douloureux, il faut réussir à se détendre, à dormir pour vider son mental. C'est dommage d'avoir recours à des tranquillisants mais, parfois, c'est malheureusement nécessaire, car « la nuit porte conseil ». Je pense effectivement que le sommeil aide à définir les sentiments qui sont en nous.

Il faut se précipiter chez le médecin pour ne pas se complaire dans sa maladie. Quelles que soient les causes de la maladie, on doit faire attention à l'escalade spontanée du mal. L'intuition doit nous aider à refuser cet état car pour certains la maladie sera un refuge. C'est dangereux !

Le comportement, le rythme physique ne sont pas les mêmes pour chacun. C'est pour cette raison que l'étude de votre portrait astrologique, signe plus ascendant, peut vous aider à mieux cerner quels sont vos points faibles.

Dans le Zodiaque, chaque signe possède ses atouts et ses manques. Nous allons commencer avec les plus forts et les plus solides, « les signes de terre » qui, en astrologie, font partie des tempéraments nerveux, marqués par Mercure, Uranus et Saturne. Ils sont généralement pressés dans le quotidien, parfois même agités, prédisposés aux déséquilibres nerveux. Cela dit, ils sont intuitifs et studieux.

Tout d'abord le **Capricorne** : il symbolise dans le corps les genoux, la peau, les os. C'est un signe résistant qui a malgré tout tendance à vite baisser les bras lorsqu'il est malade et à se renfermer dans cet état. Il est souvent victime de rhumatismes (articulaires), dislocations du genou, eczéma, urticaire. Il est très sensible au froid.

Le **Taureau**, lui, symbolise le cou, la gorge, le larynx. C'est un combatif face à la maladie. C'est un des signes du Zodiaque qui possèdent une grande capacité de récupération. Les maladies dont il est généralement victime sont : diphtérie, mal de gorge, gonflement des amygdales, glandes dans le cou, angine, suffocation, laryngite. Attention à vous, Taureau, qui êtes rarement malade et donc négligent quand vous l'êtes vraiment !

La **Vierge**, autre signe de terre, symbolise le ventre, les intestins, le foie et autres organes de l'assimilation. Les maladies qu'elle connaît sont très souvent les coliques, dysenterie, diarrhée, péritonite, affections de la digestion intestinale. La Vierge étant très cérébrale, très angoissée lorsqu'elle est malade, il est probable que l'accumulation de ses angoisses a des répercussions sur son corps ; alors du calme !

Maintenant, abordons les tempéraments bilieux qui dépendent des signes de feu, de Mars et du Soleil. Ils sont prédisposés aux infections biliaires ou inflammatoires, et cela rend leur nature excitable, téméraire ou fiévreuse.

Comme le **Lion**, signe de feu gouverné par le Soleil, qui régit les parties du corps suivantes : le cœur, le dos, la colonne vertébrale. L'orgueil du Lion est important et, pour lui, être en forme est essentiel. Quel que soit son âge il est résistant et sa faculté de récupération alliée à son énergie colossale lui donne un maximum d'atouts face à la maladie. Les problèmes dont il peut être victime sont les maladies de cœur, les palpitations, tendance à la fièvre, etc.

Quant au signe du **Bélier**, il représente la tête, la face, les yeux et le cerveau. Lorsqu'il est malade, le Bélier est vite perdant. Il a tendance à se complaire dans l'état de maladie et met du temps à trouver des solutions pratiques à son problème. Les maladies courantes chez lui sont l'épilepsie, le mal de tête, les allergies de la face, les vertiges, les névralgies, congestions cérébrales, etc.

Le **Sagittaire** a peur de la maladie car c'est un des grands « actifs » du Zodiaque. Pour lui, être immobilisé est un véritable cauchemar lorsque l'on connaît le rythme sur lequel il évolue généralement. Les parties sensibles du corps du Sagittaire sont les cuisses, les fesses et les hanches. Les maladies dont il peut être victime sont : sciatique, dislocation des hanches, risques de fracture du fémur et de la clavicule, troubles sanguins, phlébites.

Dans le Zodiaque, il y a aussi des tempéraments lymphatiques qui dépendent des signes d'eau, de la Lune, de Vénus et de Neptune, et ont quelques tendances anémiques et léthargiques. Ce sont donc des personnages qui ont des dispositions artistiques contemplatives, émotionnelles et plastiques.

Dans ce registre nous avons le signe des **Poissons** qui symbolise les pieds, les muqueuses et la lymphe. Les risques majeurs du natif des Poissons résident dans sa sensibilité qui ne lui permet pas toujours de se protéger des agressions de l'extérieur (climat, ambiance affective, choc émotionnel). Les maladies dont il est généralement victime sont : problèmes avec les muqueuses, déformations des pieds, froid et coliques pris par les pieds.

Le **Cancer**, signe d'eau gouverné par la Lune, symbolise l'estomac, la poitrine, la cage thoracique, les seins. Lorsque le Cancer est malade, il se replie sur lui-même. Ce n'est pas un malade ennuyeux car il gère son problème en solitaire. D'autre part, lorsque l'un de ses proches ne va pas bien, le Cancer est très serviable et très efficace. Les maladies dont peut être victime le Cancer sont : les dérangements digestifs, toux, gastralgie.

Le signe du **Scorpion** symbolise les organes sexuels, le gros intestin, la vessie et le nez. Le Scorpion supporte mal l'état de « malade » car, pour lui, l'action est essentielle et s'il se sent dépossédé de ses forces, c'est la catastrophe. Les maladies typiques du Scorpion sont les hernies, les maladies sexuellement transmissibles et les maladies génito-urinaires.

D'autre part, il existe des tempéraments sanguins qui dépendent des signes d'air et de la planète Jupiter. Cela donne généralement une circulation active, un corps dodu, une nature joviale et optimiste.

Les **Gémeaux** symbolisent les poumons, les bras et les mains, les épaules et les nerfs. Celui né sous ce signe n'est pas un malade facile ; généralement il fait profiter de son mal tout son entourage. Les maladies dont il peut être victime sont la bronchite, les affections des poumons et des nerfs, la pneumonie, la pleurésie, les fractures des bras.

La **Balance** symbolise les reins. Elle est parfois de nature fragile. Ses angoisses sont importantes et ont aussi une répercussion sur son état physique. Lorsqu'elle est malade, la Balance est encore plus lente et plus indécise que d'habitude. Les maladies qui caractérisent la Balance sont toutes les maladies en relation avec les reins : urémie, néphrite, névralgie rénale, etc.

Enfin le **Verseau** : il symbolise les jambes, les chevilles, le sang, le dos et les nerfs. C'est un signe rapide qui aime aller de l'avant. La maladie est un problème qu'il refuse par principe, même si par ailleurs le Verseau est très attaché à son physique ou à l'image qu'il dégage. Les maladies dont le Verseau peut être victime sont : les chevilles cassées ou forcées, les varices, les désordres nerveux et spasmodiques, le mal de dos, les problèmes de circulation et les palpitations cardiaques.

L'intuition face à la dépression

Comment se sortir d'une épreuve grâce à l'intuition ? On aura du mal à concevoir que, légère comme elle semble l'être, elle puisse aider quelqu'un en proie à de très violents états d'âme. Pourtant, si l'on pressent que l'on est au bord du précipice, dans le négatif, c'est que l'on a encore une parcelle de sensibilité. Dans le cas extrême où l'on n'éprouve plus aucun sentiment, où l'on se complaît dans un état purement négatif, un état de névrose quasi suicidaire, alors, cela est du ressort du psychiatre, du psychothérapeute ou du système hospitalier.

L'intuition est utile quand les gens, même dépressifs, sont encore conscients qu'ils prennent la voie contraire de l'équilibre et de la pensée positive.

Quand on est déprimé et qu'on a l'impression que plus rien ne peut se passer, quand on culpabilise et que l'on veut vraiment se faire du mal, consciemment ou pas, l'intuition permet dans un premier temps de refaire le point et d'arriver à se dire : « Tu passes à côté de ta vie. » C'est un signal d'alarme qui retentit, mais pas immédiatement. On tombe d'abord dans une phase de marasme sous le coup d'un choc ou d'une accumulation de problèmes. Quand on touche le fond parce que l'on s'est vraiment laissé aller, sans désirs, sans communication, subitement on réagit : « Ça ne va plus, je n'étais pas comme ça avant. »

Dans un second temps, notre intuition va nous permettre de comprendre les raisons qui nous ont fait plonger du matin au soir dans ce bain de tristesse : en observant les indices qui nous restent. Les causes d'une dépression ne sont pas toujours évidentes : ce n'est peut-être pas simplement le fait d'avoir divorcé ou de se retrouver au chômage. Bien souvent, les causes en remontent à des chocs du passé mal cicatrisés, et qui resurgissent subitement dans notre vie actuelle en nous plongeant dans un état d'angoisse, de mal-être.

Il faut alors trouver les moyens et les outils pour s'en sortir. Il est encore beaucoup trop tôt pour se servir de la pensée positive. La première chose à tenter, c'est de communiquer. On doit avoir l'intuition d'aller vers les autres ; vers un ami, un collègue, ou une personne neutre (médecin) si l'on n'a plus d'environnement affectif... Pour sortir de la dépression, il faut partager son malheur et sentir qu'il y a des épaules sur lesquelles se reposer. On a besoin de quelqu'un qui nous tire de notre douloureux carcan. Ainsi, petit à petit, on va pouvoir resurgir à la surface. C'est une progression que chacun vivra à son rythme. Pendant ce genre de période, plus on réfléchit, plus on risque de s'effondrer, parce que notre psychisme est complètement négatif et que l'on a perdu toute objectivité. Quand on a oublié ses ambitions, seule une énergie extérieure peut nous inciter à la retrouver.

L'intuition est donc un gain de temps, une motivation rapide, un développement nouveau d'énergie.

On reprend pied dans la vie, on retrouve confiance en soi et un processus spontané nous amène alors à tourner la page. L'intuition, c'est un feeling pour demain.

Mais parfois elle n'est pas suffisante. Il existe des cas très graves, comme une dépression liée à un décès, qui peuvent laisser des traces indélébiles. (Dans ces cas-là, seul un médecin peut vous aider.) Il y a aussi des destins brisés et, là, personne n'y peut rien : tout dépend du *karma* de chacun.

Si l'on arrive tout seul à s'automotiver, à reprendre conscience de ses atouts et à aller vers les autres, on sera beaucoup plus fort parce que l'on aura acquis une assurance et un bien-être vraiment solides pour l'avenir.

Comment réagit votre signe astrologique dans l'épreuve ?

Nous rencontrons tous dans notre vie quotidienne des obstacles et des oppositions. Ce moment où l'on a l'impression que tout s'arrête et qu'il n'y a pas d'issue, que ce soit au travail ou sur le plan sentimental. Dès que l'on reçoit un choc violent, un refus du destin à nos désirs, c'est la déprime...

Nous sommes alors dans le creux de la vague, en train de rechercher chacun à notre manière la bonne solution pour s'en sortir. Pour mieux vivre cet état, essayons de comprendre le comportement de chaque signe dans l'épreuve.

Bélier : lorsqu'il est mal à l'aise dans sa vie quotidienne, le Bélier prend la fuite. A ce moment-là, il n'est plus courageux, il commence par baisser les bras, à se faire discret pour mieux s'échapper de la situation. C'est sa première réaction. Ensuite vient l'instinct de survie qui le fait réagir spontanément et le rend efficace. Il peut alors tenter de redresser les points faibles de sa vie et chercher des solutions à ses problèmes. Il ne faut pas oublier que le Bélier est un grand émotif dans l'épreuve. Il a du mal à encaisser les chocs. Ce n'est qu'en un deuxième temps qu'il prendra la situation en main avec, le plus souvent, beaucoup d'énergie.

Taureau : il n'aime pas qu'on vienne le bousculer dans ses habitudes. Le changement lui fait peur. Quand un problème apparaît dans sa vie, le Taureau s'angoisse, il se met à ruminer et se perd parfois dans les méandres de la dépression. Généralement fonceur et battant, il sera patient dans l'épreuve mais il perdra beaucoup de ses moyens car son moral est fragile Il devra chasser les idées noires et profiter de cette faculté innée de récupération qu'il possède. Le Taureau est un nerveux rentré qui aura besoin, en cas d'échec ou de dépression, de prendre du recul seul au calme avant de réagir.

Gémeaux : ils sont habitués aux mouvements d'humeur et aux ambiances differentes. Ce sont des êtres très adaptables qui pourront passer le cap de l'épreuve sans être trop atteints. Les Gémeaux seront presque inconscients lorsque leur situation sera extrêmement négative. Ils adopteront une position extérieure au problème, comme s'ils n'étaient pas concernés par ce qui se passe : donc ils se protègent !

Ils sont malins et rusés ; ce qui leur permet de saisir au bond de nouvelles opportunités pour remettre peu à peu leur situation sur pied et, de plus, ils auront une grande facilité pour tourner la page.

Cancer : les natifs du Cancer pensent beaucoup et s'angoissent vite. Dès qu'une catastrophe se produit dans leur destin, ils sont complètement déstabilisés. Ils sont très attachés à leur rythme habituel de vie mais leur hypersensibilité les rend très émotifs, ils perdent leurs moyens et se mettent rapidement à voir les choses en noir. Ils mettent du temps à réagir dans l'épreuve, ils ont du mal à bien encaisser le choc car ils se protègent peu. Par ailleurs, le Cancer va plutôt s'organiser de manière méthodique pour stabiliser sa situation. Il va agir étape par étape et tirer le maximum d'enseignements de cette épreuve ou de ce moment de dépression où il s'est trouvé.

Lion : résistant et tenace, le Lion aime dominer les choses. Dans l'épreuve, il met tout en œuvre pour garder les rênes en main. C'est un véritable combattant qui ne baisse pas la tête. Il évolue vite et recherche toutes les opportunités et les solutions possibles pour tenir le coup et ne pas sombrer dans le marasme le plus complet. Le Lion déteste se sentir perdant et humilié ; c'est un état dans lequel il préfère faire quelques concessions ou accepter certains arrangements plutôt que de tout perdre. Il est plutôt chanceux et même opportuniste, ce qui lui permet de surprendre son entourage par sa rapidité d'action et son besoin de paraître dans les moments difficiles de la vie.

Vierge : plutôt calme et discrète, la Vierge traversera l'épreuve avec beaucoup de sang-froid. Elle analysera sans tarder les raisons et les motifs qui l'ont amenée à se retrouver dans une situation négative. Elle se remettra en question et parfois se vengera sur son entourage : attention aux retombées ! Le choc d'une mauvaise nouvelle ou d'une rupture provoquera, chez la Vierge, une prise de conscience spontanée qui lui permettra de préparer tout de suite son avenir. Elle ne perdra pas de temps à se lamenter, gardera le rythme et fera tout pour être en action; les moments où elle sera abattue seront courts mais violents. Un seul inconvénient, la Vierge garde tout en tête. Il lui faudra penser à exorciser ses ressentiments avec le temps.

Balance : dans l'épreuve, la Balance perd énormément de temps car elle se noie dans le doute et l'indécision. En temps normal, c'est un signe qui a déjà du mal à faire la part des choses et à prendre des paris mais, dans le négatif, cette tendance est accentuée. La Balance est sensible, elle a du mal à affronter les problèmes en face, elle baisse les bras et devient alors très influençable. Elle ne se protège pas assez et ne préserve pas son intuition ou son sentiment sur la situation. Elle préfère chercher des conseils ailleurs, au risque de s'éparpiller. Lorsqu'elle craque moralement, la Balance a besoin de beaucoup de réconfort et de présence pour remonter la pente, car c'est un personnage très fragile face à l'épreuve.

Scorpion : énergique et puissant, le Scorpion n'a pas peur de grand-chose. Dans l'épreuve, il est combatif, rapide et malin, il n'est pas du style à se laisser aller, c'est un battant. Il se creusera la tête pour rechercher la bonne idée, le bon plan de sauvetage pour redresser sa situation. Il monopolisera toutes les forces et tout le monde autour de lui pour faire face au mal qui l'attaque. Moralement, cependant, il appréhendera mal le choc. Son côté destructeur le rendra déçu et amer ce qui, par moments, le rendra peut-être agressif et sévère avec les autres. Il tirera très vite des leçons de cette épreuve pour éviter que le piège ne se reproduise.

Sagittaire : il est généralement inquiet et angoissé sur son sort. Dans le négatif, face aux oppositions, il réagit violemment, il est même parfois capricieux et inconscient.

Dès qu'un obstacle apparaît, le Sagittaire bondit et laisse libre cours à son impulsivité. Il dit tout haut ce qu'il avait gardé sur le cœur depuis longtemps, il donne des coups de tête et prend des paris inconscients. Résultat : il amplifie la situation. Lorsque le moral est touché, il est défaitiste et pessimiste. Cela ne dure jamais longtemps mais cet état est généralement violent et profond. Ensuite, il retrouvera rapidement de la force et de l'énergie pour sortir de la dépression et poursuivre son destin, car il a trop besoin d'action.

Capricorne : c'est un signe endurant. Il mettra tout en œuvre pour résister dans l'épreuve, il renforcera alors sa nature indépendante et se protégera des commentaires et des réactions de son entourage. Il a envie de gérer la situation à sa façon. Il a besoin de garder les idées claires et de faire le point tranquillement. Lui aussi essayera de trouver les raisons qui l'ont conduit à se retrouver dans le négatif, l'épreuve ou la dépression. Il prendra alors de bonnes résolutions pour l'avenir et, comme le Capricorne est un signe de sagesse, il tâchera de prendre son mal en patience. Bien entendu, lorsqu'il fera sortir son « ras-le-bol » et son désespoir, ses réactions seront violentes et imprévues. Le Capricorne évolue très vite pour se sortir de l'épreuve.

Verseau : il déteste être freiné dans son élan, c'est un des signes qui supporte le plus mal de se trouver dans une situation difficile. Le Verseau aime avant tout aller de l'avant et vivre des étapes nouvelles. L'épreuve lui fait perdre bon nombre de ses moyens, il se replie sur lui-même et devient agressif. Il passe d'un état d'âme à l'autre et ne trouve pas facilement la solution à son problème car il se bloque, se bute, comme si tout était terminé, il en devient presque destructeur. Ensuite, grâce à l'aide de son entourage, le Verseau retrouve ses moyens pour dominer la situation avec malice.

Poissons : quand un obstacle apparaît, le natif des Poissons prend immédiatement la fuite dans ses rêves. Il ne veut pas assumer spontanément la situation. Il se renferme et médite sur le pourquoi et le comment de l'épreuve qu'il traverse. Il met alors son instinct et son imagination en action pour tenter de se changer les idées et reprendre des pensées positives. Il peut sortir de ce coup difficile avec beaucoup de malice et de tact et se glissera entre les oppositions pour ne pas finir de tout détruire. Même s'il est moralement fragile, il trouvera beaucoup d'énergie pour se sortir de la déception, du marasme dans lequel il est, car c'est avant tout un optimiste.

L'intuition face à l'alcoolisme et la toxicomanie

Quand on est dans un état dépressif, on peut s'enfoncer encore plus dans son marasme en se détruisant à petit feu avec l'usage de l'alcool et de la drogue : ce n'est pas autre chose qu'une fuite en avant pour éviter de régler son problème. Tomber dans les pièges de la toxicomanie ou de l'alcoolisme, c'est se retrouver dans un étau dont on aura bien du mal à sortir. Presque tous les alcooliques que je rencontre sont restés bloqués devant un problème d'enfance. Ils ont relégué leurs conflits dans les premières années de leur vie professionnelle, en commençant à foncer dans une sorte de second espoir, mais ils ont échoué parce qu'ils étaient trop fragiles. Beaucoup de gens, selon ce schéma, plongent dans l'horreur de l'alcool.

Sans pour autant en faire une généralité, j'ai remarqué au cours de mes consultations à la radio que, dans les classes favorisées, ce sont plutôt les femmes qui boivent alors que, dans les classes plus modestes, ce sont les hommes. La femme d'un milieu aisé, parce qu'elle a moins besoin d'avoir un rôle actif dans la vie, moins de raisons de travailler, va se mettre à boire. Un pauvre ouvrier qui n'a peut-être pas connu son père, et s'est mis à trimer comme un fou dès l'âge de 18 ans, risque de s'effondrer un jour. La première intuition que l'on puisse avoir par rapport à l'alcoolisme est une réaction vis-à-vis de ses sens. On doit vite se rendre compte que l'on perd son énergie, son corps, son courage et sa volonté. Car l'alcool peut dégrader profondément un être humain.

La drogue est dangereuse mais on peut y plonger violemment et s'en sortir brutalement, ou avoir une relation ponctuelle avec elle. Elle cause des dégâts mais les effets de l'alcool sont beaucoup plus insidieux. On peut se demander jusqu'à quel point l'alcool n'a pas été banalisé par notre société de consommation au point d'amener les gens fragiles à y sombrer malgré eux.

Je ne crois pas que les grandes campagnes contre l'alcoolisme et la drogue soient d'une grande efficacité, car c'est vraiment un problème individuel.

Je pense que l'alcool est davantage que la drogue un phénomène de société. Cette dernière a sûrement des responsabilités importantes vis-à-vis des déboires causés par l'alcool. Dans certains pays, on trouve des familles d'alcooliques de génération en génération.

Il faut essayer d'être intuitif avec un alcoolique ou un drogué parce qu'on ne peut plus l'être soi-même quand on a plongé dans ces états de destruction. Être intuitif vis-à-vis d'un alcoolique, c'est essayer de trouver les moments où il est un peu clair et à jeun pour le raisonner et lui faire comprendre pourquoi il en est arrivé là. Il ne faut pas le condamner, mais plutôt tenter de trouver la cause de son alcoolisme. L'intuition peut aider à choisir la manière et le moment d'approcher et de parler à un alcoolique. Ce n'est certainement pas quand il est en état de crise violente, ni quand il est en deuxième phase d'ivresse, dépossédé de tous ses moyens, et regrettant tout ce qu'il a vécu. Il faut essayer de lui montrer dans quel état de dégradation il se plonge, sans forcément l'agresser, et tenter de pardonner les excès de comportement qu'il aura envers vous. A petite dose, avec beaucoup de sensibilité il faut le comprendre pour l'aider à trouver la faille. Être intuitif vis-à-vis d'un drogué, c'est aussi trouver le moment propice pour entrer en communication avec lui. Il est tellement ailleurs que c'est un gros travail. Il est très difficile de communiquer avec un véritable toxicomane en état de manque. Il faut alors, à sa place, trouver les motifs de son état et les lui rabâcher constamment.

Sans le juger, on doit l'aider à trouver une solution. Il faut le prendre en considération, se dire que, s'il est dans cet état de destruction, c'est aussi pour provoquer une réaction chez l'autre. Elle doit alors être immédiate. Face à cet appel du cœur et des sens, il faut se manifester. Avec certains il faudra dialoguer, avec d'autres il faudra les aider à chercher un travail, avec d'autres encore il faudra mettre en évidence les causes de leur état ou, en cas extrême, les emmener dans un centre de désintoxication, ou les pousser à faire une psychothérapie... Il existe trop de facteurs spécifiques à chaque situation pour pouvoir généraliser. Il n'y a pas de solution miracle à ces états. L'intuition, c'est surtout celle de « l'autre », celui qui aidera l'alcoolique ou le drogué à prendre conscience de ses manques et de ses carences, et surtout, faire que la vie continue, en le poussant vers de nouveaux objectifs.

L'intuition face aux maladies graves

Comment être intuitif quand on découvre en nous une maladie grave : cancer, sida ?... La prise de conscience en est dramatique. Une phase de réflexion est alors nécessaire pour constater cette maladie qui remet en question les bases mêmes de notre vie. Ensuite il faut réagir : gérer son temps et son énergie de façon à trouver des moyens d'avancer, des solutions. Il faut cultiver la pensée positive et se raccrocher instinctivement au point le plus positif de nos désirs et s'en faire sa raison de vivre. Sans amour ou sans travail, on a au moins un ami, un parent à qui confier ses maux. Il faut avoir foi en sa propre guérison, et sa propre rémission, affronter et admettre son état, continuer à vivre sans trop réfléchir à sa maladie et cultiver sa volonté de s'en sortir. Quand la maladie nous amène devant l'échéance de la mort, on est face à la fatalité du destin. L'astrologie ou la voyance peuvent nous aider à nous préparer à ce type de fatalité. (Dès que l'on arrive sur terre, on porte en nous un rythme de destin, long ou court. La longévité de la vie se sent dans un thème astral : c'est quelque chose que je ne révèle pas aux gens parce que je suis un voyant du vivant ! J'essaie de leur faire sentir que leur état est grave.)

Une fois que l'on a admis sa maladie, il faut affronter des moments de blues terribles contre lesquels il faut lutter : certains vont se raccrocher à la religion, d'autres vont découvrir la lecture...

Il existe des gens pour qui cet état de maladie grave est un révélateur : ils vont tout relativiser autour d'eux et se métamorphoser en laissant vraiment jaillir leur véritable personnalité, devenir humbles, tolérants, compréhensifs. Leur maladie leur apporte un nouvel équilibre. Je suis toujours étonné que, dans cet univers dur et noir de la maladie, on arrive à faire rejaillir une personnalité aussi positive et belle. Le rayonnement des malades qui veulent s'en sortir est admirable. Il ne faut surtout pas baisser les bras. Si l'on ne réagit pas, si on laisse son corps à l'abandon, il meurt et c'est la fin : le triomphe du mal.

Les maladies graves nous font peur, particulièrement le sida, ce virus qui s'attrape par un acte d'amour. Il faut s'en protéger instinctivement sans pour autant cesser de vivre. Face au sida les gens réagissent de façon excessive. Les uns disent : « C'est la fatalité ; si ça doit m'arriver, cela m'arrivera ! », les autres se bardent de préservatifs et de raisonnements, ne sortent plus... ne vivent plus. Il faut prendre ses précautions mais il y a quand même un juste milieu à trouver.

L'intuition doit aussi nous aider à trouver la force d'assumer l'état d'une personne gravement malade ; trop souvent on finit par la rejeter, on la laisse tomber au bout de quelque temps quand la maladie persiste. Cloîtré dans sa chambre d'hôpital, un malade sort vite de notre pensée, alors qu'il a justement besoin d'une présence positive pour le remonter, lui redonner de l'espoir.

Le praticien doit aussi faire preuve d'intuition et de sensibilité pour savoir s'il doit annoncer sa maladie mortelle au patient.

Comment se montrer intuitif face au malade ?

Si l'on n'a pas soi-même de problème de santé, il faut capter l'émotion néfaste du malade pour la transformer en positif. On doit se faire le messager de l'espoir, celui qui change les idées du malade et le pousse vers une rage de vaincre. Il faut cultiver pour l'autre la bonne intuition, lui montrer le chemin à suivre, le ramener à l'espoir, montrer une présence plus chaleureuse, plus profonde que d'habitude. Il faut avoir du temps à lui consacrer car ce n'est pas facile de comprendre l'état d'âme d'un malade. Il peut devenir agressif, défaitiste, aigri, macabre. Mais il faut penser aussi à se protéger, ne pas se laisser paralyser par le mal de l'autre. Ce n'est pas à nous d'être triste ; il faut dépasser ce sentiment et penser positif à la puissance 10. Il ne faut pas se poser de questions. Dès que l'on vous annonce que quelqu'un est malade, il faut avoir instinctivement envie de l'aider ou pas. Ensuite, seulement, il faut chercher le comportement idéal pour entrer dans ses failles et compléter ses manques, le suivre dans son quotidien. Cependant, il ne faut pas non plus prendre trop en charge le malade, le déresponsabiliser, en faire un être fragile et délicat. Il faut le respecter, lui laisser son amour-propre, sa personnalité, sa base de vie normale et recréer une ambiance proche de sa vie d'avant.

Quand on se trouve devant un malade condamné et que l'on attend la mort avec lui, il faut se blinder, s'endurcir en remerciant Dieu de ne pas être malade, et tout faire pour ne jamais en arriver là. Tous, à un moment donné, nous avons un proche qui tombe malade. Il faut alors dominer le sentiment d'impuissance qui nous envahit car, même si nous ne pouvons le guérir, nous pouvons lui apporter un énorme soutien affectif en complément du traitement que lui donnera la médecine.

Souvent, les gens qui tombent très gravement malades ont un problème d'identité et ne se sentent pas à leur vraie place dans la société.

La meilleure forme de dialogue que l'on puisse avoir avec le malade, c'est la vérité et la franchise : un malade qui ne se responsabilise pas, et qui n'est pas conscient du vrai mal qui l'habite, ne pourra pas cultiver le maximum d'énergie positive pour s'en sortir.

La maladie est le phénomène le plus difficile à accepter. La question de la santé est celle que tous les gens me posent systématiquement en consultation. C'est essentiel. C'est pour cette raison qu'il faut inculquer à son enfant, dès le départ, une hygiène de vie dans son alimentation et une bonne compréhension de son corps, qui le rendra plus résistant.

L'intuition face à la mort

La mort nous fait peur. Cette douloureuse impression que la mort est l'étape ultime de la vie, qu'elle nous enlève tout, qu'elle est vraiment ce squelette armé d'une faux qui va couper tout ce qui était vivant. Avoir de l'intuition à propos de la mort, c'est la maîtriser en évacuant cette peur. En fonction de sa religion, de son éthique ou de sa morale, chacun doit se persuader que ce n'est pas forcément le point final. J'ai du mal à croire que cette vie-là est « fermée », avec un début et une fin ; je pense qu'il y a une vie avant et une vie après, du fait de ces impressions de

« déjà vu » que chacun ressent plus ou moins. Il est rassurant de prendre conscience de ces valeurs de la réincarnation, et de l'existence de vies antérieures. On peut avoir une intuition face à la fin de son destin, plus calme et sereine que l'image de violence, de peur et de destruction matérialisée par les pompes funèbres, les cimetières, les crucifix.

Les images de la mort que véhiculent les religions, ou l'art, sont généralement macabres et tristes. Pourquoi a-t-on besoin de matérialiser autant le chagrin qu'elle provoque ? Ne devrait-il pas s'agir simplement d'une manifestation du domaine de l'émotion ? Il est dommage que la conclusion de la vie soit concrétisée par un bout de tissu noir, une pierre et une croix. On devrait respecter la mort comme une étape de la vie et la banaliser comme tout le reste. Il est sans doute plus sobre, plus respectueux, plutôt que d'enterrer, d'incinérer et de faire jeter les cendres à la mer. Je trouve toute la tradition des religions, autour de la mort, lourde et dépassée.

Il est vrai que la mort est la fin d'un cycle, mais on ne peut pas vraiment s'y préparer parce qu'on ignore encore ce qu'elle cache. On ne saura jamais avant l'heure quelles sensations elle donne. Il faut dédramatiser la notion de la mort ! Ce n'est pas parce qu'elle est imparable qu'il faut la précipiter. Chacun a une heure où elle doit tomber, c'est quelque chose de prévu au départ de la vie. Quand on naît, un espace-temps nous est accordé : certaines personnes brûlent toutes les étapes et meurent jeunes, d'autres vivent dans une fluidité constante et auront une longévité extraordinaire. Certaines personnes ont tellement peur de vieillir, et de ne pas produire et créer suffisamment, qu'elles n'arrivent pas à vivre pleinement le moment présent et font de leur vie une course effrénée contre le temps. Je pense qu'il faut se laisser aller à son destin et dépassionner le débat. On a du mal à se dire que c'est une étape comme une autre, parce qu'il y a cette notion du vide et du néant qui nous hante. Mais je ne suis pas convaincu que ce soit le néant : la mort nous amène à repartir ailleurs, sur un autre rythme, vers un nouveau destin. En quoi se réincarne-t-on ? Malgré de nombreuses études à ce sujet, l'on ignore toujours si l'on revient dans le règne animal, végétal ou minéral. C'est encore une énigme. Mais le fait est qu'il existe des manifestations étranges : par exemple, des transferts de caractères dans une famille quand il se produit simultanément une mort et une naissance, ou des ambiances laissées par une personne qui meurt. Il faut donc se dire qu'on laisse une empreinte et savoir qu'à la fin de la vie on n'a plus la même foi qu'en son milieu, où l'idée de la mort effraie. Au fil du temps, l'approche de la mort devient plus calme et sereine. Plus on est jeune, plus on pense à la mort, et plus notre intuition est grave et violente.

Ce qui m'a toujours étonné, c'est la mort provoquée. J'ai du mal à envisager qu'à tel ou tel moment, l'on puisse avoir l'instinct de prendre un revolver pour se tuer en toute lucidité. A mon avis, les suicidaires sont des gens qui se sont perdus dans leur réflexion intérieure, enfermés dans un labyrinthe dont ils n'arrivent plus à sortir. Ils en sont arrivés à commettre ce que j'estime un acte de courage. Dans l'acte du suicide il n'y a aucune intuition, c'est plutôt l'effet d'une réflexion extrême qui n'a pas abouti.

L'intuition face à la mort, c'est aussi le fait du voyant qui la pressent. J'ai déjà ressenti la mort. Cela m'a posé un grave problème de conscience. La sensation du néant se manifeste dans les cartes par des symboles où le positif redevient négatif : on voit alors que tout s'en va et qu'il n'y a plus rien. A-t-on le droit de l'avouer ? Dans un premier temps, je ne pense pas. Mais tout dépend de la personne que l'on a en face de soi ; on se doit d'évaluer ses possibilités d'assumer le choc, si un de ses proches est mourant. En tout cas, je ne me vois pas annoncer de but en blanc à une personne qu'elle va mourir.

Comment avoir une intuition vis-à-vis de la mort des autres ?

Quand l'un de nos proches meurt, on éprouve l'impression qu'une part de soi-même s'en va avec lui, on trouve inadmissible d'être dépossédé d'un être qui nous était cher, on ne comprend pas, on se sent impuissant face à ce phénomène que l'on ne contrôle pas, on est frustré et accablé. L'intuition doit nous aider à mieux vivre tous ces états d'âme, même si l'on est triste. Elle doit nous inciter à repositiver les choses en acceptant la mort. Elle doit nous aider à ne pas tomber dans un état dépressif. Il faut se dire : « Il est mort mais la vie continue. » L'intuition peut aider à se protéger de la mort de l'autre, à ne pas se retrancher, à ne pas croire qu'il va revenir, à ne pas entretenir une continuité de la vie du défunt. Le problème de beaucoup de gens est qu'ils ne veulent pas l'admettre. Ils se disent que le mort va revenir et cultivent inconsciemment un faux espoir, comme une prévenance vis-à-vis du disparu. Certains vont très loin dans des attitudes de refus devant la fin de la vie d'un proche. Combien de mères, ayant perdu un enfant, conservent sa chambre intacte... Il faut admettre la vérité de la situation, réaliser que l'on a coupé un cordon et que l'on est en rupture violente. Ce qui ne veut pas dire qu'on ne pourra pas essayer, plus tard, de communiquer à nouveau avec le défunt par la pensée ou par une protection de l'au-delà. Mais, dans un premier temps, il faut lutter rapidement pour ne pas sombrer. On doit se raccrocher à autre chose, en allant de l'avant, en sortant, en rencontrant ses amis, en rangeant les objets qui nous font trop penser au défunt, en déménageant. Il faut entrer dans une phase d'action, sans quoi l'on risque de passer des années à s'en remettre. Si on arrive à s'occuper l'esprit, on va progressivement ressentir une sérénité dans le souvenir de l'autre, avec la certitude apaisante que le défunt nous accompagne et nous protège. Je crois beaucoup à la protection des morts sur les vivants, à cette communication de l'au-delà, au rayonnement des gens qui sont là-haut. Ce n'est pas une protection matérielle, mais une aide par les forces de la pensée.

Certaines manifestations curieuses en sont la preuve : au cours de périodes difficiles on se met parfois à penser à une personne qui nous a marqué dans le passé et on se raccroche à ce qu'il nous transmet. C'est aussi de l'autopersuasion, mais je crois qu'il y a vraiment une influence des défunts.

Avec Madly Bamy (la compagne de Jacques Brel), j'ai vécu une expérience de communication avec les morts. Elle fait le vide dans son esprit, et se concentre sur les centres d'énergie qui sont autour d'elle (plusieurs personnes dont elle touche les mains). Elle appelle alors les esprits et se met à écrire très vite des phrases avec des styles d'écriture différents, des messages étonnants, dévoilant des détails intimes sur la vie des gens qui l'entourent. C'est impressionnant, déroutant. Madly Brel ne prend ses décisions qu'en fonction de ces messages de l'au-delà. C'est la preuve qu'il y a vraiment un lien, une vibration laissée par les défunts.

Pour avoir la bonne intuition face à la mort, il faut se persuader que cette communication, cette protection de l'au-delà existent même si elles ne se manifestent pas pour tous, puisqu'elles nécessitent un don de télépathie.

Pour accompagner quelqu'un dans la mort, l'intuition consiste à lui redonner espoir par échéances courtes, être positif et l'accompagner jusqu'au bout.

Il faut s'investir dans la mort de l'autre sans pour autant se laisser dévorer. L'intuition doit nous aider à trouver la juste limite pour ne pas sombrer soi-même et se faire trop de mal. Quand on affronte la mort, il faut arriver à reprendre plus d'assurance en soi, et à la considérer comme une épreuve de plus à surmonter. Il ne faut pas s'en glorifier, mais comprendre que cette étape nous apporte une grandeur d'âme qui nous rendra plus compréhensif aux autres valeurs. On va tirer de la mort de l'autre certains enseignements qui vont nous permettre de régler d'autres problèmes en ayant alors une vue plus lucide sur sa propre vie. Ces périodes sont aussi l'occasion de faire un bilan sur l'intensité des sentiments que les autres nous portent.

Il faut en profiter pour regarder qui vous a soutenu dans cette épreuve. C'est le moment de se débarrasser sans regret des liens hypocrites, de faire le point dans sa vie, de combler les manques que la mort de l'autre aura laissés. C'est une renaissance, une nouvelle étape durant laquelle notre intuition va tenter d'équilibrer en nous tristesse et espoir...

VI

L'INTUITION DE CHAQUE SIGNE DU ZODIAQUE

Le Bélier

Le Bélier, signe de feu, possède une impulsivité naturelle et spontanée. Il a la volonté de happer le destin et l'opportunité qui est devant lui, mais pas toujours dans le bon sens. Son intuition irréfléchie peut l'amener parfois à se tromper. Le Bélier doit essayer de faire la distinction entre ses coups de tête inspirés par un caprice, ou par une sorte de chantage affectif qu'il fait à lui-même et aux autres, et son intuition qui est un vrai sentiment.

Les natifs du Bélier ont un mental ultrarapide qui les devance toujours par rapport à ce qu'ils vivent. Le rythme de leur évolution sentimentale ou professionnelle reste en décalage par rapport au déroulement des grandes étapes de leur vie. Ils ont cependant une bonne intuition quant à leur entourage, et savent choisir et définir les bons critères chez les personnes qui vont les attirer dans leur vie amicale et sentimentale.

Mais le Bélier doit avoir un rapport plus spontané avec les finances. Il a un comportement trop personnel avec son argent et cherche à tout prix à le garder.

C'est un signe malin. Cette malice naturelle est aussi une parcelle d'intuition. Son besoin d'agir vite, sa volonté d'aller vers les autres tout en cultivant son ego sont un signe propice au développement de son intuition.

Il a la chance d'être impulsif mais doit se méfier de son côté capricieux et têtu, qui va à l'encontre de son impulsion. Il doit chercher à faire la part des choses. Si un Bélier n'est pas intuitif, c'est qu'il ne veut pas prendre conscience de cette qualité... Car l'intuition est une matière brute en lui.

Son intuition doit l'aider à synchroniser ce qu'il vit intellectuellement et mentalement, par rapport à ce qu'il vit concrètement au quotidien.

Il a tout pour devenir intuitif à condition de ne pas trop trépigner et de ne pas se montrer impatient. Le Bélier a beaucoup de charisme, il s'exprime bien, il a envie d'aller vers les autres, il dégage du positif spontanément. Il a du mal, en revanche, à faire des concessions, à accepter le protocole, ce qui est officiel, à entrer dans les normes. Il a besoin d'espace et d'oxygène, choses primordiales à son équilibre et à son bien-être.

Le Bélier est quelqu'un d'inconscient dans ses coups de tête, mais il est plutôt lucide et objectif sur la teneur des événements qui se passent autour de lui. Il a une bonne vision de ce qu'il est et de ce qu'il fait.

Il aime les challenges, les défis, se remettre en question, même s'il a du mal à décrocher des traumatismes et des images du passé.

Le Taureau

Le Taureau est un être inquiet. Il a du mal à faire jaillir son intuition et a besoin d'autres éléments dans son thème et dans sa vie pour avoir un sentiment plus naturel et impulsif vis-à-vis des autres et de lui-même.

Le Taureau est sensible aux couleurs, aux formes et à l'esthétique qui vont lui permettre de développer son intuition sur tout ce qui l'entoure.

C'est un signe de terre, qui exprimera tout au long de son destin son attirance pour la nature et les éléments (feu, terre, eau, air). Il a besoin de ces bases naturelles pour affiner ses sens et mieux définir son intuition.

Le mental du Taureau est prédominant. C'est un signe qui médite et « rumine » sur ce qu'il capte autour de lui. Son don d'observer, d'écouter et de mémoriser va lui permettre de se forger une attitude intuitive.

Généralement, le Taureau est lent, tant sur le plan professionnel que dans d'autres domaines. Il a donc intérêt à bien saisir son instinct : ce sera un gain de temps dans son quotidien.

En faisant tomber bon nombre de ses habitudes et en quittant sa monotonie coutumière, il gagnera en tact et en finesse et améliorera ses relations avec les autres.

En amour, le Taureau a besoin de toucher, de sentir, de posséder. Gouverné par Vénus, il fait partie des êtres les plus délicats et inspirés dans ce domaine où son intuition est innée. Lorsqu'il a un coup de cœur, et donc une intuition pour une personne, il s'investit à fond et mise tout sur cette sensation.

Sur le plan professionnel, sa stratégie est

toute d'instinct. Le Taureau est patient, apaisant. Il aime bien gérer l'argent. Matérialiste dans l'âme, il sait le capitaliser et le faire spontanément fructifier. Son intuition en affaires va lui permettre de se poser un minimum de questions avant de passer à l'acte : elle sera ainsi un bon antidote contre ses doutes et ses angoisses.

Par ailleurs, le Taureau a un sens inné de la maison, de l'immobilier, de l'art et de la nourriture : du « bien vivre ». Ce qui explique cet instinct animal qu'il possède plus profondément que les autres signes.

Les Gémeaux

Les Gémeaux possèdent une intuition spontanée. Ils ont un sens inné du contact, de l'approche d'une situation et d'un monde extérieur auxquels ils peuvent s'adapter facilement. Ce sont les « caméléons » du Zodiaque.

L'intuition leur permet de se renouveler en permanence, que ce soit au niveau de leurs pensées, de leurs projets ou de leurs ambitions. Ils symbolisent les métiers intermédiaires, les entreprises nouvelles, les échanges.

Les Gémeaux sont un signe qui gère en permanence une multitude de sensibilités différentes autour de lui. Cet exercice au quotidien est idéal pour accroître son instinct tout au long de sa vie.

Mais le rythme du destin des Gémeaux est généralement très cyclique, car ce sont des êtres qui passent facilement d'un état à l'autre. Leur instabilité en amour et dans leur travail leur jouera souvent des tours.

Sur le plan professionnel, les Gémeaux vont

toujours de l'avant. Optimistes et rapides, ils ont le flair pour découvrir et sentir des choses avant l'heure (des professions comme découvreur de talents, chasseur de têtes ou chercheur leur conviendront parfaitement). Ils doivent donc mettre en avant cet aspect de leur caractère qui les aidera à saisir les opportunités et à vivre en profondeur tout ce qui se présente face à eux. Les Gémeaux n'aiment pas se surcharger de travail. Ils évoluent à leur rythme avec un goût prononcé pour l'indépendance. Ils s'adaptent parfaitement à toutes les couches sociales, les populations et les cultures, ce qui laisse à penser que leur intuition sera très adaptée aux années futures car ils savent outrepasser les barrières et les frontières.

En amour, la natif des Gémeaux se dédouble très souvent. D'un côté, il aura dans sa vie un ou une partenaire qu'il respecte et, de l'autre, la cour de récréation : il passera de l'un à l'autre sans trop se culpabiliser.

En somme, il doit développer cette mine d'or qu'est son intuition pour structurer les choses en lui-même et ne pas se perdre dans les autres.

Son intuition est en fait son meilleur moyen de communication.

Le Cancer

Le Cancer est un signe positif, généreux, calme et hypersensible. C'est un sensitif dans toute sa splendeur et l'un des signes les plus intuitifs du Zodiaque. C'est un être clairvoyant qui, même lorsqu'il est recroquevillé dans sa coquille, pointe des antennes qui lui font ressentir avant l'heure ce qui va se passer et ce que vont faire les autres. Les femmes du Cancer possèdent vraiment l'intuition féminine à 100 %. Elles observent, écoutent et analysent très vite tout ce qui se passe autour d'elles.

Le Cancer a très souvent une approche délicate des choses, aussi bien dans son activité professionnelle que dans sa vie privée. Il a besoin de douceur et de tranquillité. Il est attiré par le mystère et l'irrationnel et ses pensées sont en mouvement perpétuel, dispositions tout à fait favorables au développement de son instinct.

Cependant, un peu caractériel, le Cancer est un signe difficile à vivre et à suivre du fait des mouvements de sa sensibilité. Tantôt à l'aise, tantôt fermé, il est en proie à de violents états d'âme.

Il garde toujours un jardin secret dans lequel il vit ses évasions.

Sur le plan professionnel, le Cancer est volontaire et optimiste. Son intuition est généreuse dans l'action, il s'adapte facilement et sait se faire apprécier grâce à sa sensibilité développée et à son charme inné. Parfois le Cancer est peureux dans son travail. Il n'aime pas que l'on vienne bousculer ses plans. Son intuition doit alors l'aider à franchir le cap pour prendre des paris et surmonter ses angoisses du moment. Cela lui évitera de garder des regrets tout au long de sa vie.

En amour le Cancer est un passionné, un romantique tendre et discret. Mais il aura du mal à bien contrôler l'influence de ses désirs sur la teneur de ses intuitions.

Il devra donc faire attention à ce que cette attitude ne vienne pas entraver certaines de ses relations.

L'intuition du Cancer est comme un détonateur

qui lui permettra de rajouter du rythme à sa vie et de ne pas se retrancher systématiquement dans sa coquille dès qu'une nouvelle étape surgit.

Le Lion

Le Lion : un signe dont il faut bien avouer qu'il n'a pas d'intuition spontanée. Il aura toujours besoin d'un support pour être le révélateur de son instinct. Il lui faut obligatoirement du concret : une rencontre, un début de projet, une ambiance qui vont lui permettre de ressentir le devenir qui se présente à lui.

Il dégage cependant une vibration qui le met en position de force et lui permet de tenir la dragée haute à son interlocuteur et d'obtenir une bonne partie de ce qu'il veut. Le destin du Lion s'accomplit toujours dans le sens d'une évolution.

Très efficace dans son travail, le Lion sait intuitivement où se trouvent le matériel, l'argent, les moyens d'aboutir. Il arrive à obtenir ce qu'il veut des gens, à les faire travailler pour lui. Quand un Lion a une idée en tête, tôt ou tard, il la concrétise. C'est un rusé, un malin.

Le Lion est aussi un signe d'extériorisation. Il aime bien communiquer, paraître beau. Il aiguise sa sensibilité à travers l'approche de l'art, des belles matières et du décorum (souvent luxueux) dans lequel il évolue.

En amour, le Lion se montre capricieux. Détestant reconnaître ses torts, il est inconscient, gamin, avec un fort besoin d'être aimé. Il a aussi du mal à partager mais son intuition doit l'aider à rééquilibrer ses rapports humains pour éviter d'avoir toujours besoin de dominer et afin que l'autre lui appartienne entièrement.

Le Lion éprouve un besoin constant d'aller de l'avant. Il est toujours motivé par un nouveau projet. De ce fait, il multiplie ses intuitions pour découvrir des perspectives nouvelles qui le propulseront dans l'avenir.

Plus il obtiendra des résultats concrets, plus le Lion aura tendance à se fier à son intuition. Car, chez lui, l'intuition est un phénomène progressif : il la laisse l'envahir et s'en sert à petite dose.

La Vierge

La Vierge, signe de terre, fait partie des signes les plus exigeants du Zodiaque.

Elle possède un grand sens de la minutie et du détail, ce qui ne la rend pas toujours facile à vivre ni communicative avec les autres.

Son intuition naît, en fait, de sa finesse d'esprit.

Difficile à cerner, c'est un signe indépendant, plutôt matérialiste.

Ses grandes intuitions porteront donc essentiellement sur ses ambitions et ses choix de vie.

L'intuition de la Vierge, au quotidien, la porte à tout organiser, planifier et relativiser sans cesse.

Sur le plan professionnel, la Vierge aime la méthode. Elle possède un sens élevé du devoir et de la perfection. Dans le travail, son ambition passe par la stratégie qu'elle se donne. C'est un être qui intériorise et cérébralise beaucoup : un signe très ambitieux.

Quelle que soit la situation dans laquelle elle se trouve, le flair de la Vierge lui permettra de discerner les atouts, les opportunités, les avantages et les obstacles qui l'entourent. Calculant tout, elle ne fait rien gratuitement. Elle a toujours une idée derrière la tête et ne laisse jamais rien au hasard. C'est un esprit pratique et organisé.

Généralement, les hommes dont le thème astral est très fortement marqué par la Vierge sont mariés avant tout avec leurs affaires. On pourra les trouver tatillons et difficiles à suivre. Lorsqu'on dit que la Vierge est organisée, c'est un peu excessif. En fait, elle sait se repérer très habilement dans son désordre. Mais sur le plan affectif, la Vierge est stable et loyale. Quand elle s'engage, c'est pour de bon. Elle devient alors sage et pondérée ; mais ses caprices et ses exigences ne se marieront pas forcément avec tous les caractères.

Pour la Vierge, l'intuition sera une sorte de ballon d'oxygène qui laissera un peu de place dans sa vie pour l'improvisation et la spontanéité.

La Balance

La Balance symbolise avant tout le duo, l'accord, l'association, le mouvement des pensées. C'est un signe qui a du goût, qui est sensible aux plaisirs de la vie, et quelqu'un qui aime bien s'extérioriser. La Balance possède généralement une bonne approche de l'esthétique et des éléments qui l'entourent.

C'est aussi un signe très instinctif, qui évolue vite et saisit au vol de nombreuses images qu'il mélange et recadre dans son esprit. C'est grâce à ces images capturées dans le réel qu'il va forger son intuition.

Très communicative, la Balance a un grand besoin d'union et d'association. Elle ne peut vivre seule ; c'est un point supplémentaire sur lequel elle aiguise au fil de ses rencontres son flair spontané.

La Balance, réceptive et émotive, est amenée à ressentir parfaitement les états d'âme de ceux qui sont face à elle. Elle est un électrocardiogramme permanent de l'émotion des autres. Dès qu'elle perçoit dans l'air une émotion négative, elle éprouve un besoin instinctif d'aider. Elle aime réconforter et conseiller. C'est son côté bon cœur. En parallèle, elle possède un grand sens de la justice et prend facilement parti pour les déshérités.

Sur le plan professionnel, la Balance est efficace et tenace, une fois chassés ses doutes et ses hésitations dus à son indécision. Son intuition doit l'aider à voir clair en elle pour parvenir à prendre des décisions rapides. Sur le plan affectif, la Balance a besoin de sentir un équilibre autour d'elle. Son défaut majeur est de se laisser trop facilement envahir et dévorer par ceux qui l'entourent. Son intuition devra donc l'aider à se protéger des autres.

En amour, la Balance — gouvernée par Vénus — apprécie tout ce qu'il y a de charnel et de sensuel dans la vie.

Pour elle, l'intuition est une force supplémentaire qui l'aide à dépasser certaines réflexions confuses qui auraient tendance à lui faire perdre pied.

Le Scorpion

Le Scorpion : un grand intuitif !

Il est curieux, mystique, destructeur et nerveux. Généralement, il aime bien le pouvoir et en même temps faire prendre conscience aux autres que sa responsabilité est supérieure à la leur.

Arrogant et tyrannique, il a les qualités de ses défauts. Très attiré par le paranormal, il possède un réel instinct grâce à son attitude volontaire et accrocheuse.

Le Scorpion a une vue perspicace des choses.

Il est rapide à saisir tous les facteurs qui l'entourent, et va plus loin, plus vite que les autres.

Sur le plan professionnel, le Scorpion possède une grande capacité d'action. Il évolue à coups de malice et de ruse. Il veut gagner en mettant toutes les chances de son côté : c'est alors un adversaire redoutable.

Il est ambitieux : tous les moyens lui sont bons pour mener à terme ses objectifs. Dans le domaine du travail, son instinct lui apporte un gain de temps et une capacité dont il prendra bien vite conscience.

Son intuition est associée à son intelligence rapide. Il évolue alors à un rythme soutenu dans les opportunités de son destin. De nombreux autodidactes de ce signe, grâce à leur intelligence instinctive, ont pu rattraper le temps perdu à une vitesse folle.

En affaires, le Scorpion peut même se montrer dur et intransigeant. Sur le plan affectif, il est indépendant. Il néglige cette partie de sa vie au profit de son travail. Il laisse toujours planer une part de mystère sur lui-même. Entier et exclusif, ses rapports amoureux sont très forts ou très instables. Il vivra de nombreuses aventures jusqu'au jour où il se fixera. Il éprouve également un grand besoin de prouver sur le plan sexuel certains aspects de sa personnalité. Son intuition dans ce domaine l'aide à repérer rapidement qui est en face de lui. Grâce à son instinct, pas de protocole ! Il va droit au but. L'intuition du Scorpion peut aussi l'aider à gommer le côté destructeur et superficiel qu'il a tendance à avoir dans ses rapports humains : il sera alors plus spontané.

Son rayonnement sera meilleur et son intuition le conduira probablement à trouver un cheminement moins égoïste que s'il laissait toutes les tendances de base de son caractère se développer.

Le Sagittaire

Le Sagittaire est un signe de feu, un signe fort. Il est un peu le « bon Samaritain » du Zodiaque parce qu'il a le cœur sur la main. Il aime communiquer, aller vers les autres, donner... et voyager.

C'est un être jovial, très attaché à sa famille et à sa vie affective.

Le Sagittaire est également un personnage entier qui possède une grande sensibilité à travers laquelle se développe son intuition. Il a besoin de donner et de partager : il a l'intuition de la main tendue. Et c'est dans ses relations avec les autres que son intuition se manifeste de la façon la plus évidente. Son impulsivité est aussi pour lui un moyen important pour faire jaillir son instinct.

Le Sagittaire n'a peur de rien, et entretient des relations de force avec son entourage. Il est possessif et passionné. Sur le plan professionnel, son intuition est très efficace. S'il a souvent du mal à s'organiser et à mener à terme tout ce qu'il entreprend, son flair lui sert de boussole pour se repérer entre le bien et le mal. Il aime que les choses évoluent vite et veut toujours être en action, d'où la nécessité pour lui de prendre des paris, au feeling.

Communicatif, le Sagittaire est quelqu'un de très entouré dans son travail, qui sait faire rapidement la distinction entre ses alliés et ses ennemis. Ce n'est certainement pas quelqu'un qui laissera planer le doute ou traîner les situations délicates. Il aime la clarté, la franchise. Sa faculté d'adaptation hors des frontières est magique : sa sensibilité est alors encore plus développée.

Sur le plan affectif, le Sagittaire s'investit tête baissée dans l'histoire qu'il vit. Mais il a besoin de ressentir pleinement un climat de confiance. Tous ses sens sont alors en action, il est réceptif au moindre ressentiment de son partenaire. Attention ! il est également tenace et sa jalousie maladive peut parfois le conduire à de mauvaises intuitions. Cependant, ses élans de générosité liés à son intuition lui apporteront bien souvent, en retour, de belles satisfactions.

Pourtant, le Sagittaire aura du mal à gérer son intuition, du fait de ses caprices et de ses coups de tête qui pourront le conduire à ne plus être totalement à l'écoute de ses sens. L'appel du cœur peut éventuellement le conduire à une mauvaise intuition. Il doit avant tout se servir de cette dernière pour relativiser les choses et tenter de mieux se protéger.

Le Capricorne

C'est un signe de terre, fort, entier, violent et inaccessible au premier abord. Il a le culte de l'indépendance. Il est consciencieux et sérieux. Le Capricorne a un sacré caractère. Il avance aux coups de cœur, à la passion. Il faut vraiment que toutes les conditions soient réunies pour qu'il se sente à l'aise. Exigeant et réellement élitiste dans ses contacts, il veut préserver son temps et sa personne. Il sélectionne ses amis et n'éprouve aucune envie de se vulgariser à outrance. Son intuition est difficile à mettre en relief parce qu'il réfléchit énormément. Il observe, constate, cérébralise en permanence. Il est donc rare que son sentiment soit spontané. Son intuition est présente seulement s'il se sent en totale confiance. Pour cultiver son intuition, le Capricorne doit outrepasser ses habitudes et abandonner son processus de protection.

Sur le plan professionnel, le Capricorne est également voué aux responsabilités. Il aime exercer une profession indépendante. Il a le sens du devoir. C'est un perfectionniste dans l'âme. Son intuition dans ce domaine ne se manifestera que lorsqu'il sera devant le fait accompli et qu'il ne pourra plus avoir recours à d'autres éléments plus rationnels. Dans ses rencontres au travail, le Capricorne scrute les faits et gestes de ceux qui sont face à lui. C'est sa stratégie intuitive pour découvrir ce que pensent les autres.

Sur le plan affectif, lorsque le Capricorne a donné sa confiance, tout va bien. Il aime jouer, et ne supporte pas de céder. Il préfère que l'on vienne à lui. Il veut dominer l'autre, le mettre sur le carreau pour voir comment il va réagir. C'est sa façon à lui de se forger une intuition sur la nature de l'histoire qu'il vit.

Le Capricorne a besoin d'un maximum de garanties sur son partenaire car, en aucun cas, il ne voudra laisser tomber ses habitudes ni mettre un frein à son indépendance. C'est donc à l'instinct qu'il tentera de s'assurer de son partenaire.

L'intuition du Capricorne est un trait de son caractère qui va s'affirmer avec le temps. Elle est toujours due à son observation aiguë des choses, beaucoup plus qu'à son toucher ou son sens du partage.

Le Verseau

C'est un signe futuriste. Il a toujours la bonne idée avant les autres. Volontaire et rapide, il aime être à la pointe du progrès et de l'avant-garde.

Le Verseau est un être communicatif. Il est un peu dispersé et passe vite d'un état à l'autre. Son intuition, importante, se manifeste à travers ses pensées, ses projets et son imagination. Le Verseau la crée en se projetant dans l'avenir. Son rayonnement sur les autres est puissant. Il dynamise son entourage par ses idées et ses suggestions. Il aime bousculer les plans, les habitudes, et sort des sentiers battus dans bon nombre des domaines de la vie. C'est un anticonformiste qui a le talent de mettre les phénomènes du passé au goût du jour. Sa force intellectuelle est très prononcée.

Sur le plan professionnel, le Verseau évolue également rapidement. Sa matière grise se développe au fil du temps. Il travaille à l'instinct, à l'idée, au coup de cœur. Il a besoin d'être entouré et aime se déplacer. Doué d'une grande faculté d'improvisation, il peut appréhender des situations nouvelles et des lieux différents sans tenir compte d'aucune référence. Dans le travail, c'est un intuitif à l'état brut.

Sur le plan affectif, le Verseau possède deux facettes, comme les Gémeaux. Il a besoin de deux types d'union simultanés : d'une part, une femme ou un homme avec qui il aura un rapport privilégié de confiance et de confidence, de l'autre, des instabilités à l'extérieur.

Son intuition lui permet de rayonner en amour et de charmer constamment, ce qui est parfois un peu lassant. L'intuition du Verseau est un outil essentiel à son fonctionnement : elle canalise son imagination, lui permet d'aller de l'avant, de développer son talent créatif et renforce sa faculté de plaire.

Les Poissons

Les Poissons sont rêveurs. Loin des problèmes réels de la vie et des contingences matérielles, ils ont du mal à s'organiser. Ce sont des êtres prévenants, affectueux et chaleureux qui refusent généralement les compromis, car ils aiment les situations claires.

A force de rêver, le natif des Poissons finit par transformer son quotidien. Il fabule, en retrait de la vie des autres. Son intuition est très développée, grâce à sa sensibilité à fleur de peau. Il observe tout, ressent tout, et ses émotions le guident dans ses démarches. Certains Poissons sont même doués de la faculté de clairvoyance.

Il n'avance que grâce à sa sensibilité et à ses sens en éveil permanent.

Sur le plan professionnel il aime les autres et les échanges, se montre attiré par le social et par les métiers de communication ou les disciplines artistiques. Son bon cœur et sa grande naïveté peuvent lui jouer des tours s'il ne se raisonne pas plus. Son intuition peut en partie l'aider à mieux gérer ses coups de cœur et à moins vivre pour les autres.

Le signe des Poissons ne cherche pas forcément la réussite matérielle. Il possède une réelle sensibilité artistique, un vrai potentiel de rêve et d'imagination. Aimant créer, il va en général jusqu'au bout des projets qu'il a en tête mais a du mal à s'organiser parce qu'il est indécis. Là aussi, son intuition pourra l'aider à trancher certaines situations.

Sur le plan affectif, il a l'esprit de sacrifice, une tendance romanesque, une grande capacité d'amour et de sentiments. Il n'aime pas beaucoup la solitude : même s'il n'a pas d'histoire d'amour, il s'en créera une par procuration auprès de ses amis. Sa façon d'aimer est instinctive : il a besoin de sentir et d'aider les gens qui l'entourent. C'est le signe le plus intuitif du Zodiaque. Son intuition, spontanée, est complètement intégrée à son mode de pensée.

VII

L'INTUITION EN CONSULTATION : TÉMOIGNAGES

Mademoiselle P.
36 ans — Agent artistique — Sagittaire ascendant Balance.

« J'ai rencontré Didier à ses débuts. Il avait 18 ans et commençait ses consultations. J'étais alors en phase de dépression, suite à une rupture. Dès la première consultation, j'ai été enthousiasmée par son intuition et son analyse psychologique, très juste et poussée.

« J'étais en psychothérapie depuis pas mal d'années et les consultations avec Didier m'ont apporté un grand soutien psychologique. La psychothérapie est faite pour tout casser en soi afin de mieux se reconstruire, alors que Didier est arrivé comme un soutien ; il m'a apporté quelque chose de positif. Il m'a remonté le moral, mais pas d'une façon bête en me disant : "Tout va aller merveilleusement bien." Non, il m'a toujours dit la vérité de ce qu'il voyait dans ses cartes, que ce soit positif ou négatif. Il a une façon de dire les choses qui fait que l'on se sent soutenue et accompagnée. Ma rupture avec un homme plus jeune que moi était très douloureuse : il a tout vu dans les cartes. Il faut dire qu'il s'agissait d'un cas assez particulier parce que le garçon en question était bisexuel ! Didier a tout saisi immédiatement. J'étais étonnée. Il m'a annoncé *doucement* que cette relation était bel et bien terminée, que je ne devais plus rien attendre de cet homme si ce n'est une amitié. Il m'a tellement bien décrit la situation, en me disant que j'allais m'en sortir, que j'ai réussi à aller mieux. Tout ce qu'il m'a dit s'est révélé juste. L'agréable, c'est que je sentais Didier très proche de moi. Il m'a dit de le rappeler si j'avais des problèmes. Il a toujours été très disponible au téléphone, même quand je lui cassais un peu les pieds et qu'il était très occupé. Je me suis servi de lui comme d'un soutien psychologique exceptionnel qui complétait ma douloureuse thérapie. Didier m'a toujours permis d'espérer. Il m'a remonté le moral à chaque fois, mieux que personne, parce qu'il a en lui quelque chose de positif et de chaleureux, une vraie écoute, sincère, un véritable intérêt pour le problème. Ses consultations sont à la fois sérieuses et drôles : parfois on éclatait de rire. Pour lui, il n'y a pas de magie, il n'y a pas de miracle. Il est simplement positif et extralucide. Il m'a souvent dit : "Il va se passer telle et telle chose dans votre vie, mais si vous n'y mettez pas du vôtre, si vous restez dans votre lit, il ne se passera rien parce que vous allez rater les occasions."

« Tous les voyants ne disent pas cela. J'en avais rencontré d'autres qui me promettaient des miracles, dans le vague. J'ai revu Didier assez régulièrement. A chaque fois il me montrait mon évolution, m'expliquait les tarots... J'ai fini par avoir envie d'apprendre moi-même à tirer les cartes. J'utilise maintenant les tarots moi aussi : parfois cela marche. Il suffit que je sois détendue pour voir des images qui se révèlent exactes dans le futur; j'avais vu une partie de mon appartement alors que je ne l'avais pas encore trouvé, je me suis vue frapper à des portes de bureaux tout l'hiver, sans résultat, et c'est ce qui m'est arrivé. J'ai eu l'intuition que tout se déclencherait en début d'année et ça s'est révélé juste. Cette pratique du tarot m'a permis de développer mon intuition. Il suffit que je pense à des choses pour les ressentir beaucoup plus qu'avant. Je me connais mieux. Il suffit de se connaître soi-même pour ressentir ce qui va se passer plus tard, c'est-à-dire, en fait, entrevoir ce dont on sera capable.

« Grâce à la voyance de Didier et à ma psychothérapie, j'ai pu mieux me connaître et donc développer mon intuition. Je ressens mieux les choses, les gens, je fais plus attention à des détails qui auparavant seraient passés inaperçus. Parfois, je capte quelque chose qui peut m'amener à évoluer.

« J'ai revu Didier régulièrement parce que j'en avais besoin. Il m'a toujours bien conseillée dans des moments clefs. Une fois, il m'a parlé d'une rencontre avec une personne indisponible, dans mon entourage; cela me paraissait invraisemblable et finalement cela s'est produit, alors que tout paraissait aller contre! Didier s'est parfois trompé au niveau du temps, mais tout ce qu'il m'a dit s'est finalement réalisé. Il avait prévu mon déménagement et m'avait fait une description précise de mon appartement et de l'arrondissement. Il analyse aussi très bien les gens qui entourent la personne qui le consulte.

« Quand j'avais 14 ans, la voyance me fascinait déjà. Je croyais même aux miracles. Peu à peu, je m'y suis intéressée de près. D'abord par le biais de l'astrologie, qui est plus rigoureuse. On m'a établi mon thème, ce qui m'a beaucoup aidée à me connaître. Au début, je suis allée consulter des voyants au hasard... A 19 ans, j'ai commencé ma psychothérapie et, avec Didier, la voyance est devenue une véritable aide. Selon mon psychothérapeute, cela ne pouvait rien m'apporter. Pour moi, elle a été un complément parfait. Elle m'a aidée à tenir le coup, m'a appris à attendre, à prendre mon mal en patience en entrevoyant un avenir meilleur à court ou long terme. Alors qu'en psychothérapie on peut rester au fond d'un puits pendant des années. Ce qui a été positif pour moi, c'est que Didier me dise au moment de ma rupture que plus jamais je ne traverserais de période de déprime aussi douloureuse. Cela m'a beaucoup aidée.

« Didier voit que je suis une personne très créative mais que j'ai un processus très lent. Ce n'est pas une raison pour que je ne fasse rien. Si je ne me mets pas à bouger, à sortir mes crayons de couleur, il ne se passera rien. Didier m'indique les mois de l'année qui me seront favorables sur le plan professionnel et cela m'incite à m'activer. Il me dit : "A telle période, ouvrez les yeux, vous risquez de rencontrer quelqu'un d'intéressant." Si rien ne se passe, c'est parce que j'ai raté l'occasion.

« Didier vous met dans un état où vous devenez responsable de votre destin ; les choses ne vous tombent pas dessus bêtement. C'est cela que j'ai vraiment compris grâce à lui. A mon avis il a ce *plus* que ne possèdent pas les autres voyants. Il ne faut pas attendre de miracle. Et ça, il me l'avait expliqué dès la première consultation. »

Madame C.
Sans emploi — 54 ans — Sagittaire.

« Il y a sept ans, j'en avais 47, j'ai éprouvé subitement une grande fatigue générale alors que je n'avais jamais eu de problèmes de santé auparavant. On m'a découvert une hépatite virale qui s'est compliquée pendant des années et s'est transformée en cirrhose du foie. J'en suis arrivée à ne peser que 37 kilos. J'avais perdu tous mes cheveux, j'étais dans un état déplorable. On m'a alors déclaré que j'avais besoin d'une transplantation du foie ! J'ai vécu des moments très pénibles.

« Par l'intermédiaire de ma nièce, je suis entrée en contact avec Didier Derlich : j'attendais ma transplantation et je voulais savoir comment l'opération allait se dérouler, si elle se passerait bien, quelles étaient mes chances de m'en sortir, et quelles seraient les suites de l'opération. J'étais très démoralisée et je faisais subir cette dépression à tout mon entourage. Didier a tout de suite trouvé la base de mon problème : j'attendais un donneur de foie, mais j'avais un problème de sang. Il fallait que celui du donneur soit très spécial. J'attendais depuis un an et j'étais au bord du désespoir. Deux mois de plus et je risquais d'en mourir, ou alors il faudrait me vider complètement de mon sang et tenter une transplantation qui comportait de gros risques.

« Didier Derlich a tout de suite vu juste : il a senti mon problème sanguin. Il m'a prédit que j'allais trouver un donneur avec exactement les mêmes anticorps que les miens, que l'opération aurait lieu dans les trois prochains mois, ce qui est exactement arrivé. Tout s'est très bien passé comme il me l'avait également prédit. Je lui ai fait totalement confiance parce qu'il avait tout de suite trouvé mon problème de sang.

« L'opération devait durer seize heures, elle n'en a duré que huit, et j'ai mis quinze jours à m'en remettre alors qu'il faut parfois des mois.

« Maintenant, j'ai repris ma vie active et depuis un an tout va bien.

« Je dois à Didier Derlich le fait que mon moral soit resté au beau fixe pendant cette épreuve. Je m'en suis complètement remise à lui, j'ai vécu toute cette période avec ce qu'il m'avait dit, tout ce positif qu'il m'avait insufflé. Grâce à lui, j'ai accepté calmement tous les risques. J'étais vraiment psychologiquement prête pour l'intervention. Depuis, j'ai commencé à écrire un livre pour raconter mon histoire ; tous ces médecins charlatans que j'ai pu rencontrer depuis sept ans. Je n'avais jamais été malade avant cette catastrophe ; de 1983 à 1988, j'ai traversé un enfer moral, jusqu'à ce que, grâce à Didier Derlich, je remonte la pente et retrouve le courage d'affronter l'opération.

« J'ai moi-même eu des prémonitions qui se sont révélées exactes, mais qui malheureusement étaient toujours dramatiques.

« Je vivais en Algérie quand j'ai fait un rêve : j'y voyais toute ma famille exceptionnellement réunie, mes grands-parents, mes parents, mon oncle... 24 heures plus tard, on assassinait mon oncle ! C'était pendant les évenements de la guerre d'Algérie...

« Une autre fois, j'étais mariée, mon mari était militaire, et je me suis réveillée un matin dans un drôle d'état. Je sentais qu'il se passait quelque chose, j'étais très inquiète au sujet de ma famille, j'avais des angoisses. Mon mari a tenté de me calmer. Nous étions le 14 juillet. Il m'a vue tellement anxieuse qu'il a fini par descendre au café pour téléphoner à ma famille : on lui a annoncé que ma belle-sœur venait d'accoucher et de perdre son bébé. Ma famille ne voulait pas m'en parler parce que j'étais moi-même enceinte, mais j'avais tout pressenti.

« La troisième intuition que j'ai eue est pire encore. J'ai rêvé pendant toute une nuit de toute ma famille réunie dans une pièce ; à côté, il y avait une autre pièce, vide, avec un petit lit au centre et des œufs partout (signe de deuil, chez nous, israélites). Nous étions le vendredi. A l'époque, j'avais deux enfants. Le dimanche, mon petit garçon est mort de façon foudroyante d'une entérite.

« J'ai eu aussi des intuitions plus légères, par exemple, en jouant au tiercé : une fois, j'ai choisi les numéros de naissance de mes parents... cela a marché. Une autre fois j'ai gagné un million, sur une brusque inspiration. Une autre fois encore, j'avais préparé des numéros, je les avais oubliés chez moi et ce sont eux qui sont sortis ! J'ai failli gagner une fortune !

« Dans la vie courante je pressens souvent des choses, mais désormais j'en ai très peur. Elles me rendent malade à en vomir. Je ne veux plus écouter mes intuitions parce que j'ai horriblement peur qu'elles soient l'annonce d'un nouveau drame. Je préfère maintenant me boucher les yeux et les oreilles face à mon instinct. Je ne veux plus écouter mes prémonitions parce qu'elles se sont toujours tristement terminées. Quand je fais un mauvais rêve, j'appelle toujours toute ma famille le lendemain pour m'assurer que tout le monde va bien. L'année dernière, j'ai fait un cauchemar qui m'a épuisée. Le lendemain, j'ai appris que ma mère était à Marseille parce que son frère venait de mourir. On ne voulait pas me l'annoncer pour m'épargner à cause de mes problèmes de santé.

« J'ai été longtemps très sceptique en ce qui concerne la voyance parce qu'à l'époque de mon premier mariage je me suis beaucoup trop remise à ces gens-là. Je suis tombée sur nombre de charlatans qui me promettaient le retour de mon mari... J'ai fait beaucoup de choses pour cela : tout s'est révélé négatif (j'ai même découpé les plus beaux draps de mon trousseau en tout petits morceaux !) Jusqu'au jour où une voyante m'a dit : "Traversez la mer." J'ai traversé la mer et j'ai trouvé le bonheur. »

Monsieur P.J.
Capricorne — 30 ans — Technicien.

« C'est le 24 mars 1989, à 11 heures du matin, que j'ai eu Didier Derlich en direct sur RTL. Je ne suis pas près d'oublier notre conversation puisque tout ce qu'il m'avait prédit est arrivé !

« C'était l'époque où je venais de retrouver une ancienne petite amie que j'avais connue dix ans auparavant. Cette rencontre me troublait et j'ai donc envoyé un bulletin de participation à RTL pour pouvoir en parler avec Didier Derlich. J'ai tout de suite été tiré au sort. Ma question sur le bulletin concernait donc mon avenir sentimental. Je voulais savoir si j'allais revoir cette fille et s'il se passerait éventuellement quelque chose avec elle. Il m'a immédiatement répondu qu'il ne voyait rien dans mon avenir avec cette femme, mais il m'a assuré, en revanche, qu'avant la fin de l'année je quitterais la femme avec qui je vivais depuis dix ans et que je partirais brusquement avec une autre personne. Cela m'a surpris, et m'a paru inconcevable parce que la femme avec qui je vivais était extrêmement jalouse et possessive. Même si tout ne se passait plus très bien entre nous, je ne me voyais pas la quitter du jour au lendemain. Je me demandais aussi comment je rencontrerais une nouvelle femme, sachant que je travaille douze heures par jour dans une usine qui est une exploitation familiale. Or, il se trouve qu'effectivement je suis tombé amoureux, début juillet, d'une femme qui travaille dans la même usine que moi. On organise dans notre entreprise deux fêtes par an : une au moment des départs en vacances d'été et une à Noël. Ma femme n'est pas venue à la fête des vacances. J'ai dansé avec cette femme et vous savez la suite puisque c'est exactement ce qu'avait prédit Didier Derlich ! En l'espace d'une dizaine de jours, j'ai quitté ma femme pour elle !

« J'ai envoyé ma fille en vacances pour qu'elle ne subisse pas tous ces troubles et j'ai trouvé un appartement début septembre.

« J'avais aussi demandé à Didier ce qu'il adviendrait dans mon travail et il m'a répondu que ma situation était stable. Cela aussi s'est révélé exact.

« Je l'avais aussi questionné sur ce qu'il adviendrait de ma fille Virginie, 7 ans, au cas où je quitterais ma femme. Là, il m'avait dit qu'il ne voyait rien dans les tarots mais qu'en toute logique j'aurais ce droit de visite accordé à tous les pères.

J'ai définitivement quitté ma femme en octobre et, au mois de novembre, a eu lieu le procès concernant la garde de ma fille : j'ai obtenu gain de cause. Voilà !

« Je me demande si Didier n'avait pas vu dans ses cartes que j'aurais la garde de ma fille, ou s'il a préféré ne pas me l'annoncer de peur de me créer une fausse joie, en cas d'erreur de sa part.

« Il m'avait aussi dit que je m'apprêtais à faire une grosse dépense avec ma femme et qu'il fallait surtout que je m'abstienne. J'avais en effet l'intention d'acheter une maison et je me suis abstenu, selon ses conseils. Mais je ne me suis pas méfié quand j'ai commandé une chambre à coucher de 60 000 F avec ma femme, un mois avant de la quitter. La chambre a été livrée après notre séparation, mais j'avais déjà versé les arrhes. Il avait tout prévu !

« Mon père doit aller le consulter bientôt et ma mère rencontre des voyants depuis toujours. Elle y croit presque un peu trop ! Quand elle a un problème et qu'elle consulte un voyant, elle construit son avenir en fonction de ce qu'on lui a annoncé. Moi non. J'y crois, surtout depuis ma rencontre avec Didier Derlich, mais je crains toujours que l'on m'annonce une catastrophe. Quand ma mère avait 30 ans, elle tirait les tarots à ses amies et elle a prédit à l'une d'entre elles que son père allait mourir, ce qui est advenu une semaine plus tard. Depuis ce jour-là, elle a cessé de tirer les cartes. Mais elle y croit dur comme fer.

« Je n'ai pas une intuition très développée. J'ai parfois des petits trucs que ma mère appelle des "flashes". Par exemple, le jour où je suis passé en jugement pour tenter d'obtenir la garde de ma fille, il y a eu un délibéré de trente jours : j'ai eu un flash en sortant du tribunal qui m'a rassuré en me faisant pressentir que c'est moi qui obtiendrais la garde de ma fille.

« Les intuitions principales, ce n'est pas moi mais plutôt Didier qui les a eues ! Ce qui m'a étonné, c'est qu'avant de passer à l'antenne à RTL, on ne m'a absolument rien demandé : ni date ni heure de naissance, ni mon signe astral, rien ! Didier ne savait rien de ma vie et je ne comprends toujours pas comment il a pu m'annoncer toutes ces réalités futures à l'aide de quatre cartes seulement ! Il a frappé très fort ! »

Madame S.M.
Balance, ascendant Vierge — 66 ans.

Sténo-dactylo à la retraite, cette Lyonnaise est mère et grand-mère.

« J'écoutais RTL depuis longtemps et je trouvais que Didier Derlich était vraiment bien. Par une amie, j'ai pu avoir son numéro de téléphone à Paris et, en me faisant inscrire sur une liste, j'ai pu le joindre par téléphone le 27 mars. J'avais beaucoup de choses à lui demander, surtout au sujet de mes enfants et petits-enfants. Depuis le 27 mars, trois de ses prédictions se sont déjà réalisées.

« Il m'avait prédit que mon fils changerait d'emploi avant les vacances d'été : c'est exact, il a commencé un nouveau travail le 2 juillet. Il travaillait dans un bureau à la mairie, et il a changé complètement d'activité puisqu'il est maintenant dans la menuiserie.

« J'ai une petite-fille de 24 ans qui vit à Paris avec un ami. Didier m'a d'abord dit que c'était un bon petit couple, ce qui est exact, et il m'a annoncé qu'elle quitterait son job pour en trouver un autre. Effectivement, elle travaillait dans une banque et elle a perdu son emploi parce qu'elle est partie avec son ami à l'étranger. A son retour, comme prévu par Didier, elle a trouvé un autre travail. Il m'avait dit aussi que mon petit-fils raterait son bac, sauf miracle, en devinant qu'il ne fichait rien en classe, ce qui est vrai.

« Je lui ai aussi demandé si ma fille aurait son agrégation de mathématiques cette année. Il m'a dit qu'elle la passerait plutôt en 1991. J'ai cherché à savoir si elle la présenterait cette année ou non, et j'ai pu apprendre qu'effectivement elle se présenterait à l'examen seulement l'année prochaine. Encore un point qui se confirme !

« Tant et si bien que je veux recontacter Didier Derlich pour lui poser d'autres questions. Ma fille ne croit en rien, et mon fils non plus. Alors j'appelle Didier en cachette. Seuls mes petits-enfants sont au courant.

« Avant Didier, j'avais rencontré beaucoup de voyants, dont pas mal de charlatans. L'un d'eux m'avait répété pendant des années que j'allais trouver une occupation pour ma retraite, mais je n'ai toujours rien ! Le seul voyant dont les prédictions ont été réellement véridiques, c'est lui. Il a une intuition incroyable et il voit les choses tout de suite.

« En dernier lieu, je lui ai posé des questions sur moi et j'ai vaguement entendu qu'il me disait que j'aurais une opération des yeux, dont il ne discernait pas la date précisément. De toute façon je préfère penser aux autres.

« Quand il s'agit de moi, j'écoute d'une oreille distraite et je deviens idiote !

« Ce qui m'a guidée dans ma vie, ce sont plus mes rêves que mon intuition : mais on ne rêve pas tout le temps, ou alors on rêve et on oublie. Par exemple, en janvier 86, j'ai perdu mon mari. Le 20 décembre, j'avais rêvé d'un tombeau ouvert avec un numéro 24. Je me suis dit alors : "Pourvu qu'il n'arrive rien le 24 !" Ce jour-là il ne s'est rien passé. Mais, quand mon mari est allé à l'hôpital parce qu'il était très malade, j'ai remarqué que son lit portait le numéro 24 et il est mort peu après. Quand j'y pense, j'en ai encore des frissons.

« Cette fois, ma fille qui ne croit à rien a été impressionnée ! Quand on me pose une question ou que l'on me demande conseil, si je réponds immédiatement, il s'avère que mes conseils sont toujours bons. C'est peut-être ça l'intuition et je m'en sers, mais pour les autres seulement. »

Madame A.H.
Vierge — Directrice d'usine — 43 ans.

« J'écoutais Didier Derlich, sur RTL, dans l'émission d'Anne-Marie Peysson, mais il était malheureusement impossible de le joindre. C'est dans l'émission Media Medium que j'ai pu enfin le contacter : mon bulletin de participation a été tiré au sort.

« A l'époque, mon mari et moi avions des ennuis d'ordre professionnel depuis déjà quelques années. Certains de ses employeurs cherchaient à s'approprier sa clientèle, et la société dans laquelle je travaillais ayant été rachetée par une société plus grosse, j'avais été licenciée. Nous vivions tous deux très mal cette période et nous avons décidé, en 1986, de créer une société d'outils de mécanique de haute précision. Cela n'a pas été simple parce que nous avions très peu de fonds. Nous avons beaucoup travaillé et dû affronter au départ de gros problèmes financiers, l'aide des banques nous faisant défaut. Le 7 janvier 1989, quand j'ai été tirée au sort par RTL pour parler avec Didier Derlich, cela faisait deux ans que nous nous débattions. Mon mari et moi sentions le poids du travail sur nos épaules et commencions vraiment à nous demander si nous allions sortir du tunnel. Didier Derlich a vu qu'il nous restait trois ou quatre mois difficiles et qu'au bout de cette période, la société aurait un apport de clientèle. Effectivement, trois mois plus tard, nous avons eu une opportunité avec une société qui venait de déposer son bilan. Cette société ne pouvait plus passer de commandes chez ses autres fournisseurs à qui elle devait beaucoup d'argent. Elle s'est donc tournée vers nous et nous a payés comptant, puisqu'elle était en redressement judiciaire. Cet apport de trésorerie nous a fait beaucoup de bien. Didier Derlich avait vu aussi que nous avions choisi un bon créneau d'activité. Effectivement, notre bilan 89 a été bon. Depuis cette année, notre chiffre d'affaires ne cesse d'augmenter. Nous avons depuis engagé un représentant qui travaille bien et la société est sur une bonne voie.

« J'écoute Didier Derlich tous les après-midi et j'ai remarqué que, très souvent, quand des personnes l'appellent pour une question précise, il s'aperçoit qu'il y a quelque chose de plus grave dans leur vie : quelque chose que ces gens ne voient pas ou occultent.

« En 1989, j'ai eu justement un gros problème de santé et j'ai gardé le moral parce que je me suis dit que, si j'avais eu quelque chose de grave, Didier Derlich l'aurait senti et me l'aurait dit. Je me suis donc convaincue que tout allait bien se passer et, effectivement, je me suis parfaitement rétablie. J'ai énormément confiance en lui et ce qu'il nous a dit nous a beaucoup soutenus, et guidés.

« Il m'arrive d'avoir de l'intuition pour les personnes que je rencontre pour la première fois. Quand je ne sens pas quelqu'un au départ, je m'aperçois souvent, après avoir fait plus ample connaissance avec cette personne, que mon jugement de départ était fondé. J'ai une sorte de sens qui me met en défiance vis-à-vis de certaines personnes. Cet instinct me sert surtout dans le travail où je suis amenée souvent à rencontrer des inconnus.

« J'ai eu des intuitions plus violentes qui font que maintenant je me méfie de ce genre de sentiments : mon père était malade et je n'avais pas pu aller le voir. J'avais dit à mon mari : « Si je ne le rencontre pas aujourd'hui, je ne le reverrai pas. » Effectivement, je ne l'ai revu que sur son lit de mort. Désormais je repousse ce genre de pressentiments : je les redoute. »

Madame D.
48 ans — Chanteuse lyrique.

« J'ai un neveu, un garçon de 29 ans, très intelligent et séduisant, qui depuis deux ans n'allait pas bien : il avait abandonné son travail. J'avais écouté Didier Derlich sur RTL et je le trouvais extraordinaire. Quand j'ai senti que mon neveu était en danger, parce que je suis très intuitive, j'ai appelé la station de radio : en vain !

« J'ai trouvé un vieil annuaire et je suis tombée sur les coordonnées de Didier Derlich alors qu'il n'était plus dans le bottin récent... Je l'ai appelé et j'ai pu ainsi passer rapidement sur les ondes de RTL. Je lui ai simplement dit : "Je suis très inquiète pour mon neveu qui me semble sous l'emprise d'un gourou". Il m'a répondu : "Votre neveu est dans une histoire très curieuse. Je vois des scènes épouvantables dans sa famille en ce moment, il y a un problème d'immeuble et d'appartement et il fait des pressions sur ses proches pour obtenir de l'argent. Votre neveu est effectivement entre les mains d'un homme satanique qui relève de la police. Il est en danger." Il m'a dit qu'il me reprenait hors antenne, et puis on a été coupé. J'ai réussi à avoir l'enregistrement de l'émission pour la faire écouter à mon beau-frère et à ma sœur. Grâce à Didier, j'ai pu stopper l'affaire en faisant prendre conscience aux parents de mon neveu du danger que représentait cet homme. Pire qu'un gourou, c'est quelqu'un qui pratique les lavages de cerveau sur des jeunes en quête d'absolu.

« Didier m'a beaucoup étonnée : j'avais été discrète sur les ondes et c'est stupéfiant qu'il ait ressenti tout cela aussi précisément. J'ai été ensuite le voir pour moi : il m'a encore dit des choses étonnantes.

« Ma vie n'est pas des plus faciles : je suis divorcée depuis des années, et j'ai eu un parcours complexe. Il m'a dit que, bientôt, je ne serais plus seule comme je l'ai bien trop été dans mon existence. La chose n'est pas totalement réalisée encore mais, effectivement il y a des prémices que je cultive, grâce à l'espoir que m'a redonné Didier Derlich. En général, quand vous allez consulter un voyant, c'est que vous êtes au bout du rouleau et que vous nagez dans le brouillard: vous avez envie d'apercevoir une lumière.

« Je suis quelqu'un de naturellement très cosmique et je ressens surtout très fortement les endroits. Il m'est même arrivé des aventures très curieuses.

« J'étais en voyage dans la Forêt-Noire, il faisait très beau, mais j'ai ressenti ce lieu de façon très lourde. J'ai appris peu après qu'il y avait eu, à cet endroit précis, d'effroyables combats au temps des guerres de Religion.

« En Crète, il m'est arrivé la même chose. Dans une campagne très belle, j'ai ressenti la même lourdeur. En consultant le Guide Bleu, j'ai constaté que, précisément où je me trouvais, il y avait eu des guerres fratricides !

« Il m'est arrivé une autre fois quelque chose de plus amusant: j'étais invitée chez une dame que je ne connaissais pas. En arrivant dans le hall de sa maison, j'ai été subitement baignée de bonheur ! La maîtresse des lieux était un peu snob et froide mais je n'ai pu m'empêcher de lui exprimer le bonheur que j'avais ressenti en arrivant chez elle. Elle m'a répondu en souriant: "Vous ne vous trompez pas, ce fut un lieu de rencontre entre George Sand et Chopin !"

« Dans le même style de sensation violente ressentie dans le plexus, il m'est arrivé quelque chose d'étrange. Je chantais au festival d'Orange et des amis m'avaient proposé de m'accueillir pendant la durée des représentations. J'arrive chez eux et j'ai un grand flash dans ma tête: je vois une route sombre avec une voiture et un homme qui surgit avec un revolver. Je suis restée tellement impressionnée par cette sensation que j'ai dit à mes amis que j'allais habiter à l'hôtel pour ne pas les déranger. Trois mois plus tard, en lisant *Le Figaro*, j'ai vu avec stupéfaction que, sur cette fameuse route, près d'Orange, un homme avait attaqué une femme dans sa voiture et l'avait tuée ! Je pense que j'ai des dons de médium, une sensibilité aiguë exacerbée par mon travail de musicienne qui fait que je ressens très fortement les vibrations. Je suis en quête d'une forme de spiritualité et je cherche à approfondir ces intuitions ainsi qu'à apprendre la façon de les maîtriser.

« Par exemple, j'ai un ami qui souffre d'une sciatique. Quand j'ai posé ma main sur son dos, il a ressenti une brûlure. Je voudrais savoir contrôler ce petit don.

« Il est dit dans mon thème astral que j'ai ces capacités, mais je ne les exploite pas suffisamment. Quand un de mes proches est mort, j'ai su la veille en ressentant un choc au plexus qu'il était perdu ; c'est quelque chose qui m'échappe un peu.

« Je ressens aussi terriblement les êtres. Je ne porte pas de jugement sur eux, mais quand j'ai quelqu'un en face de moi, je reçois ses ondes. Cela peut être gênant de ressentir des êtres très négatifs.

« Mes parents ont une exquise petite maison dans le Midi, mais j'ai des angoisses terribles dans ce lieu. J'ai demandé s'il n'y avait pas eu un suicidé à cet endroit. Il n'y en a pas eu mais j'ai appris que les roches sur lesquelles la maison est construite amènent ces vibrations. Je suis très sensible à la nature, à la façon dont un appartement est arrangé, aux objets qui dégagent des ondes. Je pense que le fait de baigner, par mon métier, dans la musique dégage en moi des vibrations propices. J'ai une intuition qui passe à travers mon être: c'est le fruit d'une perception sensorielle, comme si je rentrais en moi. Comme j'ai l'art d'écouter les autres et de mettre bout à bout tout ce que l'on me dit, je ressens doublement les choses.

« Par exemple, j'étais invitée à un dîner chez un chef d'orchestre et il devait y avoir quelqu'un que je ne connaissais pas. De façon impérative, j'ai ressenti que je devais y aller pour rencontrer cet homme. Notre conversation a été assez banale jusqu'au moment où il m'a dit : "Le lavage de cerveau existe et l'homme peut devenir une bête en l'espace de quinze jours." Je me suis tout de suite dit en écoutant cette phrase que cet homme avait dû vivre quelque chose d'épouvantable. Effectivement, il avait été fait prisonnier et torturé chez les Viets !

« Je pense que mon intuition est le fruit d'une perception aiguë que j'ai des êtres et des choses. »

Madame Y.D.
Romancière — 57 ans — Balance.

« A l'époque, je me remettais très mal du décès de mon plus jeune enfant, disparu dans un accident de voiture. J'ai envoyé le bon de Télé-Poche pour essayer, grâce à Didier, d'y voir plus clair dans mon avenir et dans celui de mes enfants, notamment dans celui de mon fils aîné qui venait d'abandonner l'uniforme de militaire pour devenir infirmier à son compte. J'étais inquiète pour son avenir et Didier m'a rassurée en me disant qu'il était fait pour aller vers les gens et que tout allait bien se passer.

« Effectivement, mon fils a démarré en mars, recommandé par un médecin ami de sa femme. Il a acquis très rapidement une petite clientèle qui a fait boule de neige. Maintenant, il a tellement de travail qu'il est obligé de s'associer avec quelqu'un !

« J'avais aussi demandé à Didier si mon deuxième roman allait être publié. J'en ai écrit un premier, édité à compte d'auteur, que malheureusement peu de gens ont lu. Didier a tout de suite vu le contenu de mes deux romans. Le premier était un récit dans lequel j'exorcisais la tristesse d'avoir perdu mon fils. Le second ouvrage est un roman. Didier m'a annoncé que je ne serais pas publiée par les premiers éditeurs auxquels je l'avais envoyé, mais par un autre. En effet, j'attends une réponse définitive d'un petit éditeur intéressé. Je lui avais aussi demandé si ma fille aurait un enfant. Elle a fait sept fausses couches ! Il m'a prédit qu'elle aurait un enfant, mais pas par le biais de l'adoption. Il a vu une grossesse, alors que ma fille était en pleines démarches pour adopter un enfant. Or il se trouve qu'effectivement ma fille est tombée enceinte !

« Quand j'avais 16 ans, j'ai accompagné ma mère chez une tireuse de cartes. A l'époque, j'avais un petit ami et cette tireuse de cartes a vu que j'épouserais un autre garçon qui était parti au service militaire. Ce qui m'est parfaitement arrivé ! Depuis ce temps, j'avais renoncé à consulter des voyants. Et puis, quand j'ai écouté Didier sur RTL, face à autant de dons, j'ai eu envie de l'appeler pour qu'il me rassure sur l'avenir de mes enfants et de mon deuxième roman.

« Pour l'instant deux des trois prédictions se sont réalisées.

« Je suis très intuitive, hypersensible à tout ce qui se passe autour de moi et, depuis un an, j'ai eu la chance d'adopter une autre religion que la mienne (le catholicisme) qui m'apporte une nouvelle sérénité : le *Sitra du Lotus*, c'est l'aspect le plus réel du bouddhisme.

« Je suis très spontanée et j'essaie au maximum de suivre mon instinct. L'écriture de mon premier livre m'a été dictée par mon intuition : c'était la seule façon pour moi de me raccrocher à la vie. »

Madame J.
Taureau ascendant Capricorne — Femme de militaire — 48 ans.

« Mon mari, militaire de carrière, est antillais. Après quinze ans de mariage, ma belle-mère a décidé en 1985 de récupérer son fils, parce qu'elle estimait qu'il n'était pas heureux en ménage. Pourtant, nous formions un couple tout ce qu'il y a de plus normal, avec deux enfants en bonne santé. Ma belle-mère a essayé tout ce qui était en son pouvoir pour rattraper son fils : magie noire, sorcellerie... Tant et si bien que, fin 1985, alors que nous devions quitter les Antilles, mon mari est resté là-bas tandis que je revenais en France pour inscrire mes enfants dans leur nouvelle école. Je n'aurais jamais dû partir !

« Au bout de deux mois, mon mari m'a écrit pour m'annoncer son intention de divorcer !

Était-il sous l'influence de ses parents, ou de la magie noire ? Je ne le saurai jamais. C'est quelqu'un qui, pourtant, ne se laissait pas influencer. Quand, en novembre 1986, il est rentré en France, il a voulu recommencer à vivre avec moi. Je ne comprenais plus rien, j'étais déchirée, j'étais en dépression et je me suis mise à boire. Je devais m'occuper de mes enfants (mon fils de 15 ans commençait à se droguer) et ma situation était vraiment très moche. Et puis, un jour, n'en pouvant plus, j'ai réussi à entrer en contact avec Didier Derlich. Il m'a dit qu'il fallait que je sois patiente et que je reprendrais une vie commune avec mon mari mais pas avant fin 1989, début 1990. Mon mari a été entre-temps nommé à La Réunion où il a commencé à avoir maîtresse sur maîtresse. On avait gardé le contact et il assurait le minimum financier pour mes enfants. J'étais tellement seule que j'ai déménagé pour aller vivre chez ma mère. Didier m'avait prévenu que j'aurais beaucoup de problèmes avec elle. Cela me paraissait impossible parce que, pour moi, la famille était mon soutien principal : c'est elle qui m'avait aidée à me tirer de ma dépression. Mais, effectivement, au bout de quelque temps, mes sœurs, jalouses que j'habite chez mes parents, ont cherché à pousser mon fils qui se droguait en prison. Ma mère les a soutenues et j'ai dû partir et couper définitivement les ponts avec elle, comme Didier Derlich l'avait prédit.

« Quand mon mari est rentré de l'étranger et m'a vue plongée au plus profond de ce marasme, il m'a dit qu'on allait revivre ensemble. En novembre de l'année dernière, je me suis réinstallée avec mon mari et c'est là que je me suis souvenue des prédictions de Didier : j'ai réalisé que ce qu'il m'avait dit s'était passé exactement au bon moment.

« Les débuts de ma nouvelle vie avec mon mari n'ont pas été évidents. On ne vit pas cinq ans séparé d'une personne sans que cela laisse de traces. La situation se stabilise peu à peu, mais je n'ai plus confiance en lui. Comme me l'avait prédit Didier, mes rapports avec ma famille sont définitivement cassés. A l'époque, j'ai cru qu'il se trompait.

« Je suis aussi en admiration devant lui parce qu'il a toujours des paroles pour remonter le moral aux autres. Il est vraiment de bon conseil. Je croyais au début qu'il était un voyant parmi tant d'autres. Mais il a un don supérieur aux autres. Je suis de religion catholique et, avant, je pensais qu'il ne fallait pas toucher à ce monde du paranormal qui n'est pas le nôtre.

« Quand on met le doigt dans l'engrenage de la voyance, on veut toujours en savoir plus. Lorsque je suis rentrée en France sans mon mari, j'ai été tentée par ce monde et j'ai commencé à aller de voyant en voyant pour essayer de savoir comment je pourrais me tirer de cette situation. Dans ma famille on me disait de divorcer et mon cœur me soufflait le contraire. Les voyants que j'ai consultés à l'époque (avant Didier) ne me disaient jamais rien de précis. En revanche, j'étais allée voir un graphologue qui m'avait dit à peu près les mêmes choses que Didier. J'ai une nature qui capte facilement les soucis des autres. Est-ce cela, avoir de l'intuition ?

« Maintenant, quand je traverse des moments de bonheur, c'est tellement fort que je suis prise subitement d'un mauvais pressentiment qui me dit qu'il va m'arriver quelque chose. Je suis brisée par ce qui m'est arrivé, et cela m'empêche désormais de réagir positivement et spontanément. »

Monsieur L.
Sagittaire — 37 ans — Représentant de commerce.

« J'avais remarqué Didier Derlich à la TV. C'est le seul voyant qui m'ait vraiment inspiré. Quand je voyais les autres, je les trouvais toujours trop bizarres, trop curieux. Lui, m'a tout de suite paru bien et correct. Un jour, j'ai eu beaucoup de problèmes parce que ma société avait mal tourné. J'avais énormément d'arriérés impayés et je n'ai pas réussi à redresser la barre. Là-dessus, contrôle fiscal ! A la suite duquel j'ai dû fermer ma société.

« Juste avant, je suis allé voir Didier. Je devais bientôt passer au tribunal. Didier m'a sidéré : il a commencé par reconstituer une conversation téléphonique que j'avais eue la veille avec une amie. Cette dernière m'avait proposé de rencontrer une de ses relations, un styliste, qui cherchait quelqu'un pour vendre ses collections. C'était un Libanais qui avait installé son usine là-bas. Cette amie m'avait dit qu'il fallait que j'entre en contact avec lui. Didier m'a annoncé : "Vous allez rencontrer un homme brun, typé, avec qui vous allez entreprendre des affaires, probablement au Liban..." Cela m'a fait tellement drôle que je me suis demandé s'il ne mettait pas ses clients sur écoute ! Il m'a ensuite dit que j'allais effectivement passer en procédure. Il m'a annoncé qu'il y aurait des prolongations et que dans l'immédiat cela se passerait au mieux pour moi. Peu de temps après, j'ai obtenu une prolongation. Exactement comme il l'avait senti. J'ai eu un contact privilégié avec les gens du tribunal et cela m'a sauvé momentanément. Didier m'avait dit que je travaillerais avec cet ami libanais. Eh bien, cet homme est devenu mon meilleur ami et, depuis, nous travaillons ensemble. Je suis retourné voir Didier un an plus tard et il m'a répété la même chose : "Je ne sais pas ce que vous allez vendre avec lui, mais vous allez en vendre beaucoup dans quelques mois." En effet, les affaires ont été longues à mettre en place, mais cela s'est fait petit à petit. En parallèle, j'ai une distribution de broderie anglaise et Didier m'a dit que l'entreprise ne serait pas très fructueuse. Cela s'avère effectivement correct mais sans plus, comme il me l'avait dit.

« Cette fois-là, je lui ai aussi demandé si ma femme retravaillerait. "D'ici un an seulement", m'a-t-il répondu, et cela s'est passé comme prévu.

« Il m'a aussi décrit mes enfants, au moins à 101 % de ce qu'ils sont ! Mon fils aîné a 11 ans ; il a vu parfaitement qu'il s'agit d'un enfant qui a besoin d'être serré, un débrouillard qu'il faut canaliser. Il m'a dit que mon fils supporterait mal de voir les avions décoller sans qu'il soit dedans et qu'une fois grand, il travaillerait avec moi. Un jour, j'ai demandé à mon fils ce qu'il envisageait de faire plus tard. Il m'a répondu : "De toute façon, je ferai comme toi, on fera des affaires ensemble !"

« Didier m'a également dit que mon deuxième fils serait très droit, terre à terre et qu'il rentrerait sans problème dans la société. Et il est vrai que c'est un enfant très volontaire, très posé... absolument comme Didier me l'a décrit.

« Je lui avais aussi demandé ce qu'il pensait de mes parents : il voyait que mon père était très fatigué et qu'il avait très mal au dos. Là aussi, tout était vrai ! A part le fait qu'il lui voyait un problème de poumons : en fait, c'était ma belle-mère qui avait une tuberculose !

« Maintenant, quand je vais chez Didier, je m'attends à tout ! J'y suis retourné cette année. Il m'a annoncé que les trois prochains mois je dépenserais beaucoup d'énergie pour des résultats moyens et qu'ensuite seulement cela marcherait vraiment. Ce qui, une fois de plus, s'est révélé exact. Je suis parti négocier des chaussures en Europe. J'ai dépensé une énergie folle en contacts et j'ai obtenu des contrats... qui ont démarré seulement quelques mois plus tard.

« Au niveau sentimental, il m'a dit que, comme je devais voyager de plus en plus, j'allais un peu me détacher de ma femme. Mais là, c'est presque une question de logique, parce que, certaines semaines, je ne rentre pas.

« Lors de ma première consultation avec lui, j'étais très méfiant. Par la suite, en constatant que tout se réalisait, j'ai donné toute ma confiance à Didier. Je ne provoque pas les situations en fonction de ce qu'il me dit, c'est cependant un guide très efficace. Je ne suis pas à la lettre ce qu'il me dit mais j'y pense de temps en temps. Et je ne me serais pas lancé dans certaines opérations sans ses conseils. Je pense que j'ai de l'intuition car je pressens souvent comment mes affaires vont se passer ! Et puis j'ai la chance d'avoir de la chance ! »

Madame L.
Balance — 40 ans — Employée dans l'aérospatiale.

« C'est en 1975 que j'ai rencontré le père de mon fils. Notre mariage a duré quelques années. Il existait une incompatibilité d'humeur entre nous et c'est mon fils qui m'a donné la force de le quitter. J'ai donc dû assumer pendant six ans une vie difficile de mère célibataire. En 1986, j'ai recommencé à sortir et j'ai rencontré quelqu'un qui devait faire 120 kilomètres pour venir me voir. Quand j'ai vu qu'au bout d'un an il continuait à le faire, je me suis dit que j'allais me rapprocher de lui. Je travaille dans l'aérospatiale et j'ai demandé ma mutation à Paris, où il habitait. Quelque chose m'avait poussée à le faire mais j'avais des doutes. J'ai décidé de tout assumer jusqu'au bout, quoi qu'il arrive. J'avais à peine posé mes valises que ce monsieur a commencé à se dérober. Un jour, en rentrant de week-end, j'ai trouvé la clef sous le paillasson avec ce seul mot : "Excuse-moi, je te souhaite d'être heureuse, tu n'es pas faite pour moi."

« Il a préféré retourner chez lui plutôt que de prendre des responsabilités. J'ai de nouveau passé une année sombre, en repartant à zéro.

« Depuis longtemps j'étais attirée par la voyance et je consultais déjà régulièrement. Une voyante, en regardant sa photo, m'avait prévenue qu'il était cavaleur ! Mais une autre me disait qu'il allait revenir et j'y croyais. Elle m'a fait exécuter des tas de rites comme celui de mettre du gros sel et des petits clous chez moi ou d'aller dans une église... Elle m'aidait à vivre parce qu'elle me donnait de l'espoir mais, finalement c'était une fausse espérance. J'ai ainsi vécu un an dans la tristesse et appris à ne plus parler de ma vie privée, parce que je travaille avec des femmes et je me suis rendu compte que ce n'était pas positif de trop se raconter. J'ai donc affronté seule ce mauvais passage et, en août, j'ai rencontré l'assistante de Didier Derlich, dont mes parents étaient voisins. Le 1er janvier 1989, je suis allée le voir. J'étais très calme parce que je pense qu'autrement cela peut couper le fluide. Il m'a dit que je venais de passer une mauvaise période de deux ans mais qu'elle était terminée. Je devais faire une croix sur cet homme. Par contre, il m'a dit que j'allais rencontrer quelqu'un, très vite, entre juillet et septembre. Un homme un peu plus âgé, qui aurait travaillé à l'étranger et qui aurait envie de se stabiliser et de faire sa vie. Il m'a dit aussi que j'aurais une fille avec lui. J'étais étonnée, car je ne sortais plus. Cela me paraissait un vrai conte de fées, et pourtant tout m'est arrivé exactement comme prévu ! Effectivement, six mois plus tard, j'ai rencontré cet homme de 46 ans, au cours d'une soirée dansante. Il est venu me chercher, nous avons parlé et, depuis, nous sommes ensemble. Il n'a jamais été marié, a travaillé en Algérie, est revenu en France il y a un an et s'est acheté un pavillon dans l'intention de fonder un foyer. Le jour de mes 39 ans, nous nous sommes fiancés. Didier Derlich m'avait dit aussi que la fin de l'année serait décisive. Eh bien ! Cet homme m'a demandée en mariage en décembre ! Je me marie bientôt ! Notre objectif était d'avoir un enfant et j'ai appris il y a deux jours que je suis enceinte.

« Didier m'avait dit aussi que ma société était en pleine réorganisation et que j'allais avoir une promotion. J'ai eu ma promotion !

« J'avais établi une liste des prédictions de Didier Derlich et je les rayais au fur et à mesure qu'elles se réalisaient. Tout s'est passé très vite, exactement comme il me l'avait dit. Si en plus j'accouche d'une fille, il aura vraiment fait un sans faute !

« Didier m'a prédit aussi que le vrai père de mon fils l'abandonnerait, ce qui pour le moment n'est pas encore le cas. Mais je pense qu'il va probablement s'effacer et je suis prête à affronter cela, parce que je suis prévenue.

« Par contre, j'ai une amie qui est revenue bredouille de sa consultation avec Didier. Elle était trop nerveuse et il lui a dit de revenir le voir quand elle serait plus apaisée parce qu'il n'entrevoyait que des bribes de son destin. »

Madame E.
Taureau ascendant Cancer — Fonctionnaire — 39 ans.

« Mon mari s'est suicidé en mars 88, à la suite d'un contrôle fiscal. Il avait 43 ans. Je l'avais connu à 15 ans et épousé à 19. Nous avons eu vingt-trois années de vie commune. Il n'a pas supporté le choc produit par ce problème financier et s'est tiré une balle dans la poitrine. A la suite de ce deuil, j'ai écrit à Didier Derlich une lettre à RTL, parce qu'en l'écoutant dans sa première émission Media-Medium, j'avais eu tout de suite confiance en lui et que j'avais besoin de me raccrocher à quelqu'un. Il m'a répondu gentiment en me donnant ses coordonnées. J'ai réussi à entrer en contact avec lui. J'étais dans un désarroi profond, mais je ne voulais pas m'appesantir sur mon malheur. J'avais envie de m'inscrire dans un club de rencontres pour me sortir de ce cauchemar. Il m'a dit que ma vie allait changer et que je ne resterais jamais seule. Il m'a prédit que j'allais refaire ma vie, rencontrer quelqu'un qui aurait des problèmes. Je ne m'y attendais pas du tout. Mais, effectivement, quelques semaines plus tard, j'ai fait la connaissance d'un homme qui avait beaucoup de mal à se sortir de son divorce. Au fil du temps, je me suis rendu compte que tout ce que Didier m'avait annoncé arrivait pour de bon.

« Cet homme a d'ailleurs tellement de problèmes que je ne sais pas toujours comment le cerner. Didier m'a affirmé que cet homme m'adorait, même s'il avait un comportement un peu agressif d'autodéfense. Je prends patience parce que Didier m'a dit qu'il changerait d'attitude peu à peu et que vers le milieu de cet été, il aurait un comportement plus positif. J'ai tellement confiance en Didier que j'espère beaucoup de cet homme. Car il m'est difficile de subir encore des épreuves après ce que j'ai vécu.

« Je fais beaucoup de rêves prémonitoires. J'avais par exemple pressenti la mort de mon mari dans un cauchemar épouvantable, trois jours avant son décès. J'avais rêvé que l'on me projetait dans une mare de boue, j'étais dévorée par une vague déferlante. J'avais un pull noir, les bras en l'air : c'est quelque chose qui signifie que l'on sera frappé durement par le destin.

« Le lendemain j'ai dit à mon mari : "Quelque chose d'horrible va nous tomber sur la tête !" A l'époque, mon mari n'était pas du tout dépressif. C'était un battant. Il me disait toujours : "A tout problème, il y a une solution.

Je crois que si mon mari était décédé d'une maladie, ou d'un accident, j'aurais réagi d'une façon plus violente. Après sa mort, je me suis investie à fond dans mon travail de fonctionnaire, et dans mon activité extra-professionnelle, le chant. C'est quelque chose que je faisais avant mon mariage, une vieille passion. Je me produis de temps en temps pour faire plaisir à des amis. J'écris aussi sur ce qui m'est arrivé. C'est une façon de sortir de la déprime. Il faut, comme me l'a dit Didier, que je m'investisse dans l'avenir, pour vivre autre chose et mettre un point final à cette histoire terrible.

« J'ai aussi énormément d'intuition dans ma vie quotidienne ; des sensations ou des images me traversent l'esprit et se réalisent quelques jours plus tard. Quand c'est un sentiment négatif, je refuse d'y croire et puis finalement cela arrive toujours. Ce qui est dramatique, c'est qu'en général ce sont toujours les choses négatives qui se réalisent. Mais je n'ai plus peur de recevoir des coups. Face au destin, je suis devenue plus courageuse. Je n'aborde plus les événements de la même façon. Quand j'entends mes collègues se plaindre pour une panne de machine à laver, je souris. Cette épreuve m'a apporté beaucoup de positif. Je me sens forte, prête à supporter davantage de choses. Je suis moins sensible, moins vulnérable. »

Madame S.R.
Balance — Mère au foyer de 32 ans.

Trois enfants de 12, 10, et 8 ans.

« J'écoutais l'émission de Didier Derlich à l'époque où je me suis retrouvée dans une phase difficile : mon mari voulait vivre avec sa maîtresse de 18 ans et moi-même dans notre propre maison ! Je ne savais vraiment plus quoi faire, d'autant plus que je ne voulais pas parler de cette situation à mes proches. J'ai donc écrit à RTL, sans penser que mon bulletin serait tiré au sort. Quand j'ai eu Didier Derlich à l'antenne, j'étais tellement paniquée que je ne savais plus quoi lui dire. Dans les cartes, il a vu beaucoup de choses qui se sont réalisées et, essentiellement, le fait que mon mari reviendrait en juin, cesserait de voir cette jeune personne, et qu'il reprendrait la vie commune avec moi. Didier m'a dit que je devrais rester patiente parce qu'il n'allait pas oublier sa maîtresse du jour au lendemain : ce qui s'est avéré exact. Il m'a parlé aussi de mes tendances suicidaires. Qu'il ait vu cette vérité-là m'a vraiment donné confiance en lui. Il m'a dit aussi que je devrais arrêter de poser trop de questions à mon mari : je lui demandais sans cesse ce qu'allait devenir la vie de mes enfants, et la mienne. Didier m'a expliqué que ce harcèlement allait l'éloigner de moi. Il m'a également conseillé de le laisser faire ce qu'il voulait, sans m'acharner contre lui pour ne pas le buter. J'ai fait tout ce que Didier m'avait dit et, à l'heure actuelle, je suis heureuse parce que j'ai repris ma vie avec mon mari et que mes enfants sont épanouis. Ce qui m'effrayait le plus, ce n'était pas le fait de perdre mon mari mais plutôt le père de mes enfants. Mon mari, je l'aime, c'est vrai, mais on peut oublier son mari, on ne peut pas oublier son papa. Didier m'avait prédit que, quand il reviendrait, il s'occuperait beaucoup plus de ses enfants car, à l'époque, ils n'existaient plus pour lui. Il s'imaginait qu'il avait encore 18 ans. Maintenant tout est reparti comme avant et même plus fort ! Ma conversation avec Didier m'a aidée à avoir un contact plus étroit avec mon mari. J'étais tellement perdue à cette époque que je voulais en finir avec la vie. Je suis restée pendant deux ans à déprimer, et à être renfermée sur moi-même. J'avais déjà eu des contacts avec des voyants, par correspondance : tous des charlatans ! Ils m'ont soutiré de l'argent et ne m'ont jamais rien annoncé de vrai. Tandis qu'avec Didier, je peux dire qu'après lui avoir téléphoné, j'étais vraiment soulagée, j'avais hâte que tout ce qu'il m'avait prédit se réalise. Effectivement, c'est arrivé !

« Tout est réellement vrai. Il faut absolument que Didier continue à parler ainsi sur l'antenne, parce que je suis sûre qu'il sauve beaucoup de personnes comme moi, en pleine détresse.

« J'ai de l'intuition. J'ai toujours senti, quand des gens venaient à la maison, ceux que je pouvais fréquenter et ceux que je devais exclure. Et jusqu'à présent mon intuition ne m'a trompée qu'une seule fois. J'avais dit à mon mari : "Cette fille-là n'est pas pour toi, elle s'incruste dans ton ménage, elle veut te détruire, tu es aveuglé par son amour et tu en souffriras. Un jour ou l'autre tu reviendras sur ta décision." Il a reconnu que j'avais raison. C'est ce qui se passe à l'heure actuelle. Chaque fois que je sens quelque chose, cela s'avère juste. J'ai commencé à écouter vraiment mon intuition, par rapport à mon mari, une fois que j'ai eu Didier au téléphone, parce qu'il m'a redonné confiance. Bien sûr Didier m'avait aidée mais il ne fallait pas que je retombe seule dans mon gouffre. Je devais arriver à me sortir, à changer mon caractère et ma vie, tout en restant moi-même. C'est là que mon intuition m'a servi.

« Si je n'avais pas parlé avec Didier Derlich, je crois que j'aurais fini par me suicider. Il faudrait beaucoup de gens comme lui, parce qu'à l'heure actuelle, il y a trop de déprimés. Justement, la maîtresse de mon mari a voulu se suicider. Au lieu de me dresser contre elle, de l'enfoncer et de lui dire des méchancetés, j'ai essayé de comprendre pourquoi elle s'est incrustée dans ma vie. J'essaie de lui changer les idées, de la sortir, de lui faire comprendre que ce n'est pas en voulant mettre fin à ses jours qu'elle obtiendra quoi que ce soit. Si vous voulez, j'essaie de faire avec elle ce que Didier a fait pour moi.

« Didier, c'est sûr, ce n'est pas le bon Dieu, mais c'est vraiment une personne bien ! »

Monsieur S.
Poissons — 54 ans — P.-D.G.

« Je me suis retrouvé au chômage à 52 ans. Autodidacte, j'avais occupé des postes importants dans des groupes multinationaux spécialisés dans la télécommunication, une activité en perpétuel mouvement, et j'ai pensé que pour moi c'était fini. Je ne voyais plus d'issue et j'étais à quelques mois de la coupure de mes allocations quand je suis allé voir Didier Derlich. Il m'a dit que j'allais retrouver dans les trois mois quelqu'un que je connaissais et avec qui je travaillerais. Il me voyait toujours dans le milieu où j'avais travaillé auparavant, avec une fonction importante de directeur. C'était rassurant mais j'avais relancé en vain tous les gens que je connaissais dans ce milieu et j'avoue que je n'avais plus d'espoir. Les trois mois se sont écoulés et il n'y avait toujours rien à l'horizon. Pris d'une vive inquiétude, je suis retourné voir Didier Derlich et je lui ai dit : "Vous vous êtes trompé, je n'ai pas retrouvé de travail." Il est resté ferme sur ses prédictions. Il m'a fait, presque mot pour mot, les mêmes commentaires que lors de la première consultation quant à la nature des fonctions que j'allais retrouver. Il se serait alors trompé d'un an. Il m'a dit qu'effectivement ce sont des choses qui arrivent en voyance. Je suis rentré chez moi et, dans la nuit, j'ai repensé à mes contacts. Je me suis souvenu d'un ami, directeur d'une division chez CGE (le même genre de domaine que celui où j'avais exercé) que j'avais relancé six mois plutôt. A l'époque rien n'était possible. Je l'ai rappelé pour lui demander d'essayer de me trouver un contact dans son domaine. Il m'a dit qu'il allait en reparler autour de lui. Trois semaines plus tard, il m'a rappelé pour m'annoncer qu'il devenait directeur d'une division à CGE. Il m'a dit qu'il ne pouvait rien pour moi pour le moment, qu'il lui fallait le temps d'entrer dans ses fonctions et d'appréhender le milieu. Je l'ai rappelé un mois plus tard. Il m'a dit de contacter le directeur des Relations humaines et j'ai été engagé. Didier Derlich m'avait prédit que je retrouverais du travail avant l'été. Nous étions le 7 mai. Je l'ai alors rappelé pour lui demander si ce nouveau travail me conviendrait. Il m'a dit que ce changement d'activité me correspondait tout à fait et que j'allais terminer ma carrière en beauté.

« J'avais aussi posé des questions à Didier Derlich sur ma vie privée. Je lui avais dit que ma femme allait se faire opérer pour des problèmes de poids. Il m'a répondu qu'inconsciemment elle n'y tenait pas et qu'elle ne se ferait pas opérer. Ce qui a été le cas.

« Je lui avais dit aussi que nos rapports étaient de plus en plus difficiles et il m'avait répondu que le fait que je retrouve du travail n'arrangerait rien. Effectivement, la situation avec ma femme est toujours aussi morose.

« Il y a un autre sujet sur lequel je lui ai posé une question. Je me suis laissé aller à investir dans un projet de pièce de théâtre. Il y avait tellement de problèmes entre l'auteur et le metteur en scène que rien n'avançait. Derlich m'avait prédit que l'affaire redémarrerait. J'ai relancé les activités, battu la campagne. En vain. Quand j'ai revu Didier, il était moins optimiste mais il y croyait encore. En fait, cela s'est terminé par un fiasco complet !

« Je me demandais aussi si j'allais devoir vendre ma résidence secondaire. Didier m'avait poussé à ne pas le faire en me disant : "Vous n'en aurez pas besoin." Le fait est que, depuis, j'ai retrouvé un emploi et que je ne songe plus du tout à la vendre. Je fais totalement confiance à Didier Derlich et je compte retourner le voir dans quelques mois avec des questions précises.

« Pourtant, j'ai toujours été sceptique quant à ce domaine. Ma femme a consulté des voyantes toute sa vie et j'ai toujours critiqué son attitude en lui disant que tous ces gens étaient des charlatans. Je reconnais humblement que c'est ma situation difficile qui m'a porté vers ce genre de choses. J'avais consulté, juste avant Didier, une autre voyante qui m'avait dit, à deux reprises, beaucoup de bêtises. Je l'avais rappelée pour le lui faire savoir et elle m'avait répondu qu'elle avait arrêté le métier !

« Je suis un intuitif, autodidacte. J'ai un don d'observation et d'intuition qui m'a beaucoup aidé dans mon parcours professionnel. L'exemple qui me paraît le plus frappant est celui de mes débuts. Je n'ai pas choisi personnellement ce secteur d'activité, les télécommunications. J'y suis entré par hasard. Je suis parti du bas de l'échelle. Par un concours de circonstances, je me suis toujours rapproché des grosses boîtes en pointe. J'ai toujours flairé l'évolution des marchés, pourtant je n'avais pas de formation technique dans ce créneau. Je pense que j'ai réussi grâce à un mélange de discernement et d'intuition.

« Mon intuition, c'est aussi de partir quelque part en sentant qu'il va se passer quelque chose et d'être effectivement confronté à un problème.

« C'est un miracle qu'à 54 ans un autodidacte comme moi ait trouvé un poste aussi important dans un groupe comme la CGE (Alcatel). Or, dans mon for intérieur, dans mon cortex, a toujours existé ce désir de terminer ma carrière dans ce groupe. C'est incroyable parce que cela correspond exactement aux ambitions que j'avais à 30 ans !

« Je suis du signe des Poissons, ma femme aussi. Son intuition est magistrale. Quand j'ai eu un jour une aventure, elle l'a tout de suite senti. Elle ressent tout, le regard, l'attitude... »

Madame L.
Verseau — 44 ans — Secrétaire.

« Je suis très intéressée par la voyance et l'astrologie. J'ai découvert Didier Derlich sur M6, je l'ai écouté sur RTL et je suis allée à sa conférence quand il est venu à Lyon. J'ai alors cherché à le joindre et j'ai pu le contacter au mois de mars. Je lui ai posé beaucoup de questions ; celles de tout le monde : l'amour, le travail, l'argent.

« Je suis mère de trois enfants et je ne travaillais plus depuis pas mal de temps. Il m'a dit que je trouverais rapidement un emploi à temps partiel. Je cherchais du travail depuis des mois, en vain, parce que, quand on arrive à 40 ans passés et que l'on n'a pas travaillé depuis dix ans, on se fait jeter d'un peu partout. Et puis, par hasard, j'ai trouvé en effet un mi-temps comme secrétaire. Je lui ai demandé si ma fille échouerait à son concours pour entrer en deuxième année de médecine, sachant qu'elle l'avait déjà raté une fois. Il m'a dit que oui, et qu'elle se réorienterait dans les langues ou le commerce. Effectivement elle a échoué, et elle ne sait pas encore comment se reconvertir. Il m'a dit aussi qu'elle quitterait le cocon familial ; et visiblement elle y pense. Quand j'ai contacté Didier, je m'apprêtais à acheter un terrain. Il me l'a déconseillé. Les choses se sont déroulées de telle façon que je n'ai pas pu acheter ce terrain. Une fois encore Didier avait raison.

« Il a vu les personnes qui m'entouraient exactement telles qu'elles étaient, le caractère précis de mes enfants, mes conflits avec mon mari, avec ma fille, mes difficultés avec ma belle-famille. Il est tombé juste pour tout et cela m'a confirmée dans ma perception des choses.

« Actuellement je vis dans une maison dont il m'a dit que, d'ici deux ou trois ans, je la vendrais. Pour l'instant j'attends. J'ai une bonne dose d'intuition dite “féminine”. Je m'en sers un peu chaque jour. J'ai souvent des pressentiments qui se révèlent justes. Mais parfois je ne m'écoute pas et, après coup, je me dis que j'aurais mieux fait de le faire. Je recontacterai certainement Didier en fin d'année pour avoir des précisions : le fait de l'entendre me dire certaines choses que je pressens me rassure et me confirme dans mes intuitions. »

Madame B.
Verseau — Avocate au barreau de Paris — 30 ans.

« J'avais eu des échos positifs sur le travail de voyance de Didier Derlich. Au départ j'y suis autant allée par curiosité que par intérêt. On a toujours envie de savoir ce qui va se passer dans l'avenir. J'étais à la fin de mes études de droit, dans une période transitoire et je ne savais pas ce que je voulais faire. Didier Derlich m'a tout de suite parlé de la profession d'avocat. Je n'y pensais pas à l'époque, je songeais plutôt à devenir juge d'instruction et effectivement je suis devenue avocate... Ça a été une vraie révélation. J'ai été impressionnée par la façon dont il me parlait, parce qu'il est très sérieux dans ce qu'il dit : il a une façon posée de présenter les choses. J'ai été étonnée. Je pense que ce qu'il m'a dit m'a influencée. J'ai certainement réagi différemment dans les situations difficiles qui se sont présentées par la suite.

« Sur le plan amoureux, Didier avait aussi vu juste puisque je me suis mariée l'année dernière comme il l'avait prédit. A l'époque où il me l'a dit, je n'y ai pas cru parce que j'avais une histoire qui n'était pas sérieuse. Il avait prévu que je me séparerais dans les trois mois de cet homme, ce qui est bel et bien arrivé. Je suis retournée voir Didier l'année dernière parce que j'étais dans une période difficile. J'ai éprouvé le besoin d'aller voir quelqu'un qui me dise que, finalement, ça s'arrangerait. Il m'a dit les choses honnêtement, sans me rassurer outre mesure. Ce qu'il m'a annoncé m'a beaucoup soutenue, même si je n'y croyais qu'à moitié. J'avais alors un problème financier important, lié à des complications familiales. Il l'a vu tout de suite, et m'a dit que ce qui bloquait mon problème financier c'était un rapport familial difficile. Il a mis le doigt sur quelque chose d'affectif que je me masquais. Il m'a fait comprendre que ce n'était pas en m'enfermant dans cet état d'esprit que j'allais m'en sortir, mais qu'il fallait au contraire que j'essaie de mettre les choses au clair. J'avais aussi un problème professionnel et il m'a dit que je quitterais le cabinet dans lequel je travaillais, ce qui m'a beaucoup surprise parce qu'à l'époque rien ne le laissait présager. En fait, je suis partie quelques mois plus tard, en mai, exactement comme il me l'avait dit. Ce qui est drôle, c'est qu'il avait précisé que j'entrerais dans un cabinet où il y aurait un couple d'avocats. Ce qui s'est réalisé. Cela dit, les dates sont rarement précises. Il s'avère que, parfois, des choses que vous attendez assez rapidement arrivent beaucoup plus tard que prévu. C'est assez frustrant, parce que vous attendez quelque chose qui n'arrive pas !

« Par exemple, il m'a dit que j'aurais des liaisons avec l'étranger. J'attends toujours !

« Au fond, si je suis allée le voir, c'est parce que j'avais envie d'être l'observatrice de ma propre existence, et de me dire dans dix ans : "En fait je le savais déjà !"

« Je suis quelqu'un de très prévoyant qui essaie toujours d'avoir une longueur d'avance sur les choses. Parfois je me trompe complètement parce que je vais dans la direction opposée, beaucoup trop vite. Parfois mon intuition me permet de savoir comment vont réagir les gens et de prendre de l'avance sur la situation. »

Madame L.
40 ans — Responsable dans un centre d'affaires.

« La première fois que j'ai rencontré Didier Derlich, c'était en octobre 1988. J'avais déjà consulté quelques voyants parce que ma vie sentimentale allait mal depuis des années. Et j'ai tout de suite vu que Didier était un *bon* : il m'a dit des choses étonnamment exactes sur mon passé et sur ma situation présente et m'a donné pour l'avenir des dates d'événements qui se sont effectivement réalisés.

« Je travaille dans un complexe de loisirs et d'affaires et il a vu que j'avais envie de quitter cet endroit. Il m'a dit que je devrais attendre au moins deux ans, le temps que ma vie personnelle s'équilibre. Il m'a bien décrit ma vie privée : il a vu que je n'allais pas bien, et m'a dit que je serais encore plus mal, que j'allais passer de très mauvaises fêtes de fin d'année ; ça n'a pas raté ! Il m'a dit que je rencontrerais une personne entre les mois de mars et de juin avec qui je passerais les vacances et avec qui je referais ma vie. Vu ma situation à l'époque, cela m'a paru impossible et j'ai dit à Didier que je ne le croyais pas. Didier, contrairement à d'autres, ne rentre pas dans des détails, en décrivant par exemple la personne que vous allez rencontrer, il parle directement et simplement, de façon concise et claire, sans broder autour et dans l'ensemble tout se passe comme il le dit. Le 14 mars, j'ai fêté mon anniversaire : deux jours plus tard, j'étais invitée à un dîner auquel je n'avais pas du tout envie d'aller.

« Je me suis forcée en repensant à ce que Didier m'avait prédit et j'ai bien fait puisque c'est là que j'ai rencontré le nouvel homme de ma vie. Je suis alors retournée voir Didier : je voulais savoir si je pouvais m'investir dans cette relation et me laisser aller avec cet homme, parce que je restais un peu sur mes gardes en repensant à mes erreurs passées. Il m'a parfaitement décrit la personne que je venais de rencontrer et il m'a dit que je pouvais m'investir. Il a vu beaucoup de choses justes sur cet homme, par exemple qu'il désirait se lancer dans la politique. Il le voyait même avec l'écharpe tricolore. Eh bien ! Mon ami veut devenir maire !

« Comme il me l'avait prédit aussi, j'ai passé les vacances avec cet homme, et j'emménage avec lui ce mois-ci. Il m'avait prévenue que je n'étais pas au bout de mes peines et que mon année serait comme un escalier que je devrais gravir lentement. Il avait raison : j'ai progressé cette année étape par étape, un peu lentement à mon goût, jusqu'à mon but. Je ne sais pas comment fait Didier, il ne se sert pas des dates de naissance et ses cartes ne sont qu'un support. Pourtant, il vous annonce un tas de choses exactes comme ça lui vient !

« Sur les enfants, il est un peu moins précis. Même s'il a décrit exactement le caractère de mes deux enfants de 18 et 20 ans. Il m'a dit que je n'aurais plus d'enfant, et là je l'attends au virage parce que j'ai vraiment envie d'en faire un. Bien sûr, il peut se tromper, sans quoi il serait milliardaire et Dieu le Père !

« L'année dernière, il m'avait dit que je déménagerais et que mon rapport avec mon ami s'officialiserait. Effectivement, je viens de déménager et je me marie dans trois mois. Pour ma vie professionnelle, je ne sais pas encore si ses prédictions vont se révéler exactes.

« Maintenant je retourne le voir tous les six mois. Au début, j'y suis allée parce que tout allait mal, et parce que j'avais besoin d'être guidée quand je sentais que je me trompais. Maintenant que tout va bien, je veux y aller régulièrement pour me confirmer dans mon évolution. Il me fait du bien en me guidant. Il m'avait dit aussi que je passerais les fêtes de fin d'année 89 à l'étranger. Quand j'avais dit cela à mon ami, il m'avait répondu : "Sûrement pas, cela fait vingt ans que je vais à Avoriaz, on ira là-bas !" Finalement on s'est retrouvé en Espagne.

« J'ai certainement de l'intuition : cela doit être inné. Je suis du signe des Poissons, et je ressens surtout très bien les gens. Cette qualité me sert dans mon travail parce que j'embauche pas mal de monde et je ne me suis jamais trompée. J'ai de l'intuition pour les autres, mais pas pour moi. J'ai fait des bêtises. Si j'avais eu de l'intuition, je me serais éloignée de certaines personnes. Le fait d'aller voir Didier me donne davantage confiance en moi, parce que j'ai confiance en lui. Il me permet, en me guidant face à mes doutes, de faire moins d'erreurs. Dès que j'ai une hésitation, j'ai tendance à aller le voir. Quand il me dit quelque chose qui ne me plaît pas vraiment, je vais en voir un autre. Par exemple, à propos de cette histoire d'enfant que je n'aurais plus, je suis allée consulter une voyante qui m'a dit que j'allais avoir un petit garçon, Bélier ou Taureau. Je ne peux pas vous dire pour le moment qui a raison ! »

VIII

LA VOYANCE DES ANNÉES 90

Un voyant est un être qui possède une sensibilité et une intuition surdéveloppées, lesquelles lui permettent de pressentir ce qui va arriver à celui ou celle qui est en face de lui. Le terme de « médium » me paraît plus adapté et actuel : c'est (dit le dictionnaire) *celui qui fait le lien entre l'homme terrestre et l'au-delà.* Je trouve cette expression plus proche de notre réalité.

Le cartomancien est un voyant qui a les cartes pour support et les interprète en fonction de la théorie du jeu pour exprimer ses sentiments.

Les notions de voyance et d'intuition sont liées : la voyance est en effet de la psychologie, de la télépathie inconsciente, de l'intuition, de l'observation. La voyance, c'est un flot de paroles déclenché par un support. Je ne crois pas que les voyants aient une image qui leur tombe du ciel ou de l'au-delà, créée par un phénomène magique. Je pense plutôt que l'on a ce flot de paroles qu'il ne faut pas refréner, d'où découle une image qui retranscrit nos propos. J'ai du mal à croire que l'on puisse voir subitement une image. Il est possible que certains reçoivent une vision toute faite. Rien n'est prouvé puisque le cerveau reste une zone d'ombre, même pour les scientifiques.

Comment distinguer la clairvoyance de ses intuitions ? Dans la vie, lorsque nous avons une intuition spontanée, nous n'avons pas besoin de support. En voyance il faut être plus précis. Cela demande de nombreuses conditions, un travail plus lourd et conséquent. Chacun de nous, en fonction de sa sensibilité, va trouver son support, le tarot de Marseille, un verre d'eau, ou — pourquoi pas ? — cette fameuse boule de cristal qui fait partie de la vieille imagerie. Il sera bon, pour commencer, de prendre les 32 cartes à jouer, et de leur donner sa propre interprétation car ce sont des symboles simples qui expriment des lieux communs auxquels nous sommes tous sensibles. Si on essaie d'aiguiser son intuition sur les autres, il faut faire sortir de soi l'énergie nécessaire. Notre corps doit être à l'écoute de notre interlocuteur.

La règle de base d'une consultation consiste à se rendre chez un voyant en étant motivé et non pas pour jouer aux devinettes. Il faut avoir un vrai problème ou une interrogation. Vous devez savoir si vous avez besoin d'un médecin, d'un psychologue ou d'un voyant, sachant que ce voyant fait un travail de surface. Il vous donne des carrefours, des conseils et les adapte à votre personnalité.

Attention aussi au prix de la consultation ! Une consultation de quatre heures n'est pas forcément bonne ! Un voyant ne peut pas se concentrer plus d'une heure. Un bon médium ne doit vous vendre que sa consultation, comme un bon astrologue ne doit vous vendre que votre thème astral, et non pas des talismans, des porte-bonheur...

Il ne faut pas oublier non plus que les prédictions, en voyance, sont difficiles à situer dans le temps. La question est de savoir si on a besoin d'entourer son métier de falbalas, de mises en scène et de toute une culture ésotérique. Est-il vraiment nécessaire d'avoir un décorum spécial pour consulter ?

Pour s'adonner à la voyance, il faut un minimum d'équilibre, un bon fond, de la générosité et l'envie de communiquer et d'aider les autres, mais ce n'est pas une raison pour tomber dans un délire ésotérique.

Évolution de la voyance

Le monde actuel de la voyance est un monde difficile dans lequel personne ne communique, ni ne s'apprécie. Il existe une véritable guerre commerciale entre la plupart des voyants et peu d'entre eux pratiquent vraiment la voyance par amour de leur métier. Énormément de sociétés commerciales se développent à travers le minitel, les standards téléphoniques, les manifestations, les salons, les animations, la vente de produits ésotériques bas de gamme et de talismans ringards, et à travers les offres gratuites pour gagner la chance, le bonheur et pourquoi pas l'éternité ! Ces phénomènes ont beaucoup d'importance. Par exemple, dans les journaux hebdomadaires, des pages entières sont consacrées à la publicité pour vous vendre « la » pierre qui vous permettra d'être irradié contre le mauvais sort ou « la » bague qui vous fera rencontrer le grand amour... Il est lamentable qu'en 1990, l'on trouve encore tant de personnes qui ne connaissent rien à l'astrologie ni à la voyance et qui régissent notre profession ! Parfois, je m'entends faire des propositions qui dépassent tout entendement, comme d'inscrire mes initiales sur une médaille pour la vendre en grande quantité ! Tous ces réseaux de correspondance installés dans le paranormal ont abîmé le métier et font beaucoup de tort à la voyance. Un grand nombre de gens, du jour au lendemain, se déclarent voyant, marabout, sorcier, exorciste et font une mise en scène incroyable pour appâter leur client. Bien sûr, ces faux voyants qui vous déclarent que vous allez être riche, beau et en bonne santé, vous rassurent pendant quelques jours mais, à la longue, ce n'est pas un bon moyen pour que les gens s'en sortent, d'autant plus que ceux qui ont recours à ces faux voyants, sont en général vraiment au bout du rouleau. Ils ont donc encore plus besoin d'un vrai travail et il est encore plus grave de leur donner des espoirs de pacotille. Il y a là un manque profond de déontologie et d'organisation dans cette profession qui, si elle est reconnue au niveau de la fiscalité, ne l'est toujours pas au niveau de la législation : prédire est encore banni par la loi. Il serait temps que les pouvoirs publics organisent certains codes, des barèmes fixes de consultation, que certaines publicités soient contrôlées et que l'on ne puisse plus s'improviser « voyant ». Je ne prétends pas que notre activité soit d'utilité publique, mais je pense qu'il serait bon que l'on puisse mieux gérer tout ce domaine.

J'ai connu une auditrice, en Suisse, qui s'était fait gravement exploiter par un voyant : il lui avait prélevé de l'argent tous les mois sur son compte, lui avait fait vendre sa maison, sa voiture, tous ses biens personnels, sous prétexte qu'il allait soi-disant l'aider à retrouver son mari. Chaque fois que la malheureuse voulait cesser de le payer parce que rien ne se produisait, il la tenait en lui disant : « Attendez ! Si vous arrêtez, cela va se retourner contre vous ! » Et la pauvre femme, perturbée, a persévéré dans son délire avec le voyant : elle a tout perdu et jamais son mari n'est revenu !

Il existe beaucoup de salons prétendument « de la voyance » où l'on réunit, dans des boxes, des médiums à qui l'on donne quinze francs par consultation. On s'est rendu compte que ces voyants étaient souvent des amis de l'organisateur du salon et qu'ils n'avaient jamais fait cela de leur vie. C'est dangereux. Je pense que ce qui peut vraiment aider les gens, c'est plutôt de leur faire prendre conscience de leurs motivations, de leurs forces et de leurs énergies. Ils n'ont pas besoin d'avoir un petit fétiche, ou alors ils peuvent le trouver eux-mêmes sans avoir recours à ces marchands. Le paranormal étant un secteur en développement, les charlatans se jettent dessus pour se faire de l'argent. La voyance par minitel, ça n'existe pas, et pourtant le compteur tourne et la société de minitel se fait beaucoup d'argent !...

Passons sur tous ces « sorciers » qui exécutent des rites venus d'Afrique ou d'Asie dans des appartements en béton ; c'est n'importe quoi ! Si cela marchait autant dans le positif que dans le négatif, on le saurait. La société n'est pas bête et il y a bien longtemps que l'on se servirait d'eux à des fins politiques ou autres !

Le côté positif de la voyance des années 90, c'est son dépoussiérage : un nouveau ton, un autre look commence à naître, depuis dix ans. Des astrologues, en France et en Europe, ont commencé à réagir, à se réunir enfin pour communiquer, échanger leurs travaux ; tenter de réactualiser les fonctions du métier et de lui trouver une déontologie, en organisant des tables rondes. Les associations se multiplient, mais il n'y en a pas encore une seule grande qui réunisse des gens importants dans leur domaine.

La voyance des années 90 n'est sûrement plus celle où il y a *un* meilleur ou *une* meilleure voyante. Il faut se dire qu'il y a de la place pour tout le monde, parce que chacun de nous a envie de savoir ce qui va lui arriver un jour ou l'autre. Un Français sur trois croit à la voyance. L'avantage des années 90, c'est aussi que la voyance a pris une nouvelle tonalité grâce aux expériences new-look. Aux USA, on remarque une montée spectaculaire du phénomène New Age : on reprend enfin conscience du pouvoir de l'esprit, du corps, des éléments naturels, de l'intuition, et de l'émotivité. En France, ce phénomène s'est traduit par le fait que l'on a montré les voyants de façon plus simple, plus nette, moins entourés de mise en scène. Il existe aux États-Unis plus de vingt laboratoires qui travaillent sur la parapsychologie, et des chaires d'université spécialisées se sont ouvertes (en France, à Toulouse). Mais persiste encore ce problème de l'opposition entre les scientifiques et les parapsychologues : je pense qu'il s'agit moins d'un problème de fond que d'interprétation. Les scientifiques sont prêts à reconnaître certains phénomenes mais ils se bloquent sur leur interprétation et l'exploitation faite par les praticiens du paranormal. La science reconnaît aujourd'hui des phénomènes de télépathie et de force psychique. En URSS, par exemple, on exploite ce phénomène de pouvoir attirer des objets à distance dans le domaine militaire. La NASA aussi utilise beaucoup la force du mental dans ses projets... Certains déclarent même qu'un jour, peut-être, ce ne sera pas une guerre atomique qui se produira mais une guerre du psychisme...

Le paranormal, ce n'est pas seulement la voyance et l'astrologie, mais aussi toutes les médecines parallèles qui tournent autour du bien-être, de la reconnaissance de l'esprit, de l'amour de son corps : la relaxation, la sophrologie, la musicothérapie, le magnétisme, l'ostéopathie, la chiropractie. L'on trouve très chic, en ce moment, de participer à des séminaires de relaxation où l'on vous fait reprendre conscience de votre ego et de vos centres d'énergie. Mais ce qui m'inquiète, c'est qu'en général les gens qui se livrent à ce genre d'expériences tombent dans des travers mystiques, spiritualistes et babas !

Même dans la mode, il y a un retour à la nature. Au niveau du pouvoir politique aussi il y a eu la montée des écologistes. Tout ceci est représentatif d'un ensemble, d'un mouvement.

Je pense que l'on devrait vivre cette époque de la montée du paranormal sur un mode plus sobre et spontané, en gommant le côté baba et toute cette mise en scène. La preuve aussi de ce phénomène de masse, c'est que 80 % des gens lisent leur horoscope. Les librairies traditionnelles ont multiplié leurs rayons de livres ésotériques. Il y a aussi le retour de la culture biologique : « En mangeant sain, préparons-nous à mieux vivre demain. » Le problème, dans tout cela, c'est que chez certaines personnes cela réveille un bon sentiment de vouloir en revenir aux vraies valeurs terrestres et naturelles, mais il y en a d'autres qui bénéficient de ce nettoyage pour retourner à des valeurs traditionnelles, à un ordre moral rigide qui n'est pas du tout communicatif, chaleureux ni sensible. C'est alors que l'on en vient à des problèmes de racisme, de confrontations de religions et de traditionalisme. C'est une mauvaise voie, qui conduit au néant, un bouillon de culture néfaste.

Le spirituel et le mystique envahissent aussi nos vies dans la mode, la culture. Il y a ce retour vers Dieu, la croyance, le respect des rites et des traditions, avec les guerres de religion, la montée de l'Islam, comme si les gens avaient besoin d'un seul coup de déifier un thème, une idée, ou un personnage. Je pense que l'on est surtout actuellement à la recherche d'une émotion. Certains événements de ces dernières années me paraissent révélateurs de cette quête de l'émotion. La preuve ? Toutes ces personnes sensibilisées par le film de Luc Besson *Le Grand Bleu*, ou par le défilé de Jean-Paul Goude à l'occasion du Bicentenaire, par la pyramide du Louvre, ou les amours-passions symbolisées par des films comme *37°2 le matin*, par les histoires où l'animal remplace l'homme, comme dans le film *L'Ours*, ou encore par des campagnes écologiques, à travers Sting... C'est comme si on était en quête de la grande émotion qui interpellera nos sens.

Il y a aussi tout le travail fait sur Neptune, les clichés de la comète de Halley. Grâce aux sondes spatiales qui permettent de décrire le système solaire et planétaire, on a un maximum d'éléments pour exploiter ces phénomènes.

Il y a aussi tous les problèmes écologiques qui nous sensibilisent : notamment celui de la réserve d'eau de la planète ; il prouve aussi que l'on sera bientôt obligé de se forger un nouveau comportement. Un autre type d'homme et de femme est en pleine gestation. Il me paraît incontournable de penser que l'homme de demain sera plus intuitif que maintenant. Il va être obligé de reprendre conscience de son élément et de son environnement proche. Il y a un paradoxe existant entre notre désir de communiquer, d'être solidaires, et l'intolérance de plus en plus marquée, à travers les classes sociales et la montée du racisme. En étant plus intuitif, on arrivera mieux à se tendre la main et à communiquer.

IX

L'INTUITION DEMAIN...

J'aimerais que, grâce à ce livre sur l'intuition, les gens arrivent à reprendre conscience des motivations qui les animent, en analysant plus clairement leurs capacités, leurs atouts et leurs faiblesses. La première étape dans la pratique de l'intuition à travers les différents moments de la vie, c'est d'acquérir une meilleure connaissance de soi pour avoir un meilleur rayonnement sur les autres. Chacun va trouver son propre rythme, en fonction de son caractère et de sa personnalité, pour tenter d'utiliser son moteur intuition. Non seulement le processus de l'intuition est un gain de temps, mais il permet d'améliorer nos rapports humains en les rendant plus sincères et spontanés et de faire tomber des tabous.

L'intuition va créer en nous cette énergie supplémentaire qui nous stimulera et nous empêchera de sombrer dans la dépression.

En reprenant conscience de notre intuition, nous allons être plus à l'écoute de tout ce qui nous entoure.

Redécouvrir notre intuition, c'est être en éveil sur tout notre environnement : de l'attitude de son collègue à celle de son voisin, en passant par la couleur du chandail de son ami... Tous ces phénomènes nous livrent des images, des sensations beaucoup plus affinées. Nous allons plus nous sentir en osmose avec la société qui nous entoure.

L'intuition n'est ni une philosophie ni la clef du bonheur mais, grâce à elle, en période difficile, nous serons beaucoup plus aptes à trouver de l'aide et du réconfort. Elle nous permettra dans des périodes plus favorables de décupler nos capacités et d'amplifier le positif et les opportunités que nous aurons réunis autour de nous.

Telles sont mes grandes espérances quant à la prise de conscience de l'intuition à travers les principaux carrefours de la vie.

Ce que je crois, dans l'avenir, c'est que l'utilisation de la voyance ne pourra plus être uniquement celle de « la voyance pour la voyance ». Les gens ont surtout besoin qu'on leur fasse prendre conscience de ce qu'ils sont. Le voyant est un relais, un révélateur, comme peut l'être le psychologue, l'astrologue ou l'observateur ; un personnage objectif qui peut essayer de percevoir ce qu'il y a en nous et quels sont nos manques. En tant que voyant, je pense que notre rôle va de moins en moins être de bombarder les gens de prédictions, surtout en cette fin de siècle où nous avons de nouvelles aspirations. Les voyants sont là davantage pour faire prendre connaissance aux gens de leurs capacités et de leur caractère, par une consultation de tarot et par la constitution de leur thème astral. Ensuite, le rôle du médium est d'essayer avec eux de dessiner la trame de leur année à venir pour qu'ils puissent, selon leurs tendances, avoir un signe avant-coureur de ce qu'ils vont être. Il faut que les gens apprennent ensuite à décliner eux-mêmes leurs tendances et à saisir les opportunités qui se présentent en mettant en valeur leurs atouts. Le rôle de l'intuition, dans l'avenir, c'est que les gens n'aient plus besoin d'être pris en charge par les voyants. Ils auront toujours besoin de consulter un voyant dans un état d'urgence, mais je pense que beaucoup de gens iront moins fréquemment consulter un médium et de façon plus approfondie afin de vraiment mieux cerner leur potentiel. Le voyant pourra aider le consultant à savoir quels sont les aspects de sa personnalité qu'il devra mettre en valeur dans les mois suivants. Le consultant, fort de cette connaissance, pourra ainsi rayonner dans son quotidien. Le voyant est là comme un révélateur, mais aussi comme un réconfort ; une écoute psychologique pour apporter à son consultant un mode d'action.

Voyance et bon sens sont deux termes que l'on ne peut pas dissocier. Une voyance doit aller dans le sens du destin, dans votre sens... dans votre bon sens.

Les gens ont besoin d'exorciser leurs difficultés. Il est inutile de mettre un pansement de réconfort sur leurs problèmes car rien ne sera réglé pour autant. Le voyant doit saisir la faille de son consultant, capter le vrai problème, celui que le consultant n'expose pas forcément. S'il perçoit ce vrai problème, il doit amener le consultant à se livrer, et l'aider à trouver un nouveau comportement adéquat. Je fais tout pour que mon travail aille dans ce sens-là. Ce n'est pas parce que mes prédictions se réaliseront que la personne aura réglé son problème. Je voudrais que mes consultants arrivent, grâce à une consultation, à passer à la vitesse supérieure de leur destin et j'essaie de les y pousser en allant au fond de leurs problèmes avec eux. Je souhaite que l'on abandonne cette habitude factice d'aller consulter un voyant par simple curiosité ou pour se changer les idées.

La consultation doit être un vrai dialogue, une vraie rencontre, et non pas un travail à la chaîne surfait et artificiel.

Je me sers de mon intuition comme d'un outil de travail. Le fait de diversifier mes projets dans l'avenir me permettra de mieux l'utiliser encore. J'ai entrepris de réactualiser le tarot de Marseille pour voir, entre autres, comment mon intuition allait réagir par rapport à ce nouvel outil de travail. Depuis plus d'un an et demi, je travaille à la création de ce nouveau tarot avec un peintre, ce qui m'a amené aussi à découvrir le monde de la peinture que je ne connaissais pas vraiment. J'ai pris les 22 arcanes du tarot, qui n'avaient pas été réactualisés depuis 1930, pour en faire mon propre outil et leur donner une signification personnelle relative à mes sept ans de sensations accumulées lors de mes consultations. J'essaie de trouver constamment des outils et des stratégies pour que mon intuition aille toujours plus vite et plus loin dans mes rapports avec les personnes qui se trouvent face à moi. Mon intuition me pousse aussi à partir, à outrepasser les frontières. J'ai la sensation que, même si l'on dit qu'en France le paranormal est reconnu, les gens restent frileux vis-à-vis de la voyance. Il est encore difficile d'être entendu et reconnu par certains. Beaucoup prennent encore les voyants pour des rigolos. Il y a tout un travail à faire. Mon intuition est de gagner du temps en allant voir ce qui se passe ailleurs. Je vais travailler cette année avec le Luxembourg, la Belgique, la Hollande pour voir ce qu'il s'y passe et pour capter d'autres gens et d'autres sensibilités. Il existe des pays où des sociétés utilisent un médium. Ici, un voyant dans une entreprise donnerait encore lieu à un reportage sensationnel ! Quand on emploie un astrologue dans des bureaux de chasseurs de têtes, certaines personnes sont outrées. J'ai l'impression qu'en France, on fait de la voyance soit une utilisation spectaculaire et sensationnelle, soit une pratique trop légère. C'est dommage qu'on ne l'utilise pas à des fins plus concrètes sur un plus grand nombre. Subsiste encore la peur : la voyance attire et intrigue de plus en plus les gens mais ils ont du mal à se l'avouer.

Mon intuition est de continuer à prendre des risques, à ne pas m'enfermer dans un ronron quotidien, à toujours aller chercher une nouvelle matière pour arriver à une pratique de la voyance plus proche de l'évolution de l'être humain d'aujourd'hui. Je veux être « contemporain », d'autant plus que j'utilise pour travailler de très vieux outils : le tarot de Marseille date du XVe siècle et la voyance existe depuis la nuit des temps...

J'ai aussi l'occasion d'affiner mon intuition chaque jour par le biais de la radio. Quand je suis à l'antenne en rapport avec une voix, mon intuition doit m'amener à sentir mon interlocuteur grâce à cette voix. Je parle tous les jours à cinq personnes que je ne vois jamais. Généralement, ces auditeurs sont des personnes qui se trouvent à un moment difficile de leur vie, dans un état de transition, à la croisée des chemins de leur destin. Ils sont en proie à une importante remise en question. Grâce à mon intuition, je les incite à passer à une nouvelle étape... ce qui va provoquer chez eux, en un premier temps, une phase de réflexion.

C'est à ce même processus de réflexion que la prise de conscience de votre intuition va d'abord vous amener : d'un seul coup, il va se passer en vous un revirement de vos pensées. Un phénomène contraire à l'intuition va s'imposer à vous. Vous allez d'abord réfléchir à toutes ces habitudes et ces clichés qu'il va vous falloir abandonner pour redécouvrir certains automatismes. C'est une prise de conscience qui passe forcément par un temps de réflexion, même bref. Vous allez vous repasser ce que vous venez de vivre avec lucidité en faisant le constat de tous vos défauts aussi bien que de vos points forts. Il faut alors rassembler ses forces pour arriver à voir comment faire passer cette nouvelle notion de l'intuition ; cette faculté d'être réceptif à tous les phénomènes autour de vous. Ce passage d'un état à un autre sera violent pour certains, qui seront alors mis au pied du mur, plus progressif pour d'autres. Chacun va avoir sa façon de reprendre conscience de son intuition, avec cette étape de réflexion inévitable que l'on n'aura plus à aborder par la suite. Car, en s'ajoutant cet atout supplémentaire qu'est l'intuition, nous allons nous épargner désormais ces phases douloureuses de transition où l'on hésite sur le fil du rasoir sans savoir de quel côté agir. Grâce à l'intuition, nous pourrons vivre toutes les étapes de notre destin de façon plus spontanée et rapide, en ayant une perpétuelle connaissance de ce qui nous anime et de ce qui vit autour de nous. Nous aurons moins besoin, en cas de crise, de tenter de tout réunir autour de nous à grands coups de réflexion. La réflexion nous a trop souvent perdus ou égarés. D'où l'intérêt de prendre conscience de ce qu'il nous reste et de ce que nous avons en plus pour aller de l'avant de façon efficace !

J'AI LU NEW AGE

Les Nouvelles Clés du Mieux-être

ASHLEY Nancy	***Construisez vous-même votre bonheur*** 3146/**3** Inédit
BONDI Julia A.	***Amour, sexe et clarté*** 2817/**3** Inédit
BOWMAN Catherine	***Cristaux et prise de conscience*** 2920/**3** Inédit
BRO H. H.	*Voir à Cayce*
CAMPBELL Joseph	***Puissance du mythe*** 3095/**5** Inédit
CAYCE Edgar	***...et la réincarnation (par Noel Langley)*** 2672/**4**
	Les rêves et la réalité (par H. H. Bro) 2783/**4**
	L'homme du mystère (par Joseph Millard) 2802/**3**
CHOPRA Deepak Dr	***Le retour du Sage*** 3458/**4** (Mai 93)
DAMEON-KNIGHT Guy	***Karma, destinée et Yi King*** 2763/**3** Inédit
DENNING M. & PHILLIPS O.	***La visualisation créatrice*** 2676/**3** Inédit
DOORE Gary	***La voie des chamans*** 2674/**3** Inédit
FONTAINE Janine	***Médecin des trois corps*** 3408/**6**
GIMBELS Theo	***Les pouvoirs de la couleur*** 3054/**4**
HAYES Peter	***L'aventure suprême*** 2849/**3** Inédit
JAFFE Dennis T.	***La guérison est en soi*** 3354/**5**
KOECHLIN de BIZEMONT Dorothée	***L'univers d'Edgar Cayce*** 2786/**5**
	L'univers d'Edgar Cayce - 2 3246/**5**
	L'astrologie karmique 2878/**6**
	Les prophéties d'Edgar Cayce 2978/**6**
LANGLEY Noel	*Voir à Cayce*
LANGS Robert Dr	***Interprétez vos rêves*** 3477/**4** Inédit (Juin 93)
LEVINE Frédérick G.	***Pouvoirs psychiques*** 3162/**4** Inédit
MACLAINE Shirley	***Danser dans la lumière*** 2462/**5**
	Le voyage intérieur 3077/**3**
	Miroir secret 3188/**5**
MILLARD Joseph	*Voir à Cayce*
MONTGOMERY Ruth	***Au-delà de notre monde*** 2895/**3** Inédit
MOODY Raymond Dr	***La vie après la vie*** 1984/**2**
	Lumières nouvelles... 2784/**2**
	La lumière de l'au-delà 2954/**2**
PEARCE Joseph Chilton	***La fêlure dans l'œuf cosmique*** 3022/**4** Inédit
PECK Scott	***Le chemin le moins fréquenté*** 2839/**5**
	Les gens du mensonge 3207/**5** Inédit
PECOLLO Jean-Yves	***La sophrologie*** 3314/**5**
ROBERTS Jane	***Le Livre de Seth*** 2801/**5** Inédit
	L'enseignement de Seth 3038/**7** Inédit
RYERSON et HAROLDE	***La communication avec les esprits*** 3113/**4** Inédit
SAINT-AMANS de	***L'intelligence et le pouvoir des nombres*** 3364/**5**
SIEGEL Bernie	***L'amour, la médecine et les miracles*** 2908/**4**
SMITH Michael G.	***Le pouvoir des cristaux*** 2673/**3** Inédit
STEVENS Jose & Lena	***Secrets du chamanisme*** 3265/**6** Inédit
WAGNER McLAIN Florence	***Guide pratique du voyage dans les vies antérieures*** 3061/**2**
WAMBACH Helen	***Revivre le passé*** 3293/**4**
WATSON Lyall	***Supernature*** 2740/**4**
	Histoire naturelle du surnaturel 2842/**4**
WEISS Brian L. Dr	***De nombreuses vies, de nombreux maîtres*** 3007/**3** Inédit

J'AI LU

3334

Composition Gresse B-Embourg
Achevé d'imprimer en Europe (France)
par Brodard et Taupin à la Flèche (Sarthe)
le 19 mars 1993. 1397H-5
Dépôt légal mars 1993. ISBN 2-277-23334-X
1er dépôt légal dans la collection : août 1992
Éditions J'ai lu
27, rue Cassette, 75006 Paris
Diffusion France et étranger : Flammarion